教育部人文社会科学重点研究基地
中华伦理文明研究中心资助项目

湖南省哲学社会科学基金青年项目
"网络时代失信行为道德作用机理研究"
（项目编号:18YBQ089）成果

新时代失信行为道德治理研究

陈文雄　著

湖南师范大学出版社

·长沙·

图书在版编目（CIP）数据

新时代失信行为道德治理研究／陈文雄著. --长沙：湖南师范大学出版社，2023.11

ISBN 978 – 7 – 5648 – 5270 – 2

Ⅰ.①新…　Ⅱ.①陈…　Ⅲ.①社会行为学—研究 ②道德行为—研究
Ⅳ.①C912.68 ②B824

中国国家版本馆 CIP 数据核字（2024）第 024108 号

新时代失信行为道德治理研究
Xin Shidai Shixin Xingwei Daode Zhili Yanjiu

陈文雄　著

◇责任编辑：罗志丹
◇责任校对：李　航
◇出版发行：湖南师范大学出版社
　　　　　　地址/长沙市岳麓山　邮编/410081
　　　　　　电话/0731 – 88873070　88873071
　　　　　　网址/https：//press. hunnu. edu. cn
◇经销：新华书店
◇印刷：长沙印通印刷有限公司
◇开本：710 mm × 1000 mm　1/16
◇印张：15
◇字数：260 千字
◇版次：2023 年 11 月第 1 版
◇印次：2023 年 11 月第 1 次印刷
◇书号：ISBN 978 – 7 – 5648 – 5270 – 2
◇定价：58.00 元

如有印装质量问题，请与承印厂调换。

前　言

　　中华民族是重视道德、崇尚修德的民族，历来强调"道德当身，故不以物惑"。党的十八大以来，习近平总书记高度重视社会主义精神文明建设特别是思想道德建设，发表了一系列以立德树人、以德铸魂为核心理念的重要论述，推动全社会形成了崇德向善、德行天下的浓厚氛围。对于道德的重要性，习近平总书记指出，国无德不兴，人无德不立。必须加强全社会的思想道德建设，激发人们形成善良的道德意愿、道德情感，培育正确的道德判断和道德责任，提高道德实践能力尤其是自觉践行能力，引导人们向往和追求讲道德、尊道德、守道德的生活，形成向上的力量、向善的力量。只要中华民族一代接着一代追求美好崇高的道德境界，我们的民族就永远充满希望。习近平总书记强调，关于提升道德的具体路径，要培育和践行社会主义核心价值观，推进社会公德、职业道德、家庭美德、个人品德建设，深化群众性精神文明创建活动，着力培养担当民族复兴大任的时代新人，让社会主义道德的阳光温暖人间，让文明的雨露滋润社会，为奋进新时代、共筑中国梦提供强大精神力量和道德支撑。关于道德与法治的关系，要坚持依法治国和以德治国相结合，把社会主义核心价值观融入法治建设，完善诚信建设长效机制，加大对公德失范、诚信缺失等行为惩处力度,努力形成良好的社会风尚和社会秩序。关于传统道德的传承,要理直气壮继承和弘扬中华民族传统美德。对先人传承下来的文化和道德规范,要在去粗取精、去伪存真的基础上,采取兼收并蓄的态度,坚持古为今用、推陈出新的方法,有鉴别地加以对待,有扬弃地予以继承。

中国特色社会主义进入新时代,标志着我国的社会主义道德建设也进入了新的时代坐标和历史方位。习近平总书记在党的二十大报告中指出:"实施公民道德建设工程,弘扬中华传统美德,加强家庭家教家风建设,加强和改进未成年人思想道德建设,推动明大德、守公德、严私德,提高人民道德水准和文明素养。"① 在推进国家治理体系和治理能力现代化的进程中,道德治理的重要性和必要性越发凸显。这是因为,随着社会的迅猛发展和科技的快速进步,我们正处在一个前所未有的历史时刻。这个时代的背景下,信息传递速度惊人,社会关系日益复杂多样。然而,与这一激动人心的发展并存的是失信行为的不断演变。失信行为不仅对社会秩序构成威胁,还在一定程度上动摇社会道德的根基。可以说,失信问题已经成为导致社会公德下降、危及社会公平正义的重要原因,甚至成为影响整个社会和谐稳定及正常秩序的桎梏。

失信行为的复杂性在于它不仅仅表现为个体之间的欺诈和违约,还包括了更广泛的社会问题,如腐败、贪污、诈骗等。这些不道德行为严重损害了社会的信任基础,破坏了人们对社会规则和价值观的遵循。失信行为不仅导致经济损失,还引发社会的不满和不安。失信行为不仅仅是个体行为,更反映了社会整体的道德素养和制度的有效性。在高质量发展要求的时代背景下,我们迫切需要深入研究失信行为及其背后的道德治理逻辑与机理。通过深入探讨失信行为的本质、成因和影响,可以更好地理解社会的道德状况,为构建更加和谐、公正、稳定的社会秩序提供有力支持。

道德作为一种内在的精神力量,是一种可以调节人际关系的特殊社会意识形态和规范体系。道德治理始见于党的十七届六中全会通过的《中共中央关于深化文化体制改革推动社会主义文化大发展大繁荣若干重大问题

---

① 习近平. 习近平著作选读: 第 1 卷 [M]. 北京: 人民出版社, 2023: 37.

的决定》。党的十九届四中全会特别强调坚持和完善繁荣发展社会主义先进文化制度，广泛凝聚人民精神力量，为国家治理体系和治理能力现代化提供深厚支撑。道德治理作为新时代加强公民道德建设的重要内容和国家治理体系和治理能力的内生性要素，对于推进国家治理体系和治理能力现代化、提高国家文化软实力和满足人民日益增长的美好生活需要都发挥着重要作用。当前，在推动新时代中国特色社会主义建设的实践进程中，失信行为作为现实社会生活中不容忽视的道德领域的突出问题，亟须得到有效治理。

本研究坚持马克思主义的学理和主导地位，将马克思主义道德观的基本理论、思想政治教育基本理论和现代治理理论相结合。在遵循社会主义道德建设和发展基本规律的基础上，专注于新时代国家治理现代化中的失信行为治理，通过深入研究其背后的道德治理逻辑与机理，提出了自己的观点，做出了一定的理论贡献。同时，提供了可行的失信行为道德治理路径的建议，以引导社会各界更好地应对失信行为治理问题，并探讨相关政策和制度对失信行为的规范和纠正作用。通过对新时代我国失信行为道德治理的目标要求和实践路径的探索，希望本研究能够为促进新时代社会风尚的形成、提升道德意识、改进社会治理体系提供有力支持，为相关领域政策的出台提供价值参考和实践路径选择。我们希望为塑造更加诚信、和谐的社会环境贡献一份力量，为构建一个更加美好的新时代奠定坚实的基础。

目　录

绪　论

第一节　问题的析出

中国特色社会主义进入新时代，标志着我国进入了新的历史阶段，也揭示出我们国家新的发展方向。党的二十大报告中明确指出："中华优秀传统文化源远流长、博大精深，是中华文明的智慧结晶，其中蕴含的天下为公、民为邦本、为政以德、革故鼎新、任人唯贤、天人合一、自强不息、厚德载物、讲信修睦、亲仁善邻等，是中国人民在长期生产生活中积累的宇宙观、天下观、社会观、道德观的重要体现，同科学社会主义价值观主张具有高度契合性。"① 对中华文化的科学价值及其推进社会发展的潜力给予了充分肯定。党的二十大报告进一步指出："全面建设社会主义现代化国家，必须坚持中国特色社会主义文化发展道路，增强文化自信，围绕举旗帜、聚民心、育新人、兴文化、展形象建设社会主义文化强国，发展面向现代化、面向世界、面向未来的，民族的科学的大众的社会主义文化，激发全民族文化创新创造活力，增强实现中华民族伟大复兴的精神力量。"② 这句话深刻地揭示了文化对于国家兴旺发达的不可或缺性，阐明了文化在国家治理中的战略地位，表明文化在国家综合竞争中的重要作用。因此，保护国家文化安全，增强国家文化软实力，扩大中华文化的国际影响力，

---

① 习近平. 习近平著作选读：第 1 卷 ［M］. 北京：人民出版社，2023：15.
② 习近平. 习近平著作选读：第 1 卷 ［M］. 北京：人民出版社，2023：35.

这些任务和使命在中国特色社会主义新时代变得尤为紧迫和重要。

中国共产党始终坚定地推动中国特色社会主义文化的发展,自诞生以来,就始终积极引领中国先进文化的发展,并致力于传承和弘扬中华优秀传统文化。中国共产党高度重视文化对国家前进方向的引领作用,也高度重视文化在实现中华民族伟大复兴中的凝聚能量。因此,中国特色社会主义新时代对我们来说是一个崭新的历史机遇,我们有责任加强国家文化安全,提高国家文化软实力,扩大中华文化的国际影响力,助力实现中华民族伟大复兴的中国梦。在这个历史节点上,需要继续传承和发扬中华优秀传统文化,也需要积极推动社会主义先进文化的发展,使之为国家治理现代化提供坚实的文化支持。只有这样,才能更好地迎接新时代的挑战,推动国家向着更加繁荣强大的方向发展。

道德是文化的重要组成部分,是中华传统文化的精髓。道德作为一种内在的精神力量,它在调节人际关系和规范社会行为方面具有特殊的作用。在文化的各个层面中,道德都占据着核心地位。它不仅能够获得人们的认同和支持,还是国家文化软实力的重要组成部分。从更宏观的角度看,一个国家或民族的文化软实力可以通过其崇高的道德信仰、良好的道德修养以及积极的道德实践来判断。

经过四十多年的改革开放,我国社会生产方式和生活方式都经历了巨大变革。随着中国特色社会主义进入新时代,社会意识形态也呈现出前所未有的多元、多样和多变的复杂情况,其中就包括道德建设。新时代的背景下,道德建设不仅需要坚守传统的道德价值观念,还需要与时俱进地适应社会发展的需求。我们需要不断强调崇高的道德信仰,培养和提升人们良好的道德修养。毛泽东同志曾强调:"没有知识分子不行,无产阶级一定要有自己的'秀才'。这些人要较多地懂得马克思主义,又有一定的文化水平、科学知识、词章修养。"① 我们要鼓励积极的文化修养、道德修养,以推动国家文化软实力的提升。道德建设也需要关注国际影响力,通过与其他国家和民族的文化交流,传播中华文化的优秀特点,为我国在国际舞台上赢得更多的尊重和认可。总之,道德在社会中的作用不可忽视,它不仅

---

① 中共中央文献研究室. 毛泽东文集: 第7卷 [M]. 北京: 人民出版社, 1999: 360.

是人际关系的调节者，还是国家文化软实力的关键组成部分。在新时代，我们需要继续加强和推动道德建设，以确保文化软实力与时俱进，能够在国际竞争中脱颖而出。只有这样，才能更好地应对新时代带来的挑战，为国家的繁荣和发展做出更大的贡献。

在社会生活中，既有对道德模范的感言和赞美，也有对败德现象的抨击和批评。近年来，中国社会发生了一系列引人深思的道德事件，这些事件勾勒出了一个复杂多样、充满矛盾的图景。

我们坚持马克思主义历史唯物主义的视角，运用辩证的思维方法和科学的认识方法来分析中国当前的道德状况，发现当前中国的道德状况主要呈现出发展和进步的主流趋势，但在社会生活的某些领域和某些人群中，还存在一些不容忽视的道德问题。这些问题往往受到社会转型的历史背景影响，具有社会转型期的特殊特征。正是在这样的社会背景下，党和政府顺应时代潮流，把握时代发展的特点，提出了道德治理的理念。道德治理意味着在统筹国内和国际大局的基础上，加强对道德问题的引导、监督和管理，以推动社会的道德建设。这一理念的提出，反映了党和政府对当前社会道德问题的高度重视，也是对社会转型时期面临的道德挑战的积极回应。

在道德治理的框架下，我们需要继续培育和弘扬社会主义核心价值观，引导人们树立正确的道德观念，倡导诚信、友善、公平、公正等优秀的道德品质。与此同时，也要深刻反思社会制度和文化环境对道德形成的影响，努力创造有利于道德发展的社会条件。要看到我国当前的道德状况建设是一个充满着希望和挑战的领域，通过正确的分析和积极的治理，我们可以有效促进社会的道德进步，为实现中华民族伟大复兴的中国梦提供坚实的道德支撑。

党的十七届六中全会在《中共中央关于深化文化体制改革推动社会主义文化大发展大繁荣若干重大问题的决定》（以下简称《决定》）中明确提出了加强道德建设的重要性，并首次引入了道德治理的概念。这一重要决策引起了广泛的社会关注和研究讨论。《决定》强调，要巩固全党全国各族人民团结奋斗的共同思想道德基础，弘扬中华传统美德，推进公民道德建设工程，加强社会公德、家庭美德、个人品德教育，评选表彰道德模范，学习宣传先进典型，引导人民增强道德判断力和道德荣誉感。

同时，为了深入贯彻这一决策，中央文明办发布了《道德领域突出问题专项教育和治理活动宣讲提纲》，详细规划了开展道德领域突出问题专项教育和治理活动的重要性、指导思想、总体目标、重点任务、基本方法、原则要求以及组织领导，这个文件为道德治理提供了具体的操作指南。在新时代，为了推动中国特色社会主义建设事业不断发展，党和政府高度重视道德建设，其中道德治理被认为是道德建设战略与路径的重要组成部分。《新时代公民道德建设实施纲要》中明确提出了"深化道德领域突出问题治理"的要求，进一步强调了道德治理在当前时代的重要性。

学术界对道德治理问题进行了深入研究和广泛讨论，举办了多次与此相关的学术研讨会，与会专家认为，深入探讨和研究道德治理不仅是学术研究发展的需要，也是推动中国特色社会主义建设事业的需要。这些研究为道德治理提供了理论支持和指导，有助于更好地推动我国道德建设事业，提高全社会公民的道德素质。

可见，党的决策将道德治理作为推动社会主义文化大发展大繁荣的重要手段，引入了治理概念，为中国特色社会主义建设提供了重要支持。随着学术界和政府部门的深入研究和实践探索，道德治理将在新时代发挥越来越重要的作用，促进我国的道德建设和社会进步。

党的十八大以全面建成小康社会、实现社会主义现代化和中华民族伟大复兴为总体目标，提出了"五位一体"的总体布局，其中包括了"文化建设"。在党的十八大报告中，强调了道德治理这一关键议题，将其作为推进中国特色社会主义事业的一部分。在"扎实推进社会主义文化强国建设"的章节中，党的十八大报告再次强调了道德治理的重要性。报告明确提出了"深入开展道德领域突出问题专项教育和治理，加强政务诚信、商务诚信、社会诚信和司法公信建设"的工作部署，进一步凸显了党和政府对于道德治理的高度重视。

这一重大部署的背后，是对当前社会存在的一系列道德问题的重大关切。党的领导层认识到，随着社会的发展和变革，一些道德问题在某些领域和群体中显得尤为突出。因此，深化道德治理成了当务之急。在这个背景下，党中央明确了加强政务、商务、社会和司法领域的诚信建设，这不仅有助于解决一些突出的道德问题，也有助于提高社会的道德水平和公共服务的质量。这一系列措施，必将为推动中国特色社会主义事业的发展提供坚实的道德支撑。

党的十八届三中全会审议通过了《中共中央关于全面深化改革若干重大问题的决定》，这一决定将全面深化改革的总目标明确为完善和发展中国特色社会主义制度，推进国家治理体系和治理能力现代化。这是一项庞大而复杂的任务，要求各个方面都做出积极的贡献，包括道德治理。在国家治理体系中，道德治理被视为一个内在的构成要素，具有重要的理论和实际意义。道德治理强调通过道德层面的引导和规范来推进国家治理体系的现代化建设。这不仅是一种理论维度，也是社会现实的迫切需求。习近平总书记强调，国家兴旺发达需要道德的支持，个人的成长壮大需要道德的滋养。因此，加强全社会的思想道德建设，培育正确的道德观念和价值观，激发人们对善良和道德的追求，具有重要的现实意义。在这个背景下，道德治理不仅立足于国家治理的整体目标，还着眼于社会微观的道德建设。它强调激发人们的道德意愿和情感，正如列宁指出的，没有"人的感情"，就从来没有也不可能有人对于真理的追求。① 培养正确的道德判断和道德情感，提高道德实践能力，尤其是自觉践行能力，是培养公民社会责任感的关键，有助于引导人们向往、尊重和守护道德，从而形成向善的力量。

习近平总书记指出，法律是成文的道德，道德是内心的法律，法律和道德都具有规范社会行为、维护社会秩序的作用。治理国家、治理社会必须一手抓法治、一手抓德治，既重视发挥法律的规范作用，又重视发挥道德的教化作用，实现法律和道德相辅相成、法治和德治相得益彰。② 这一重要论断强调了法律和道德的关系，以及它们在社会治理中的作用。首先，习近平总书记明确指出，法律是准绳，必须随时随地遵循。这意味着法律是社会秩序的基础，必须得到全社会的尊重和遵守。法律的制定和执行有助于维护社会的公平和正义，确保每个人都有权利得到公平对待。因此，法律在社会治理中具有不可替代的地位，习近平总书记同时强调了道德的

---

① 中共中央马克思恩格斯列宁斯大林著作编译局. 列宁全集：第 25 卷 ［M］. 北京：人民出版社，2017：117.

② 习近平. 习近平谈治国理政：第 2 卷 ［M］. 北京：外文出版社，2017：116.

重要性，称其为基石。这意味着，除了法律的约束外，道德也是维护社会秩序和公平的关键因素。道德规范是法律所涵盖的重要内容维度，它们反映了社会的共同价值观和价值底线。因此，道德在社会中具有重要的引导和规范作用。

习近平总书记提出，要把道德要求贯彻到法治建设中，以法治承载道德理念。这意味着，法治和道德应该相互支持和补充。法治不仅仅是对违法行为的制度性回应，还应该反映社会的道德期望。通过将道德理念融入法治建设，可以更好地引导人们的行为，确保法律制度的合法性和公平性。此外，习近平总书记强调了使用法治手段来解决道德领域突出问题。他指出，法律是底线的道德，也是道德的保障。这意味着在一些道德领域出现问题时，法律应该介入并提供相应的制度支持。这有助于保护社会的道德底线，防止道德滑坡。

新时代是实现伟大梦想、进行伟大斗争、建设伟大工程、推进伟大事业的时代。党的十九大报告明确指出："人民有信仰，国家有力量，民族有希望。"这句话不只是一句口号，更是对新时代中国特色社会主义建设的深刻总结和战略部署。在这一背景下，加强道德建设和推动道德治理实践显得尤为紧迫和重要。报告提出的"提高人民思想觉悟、道德水准、文明素养，提高全社会文明程度"的战略任务，强调了道德建设在新时代中国特色社会主义建设中的关键性地位。这一任务不仅是推动伟大工程的重要组成部分，也是实现中华民族伟大复兴中国梦的有力支撑和强大动力。

在新时代，道德建设和治理的重要性日益凸显。因为，社会在持续发展，经济在不断增长，科技在飞速进步，但如果道德滞后，那么整个社会建设的根基将不再牢固，社会风气难以净化，国家的长治久安也将受到威胁。道德建设和治理不仅仅是政府的责任，更是全社会的任务，需要政府的引导和监管，需要学校和教育机构的培养，需要家庭和社会的共同努力。只有全社会齐心协力，共同推动道德建设和治理实践，才能让中华民族伟大复兴的中国梦更快更好地实现。在这个伟大的新时代，我们每个人都应当为道德建设和治理添砖加瓦，努力提高自己的思想觉悟和道德水准，以文明的行为和良好的品德，为社会的发展和进步贡献自己的力量。这是每个公民的责任和使命，也是实现中国梦的题中应有之义。只有道德建设和治理得以深化，我们的国家和民族才能在新时代焕发出更加灿烂的光芒，走向更加美好的未来。

党的十九届四中全会明确提出，要坚持和完善繁荣发展社会主义先进文化的制度，以巩固全体人民团结奋斗的共同思想基础。这一决定，着重强调了文化建设在中国特色社会主义发展中的关键地位。同时，习近平总书记也强调了文化自信的重要性，提出了要构筑中国精神、中国价值、中国力量。这些重要论述体现了党和国家对文化建设的高度重视和对中国特色社会主义文化建设的新要求。习近平总书记还强调，要从思想道德抓起，从社会风气抓起，从每一个人抓起。党的二十大报告明确指出："实施公民道德建设工程，弘扬中华传统美德，加强家庭家教家风建设，加强和改进未成年人思想道德建设，推动明大德、守公德、严私德，提高人民道德水准和文明素养。"这意味着社会主义道德建设必须从个体入手，引导每个人能够成为传播中华美德和中华文化的主体，这不仅是对个人品德的要求，也是对整个社会道德建设的重要方向。

在推动新时代中国特色社会主义建设的实践中，我们依然面临一些道德领域的突出问题。这些问题不仅影响着社会的和谐稳定，还可能威胁中国特色社会主义事业的顺利发展。因此，需要深入研究新时代中国道德治理问题，科学评价道德问题，分析问题的根源。特别是需要寻找新的有效策略与路径，吸引更广大人民群众参与到道德治理实践中来。只有这样，才能有序且有效地推动社会主义道德建设，实现文化自信和社会主义文化繁荣兴盛，最终实现中华民族伟大复兴的中国梦。这一过程充满挑战，却是推动中国特色社会主义建设不可或缺的一环。我们需要深刻理解党和政府的要求，积极参与到道德治理中，共同努力创造一个更加道德、和谐、稳定的社会环境，为实现中华民族伟大复兴的中国梦贡献我们的力量。

第二节　研究意义

信任是社会互动中至关重要的纽带，它不仅促进了人际关系的和谐运行，还构建了社会支持的关键机制。关于信任的研究主题，一直备受经典理论家的关注。亚里士多德提出："信任是城邦形成的必要条件。"马克思在其经典著作中深入探讨了信任，并强调了信任在资本主义发展中起到的关键作用。齐美尔则认为："如果没有人们之间普遍存在的相互信任，社会将面临瓦解的威胁。"信任不仅仅是个体行为的问题，同时也反映了整个社会的健康状况和发展潜力。在一个充满信任的社会中，人们更愿意合作，分享资源，建立长期的合作关系，从而推动社会的发展和进步。相反，在缺乏信任的社会中，人们可能更加谨慎，更加注重个体利益，这可能导致合作的减少和社会动荡的增加。在现代社会，信任的重要性更加突出，随着社会的复杂性和互联网的普及，人们之间的互动变得更加多样化和复杂化。因此，研究信任如何在不同背景下产生、维护和破裂，破裂后如何重构，以及信任与社会发展之间的关系变得尤为重要。只有深入了解信任的机制和影响因素，我们才能更好地应对当今社会面临的各种挑战，促进社会的和谐和稳定发展。

从客观现实的角度看，几乎没有一种关系能够建立在对他人的完全了解之上。即使在亲近的关系中，我们也无法完全掌握他人的内心世界。因此，信任在人际关系中具有重要地位，它使人们能够建立持久的关系，尽管我们不能像依赖理性证据或亲身观察那样依赖它，但信任的力量是不可忽视的。正如政治学家弗朗西斯·福山所指出的，信任是文化的基础之一。信任在很大程度上取决于文化，它构建了人们对彼此的信任，为合作提供了基础。马克斯·韦伯提出了特殊信任与一般信任的概念，特殊信任通常基于血缘关系，而一般信任则建立在信仰共同体的基础上。此后，学者们对信任进行了大量的实证研究，以深入了解它的构成和作用。这些研究表明，信任在人际关系和社会中起着关键作用。不仅促进了国家的建设和社会的管理，还在组织运作和人际交往中提供了强大的支持和帮助。不论是在理性的个人行为中，还是在有序的国家运作中，信任的建构都是一种理性选择。市场经济的发展特别需要高度的社会信任作为其内在支撑。在缺乏信任的情况下，人们之间的交往将难以有序进行，竞争将变得不公平，合作将失去效力。因此，信任不仅是人际关系中的基石，也是国家和社会稳定发展的关键因素。

随着社会的过渡与转型，从传统社会向现代社会的演变，信任这一社会基础也经历了巨大的变化。这些变化包括人口流动的增加、社会诚信机制的缺失，以及市场化对信任产生的根本性影响，这些因素导致了失信现象成为一个广泛而突出的社会问题。失信问题作为社会关系的一种表现样态，在社会发展进程中成为全社会广泛关注和亟待破解的难题。虽然失信问题在社会中一直存在，但在现代社会的制度和文化环境下，失信问题及其治理显得更加突出和复杂。随着社会从农业社会向工业社会、由计划经济体制向社会主义市场经济体制、由传统社会向信息化社会的快速转型，社会的政治、经济、制度和法律环境都发生了急剧变化。同时，社会个体的生活方式、价值取向和交际方式也经历了根本性改变。

这些变革冲击了原有社会的价值体系和行为规范，导致社会运作机制失范，信任受到了削弱，信任危机成为一个普遍存在的社会问题。这对经济社会的正常运行、社会个体之间的人际互动以及组织之间的有效合作都产生了不良影响。这一信任危机不仅仅是个体行为的问题，更反映了整个社会的道德状况和制度有效性。在这个背景下，研究失信问题及其治理机制变得尤为迫切。通过深入分析失信行为的性质、根本原因和社会影响，我们可以更好地理解社会道德的现状，为构建更加公正、和谐、稳定的社会秩序提供坚实的理论基石和实践基础。

对于个人和组织来说，失信行为在一次性的交易中可能会带来短期好处，但实际社会中的互动往往是反复发生的多次交易，这就意味着失信者可能会在长期内面临严重后果。因为他们的信誉受到损害，陷入了社会交往体系的弃子境遇。这一问题不仅对个体产生负面影响，对于整个社会来说，失信也会增加社会运行的成本，提高社会治理的难度。因此，失信问题已经成为导致社会公德下降、危及社会公平正义的一个主要原因，甚至对社会的和谐稳定和健康秩序构成了严重威胁。长期来看，失信的直接成本与机会成本通常远远超过了可能获得的短期收益。这是因为失去信任关系会导致失信者在未来的交往中受到排斥，他们将很难再次建立起可靠的合作伙伴关系。相比之下，建立和维护信任关系可能需要一些投入，但潜在的长期回报远远大于这些成本。在商业领域，一个受信任的品牌可能会吸引更多的客户和合作伙伴，从而实现可持续的经济增长。在个人层面，诚实守信的个体更有可能建立稳定的社交网络，获得长期的友谊和支持，拥有"诚信红利"。

进入网络时代，失信行为不仅更容易发生，而且具有更大的影响力。这些行为可以在短时间内在网络上迅速传播，导致更多人参与，从而形成规模效应。这种效应可以改变人们对信任这一道德行为的社会认知，不仅解构了原有的信任体系，还重构了新的信任观念。这对人们的正常生产生活和社会交往势必产生极大的负面影响，损害了社会的信任基础。因此，我们迫切需要从理论和实际两个角度来研究失信行为的道德问题，特别是在网络智媒时代，这个问题尤为具有重要的理论和实践意义。

网络时代的失信行为不同于传统的失信行为，它在网络空间中迅速传播，并通过各种社交媒体平台传播，影响力远超过以往传统社会传媒生态。这种行为不仅是道德问题，还涉及信息传播、社会认知和社会秩序等多个层面。因此，我们需要从多个角度来研究这一问题，深入探讨失信行为对社会治理现代化的挑战。首先，从道德角度来看，失信行为触碰了社会的道德底线。在网络时代，一些人不择手段地传播虚假信息、欺骗他人，甚至参与网络诈骗等行为，严重损害了社会的道德风气。这些行为不仅违背了社会的道德规范，还破坏了人们之间的信任关系，导致社会的信任危机。因此，需要深入研究这些失信行为背后的道德问题，探讨如何引导人们遵守道德规范，建立诚信社会。其次，从社会认知的角度来看，失信行为改变了人们对信任的看法。在网络时代，人们开始怀疑信息的真实性，不再轻易相信网络上的信息。这种怀疑心态影响了人们的信息获取和社交行为，对社会的信息传播和社交互动产生了负面影响。从这个角度上讲，需要研究失信行为如何改变社会的认知结构，以及如何重建信任。最后，从社会治理现代化的角度来看，失信行为对社会秩序构成了挑战。网络时代的失信行为不仅影响了个体，还对整个社会产生了不利影响。政府和社会组织需要采取措施来应对这些问题，加强对失信行为的监管和管理，维护社会的稳定和秩序。因此，需要研究如何实现网络时代社会治理的现代化，有效应对失信行为带来的挑战。以下四个方面的内容，值得高度关注。

第一，我们需要深化本土化的信任研究，拓展理论框架和研究视角。理论在理解现实世界、解决社会问题时起到了关键作用。不同的理论视角可以帮助分析同一问题，但可能会提供不同的解释和解决途径。尤其是在网络时代，失信问题涉及新的维度和挑战，需要借鉴国内外的研究成果，同时充分结合中国的实际情况，深入探讨网络时代个体道德变迁对失信行为的影响。可以借鉴国内外一些有见地的研究成果，尤其是关于网络时代失信问题的讨论。虽然国内关于失信问题的研究相对较少，但在网络时代，失信问题变得更加复杂和突出，一些学者已经开始探讨这一问题，但仍有许多方面需要进一步研究和理解。比如，网络时代的个体道德变迁对失信行为可能产生的影响。随着科技的发展和社会的变革，人们的价值观和道德观念也在发生变化。这些变化可能会影响个体的行为和决策，进而影响失信行为的发生和发展。因此，我们需要深入研究网络时代个体道德观念的演变，以更好地理解失信问题在这一背景下新的特点和机制。

道德一直是中华优秀传统文化的核心内涵之一，它贯穿于人们的行为和实践，受到仁、义、礼、智、信等道德原则和价值观念的引领。然而，随着网络时代的到来，中国传统文化面临了前所未有的挑战和冲击。这个时代给传统文化带来了新的考验，文化领域出现了一定的文化失范和道德价值重构，导致了一段时期内人们在道德领域的规范出现真空，也引发了一系列严重的失信行为问题。这个问题的产生既与网络信息技术的快速发展有关，也与中国特有的国情和传统文化内涵密切相关。网络时代失信行为的产生与网络信息技术的快速发展密切相关。互联网的普及和信息的自由传播为失信行为提供了更多的机会和方式。在虚拟世界中，人们可以不同程度相对匿名地进行各种活动，这为一些不道德的行为提供了遮掩和逃避的机会。同时，信息的传播速度也变得前所未有的快，谣言和不实信息可以迅速传播，对个人和社会造成严重影响。中国的传统文化注重诚信和道德，但在现代社会，一些人可能面临道德困境，因为社会变革和竞争压力使得一些人追求利益最大化，而忽视了道德原则。这种转变可能导致一些人的失信行为，例如欺诈、偷税漏税等。因此，从道德的角度来看，解释网络时代失信行为的产生及治理是非常重要的。这不仅是中国国情所要求的，也是对失信问题进行本土化研究的一种必然要求和尝试。我们需要从传统文化的角度出发，思考如何在网络时代培养和弘扬道德价值观，以及如何构建一个更加诚信和道德规范的社会环境。这需要全社会的共同努力，包括政府、企业、学校、家庭等各个方面的参与。只有这样，才能更好地应对网络时代失信行为带来的挑战，维护社会的道德和诚信基础。

因此，我们有必要以道德视角深入研究了当今社会的失信问题，借助社会学中著名的结构功能分析论，将失信行为与人际关系、制度、互联网以及传统文化等方面进行全面的综合探讨。在此过程中，构建一个符合中国本土实际情况的解释信任的理论框架。

首先，对失信行为的基本特征进行深入研究，分析了其发生机制。通过这一过程，更好地理解了失信行为的本质和背后的动因。同时，讨论了如何应对失信行为，提出了一些有针对性的策略和方法，以应对和纠正失信行为的挑战。在解释理论方面，提供了一种本土化的新视角，为信任研究的理论框架提供了拓展空间。研究探索发现，中国的文化和社会背景与西方国家存在显著差异，因此需要一种更适合中国情境的信任解释理论。这一新视角有助于更好地理解我国当前面临的失信问题，并提出更切实可行的解决方案。

第二，需要充分认识道德文化的重要性，不断激发对道德失范引发失信问题的深刻思考。虽然中国拥有悠久的历史和博大精深的优秀传统文化底蕴，但随着信息化和市场化的快速发展，传统文化中的优秀内容受到了前所未有的挑战和冲击。其中，最引人注目的问题之一就是个体道德领域的变化。在网络时代，信息传递速度惊人，社交媒体和互联网平台成为信息传播的主要渠道。这种情境下，道德文化的作用变得至关重要。道德文化不仅仅是一种规范体系，更是社会和个体行为的重要指导原则。它对于维护社会秩序、提升个体道德素养以及预防失信问题的发生具有重要意义。传统文化中蕴含着丰富的道德智慧，强调诚信、友善、忠诚等价值观念。然而，随着社会的快速变革，一些传统道德价值在新的社会背景下面临重新解读的挑战。因此，特别需要审时度势地发展和推广适应网络时代的道德文化。在个体道德领域的变化方面，网络时代的匿名性和虚拟性特性，使得一些人更容易在网络空间中表现出与他们现实生活中不同的行为方式。这可能包括恶意攻击、造谣传谣、侵犯隐私等不道德行为。因此，我们需要引导个体在网络时代坚守传统的道德底线，不因虚拟性而丧失对道德的敬畏。

在过去，人们更多地将网络时代的失信问题归因于网络社会的匿名性和超地域性，甚至将失信行为归咎于法治的不健全，但是，其实这些都是外部原因。其实，进一步的研究发现，网络时代个体道德的失衡是导致人们实施失信行为的根本内因。道德的削弱和失衡导致了网络时代社会大众的责任感缺失，人际关系变得更加淡漠。人们更多地追求个人私利而不是维护集体利益，这进一步导致了更严重的社会失信问题。尽管通过培育和践行社会主义核心价值观在一定程度上可以解决道德领域的失衡问题，但是有必要建立道德失衡与失信问题之间的直接而可靠的逻辑联系。只有这样，人们才能深刻思考道德失衡导致的网络时代失信行为问题，并在社会主义核心价值观的引领下重新塑造诚信道德，为建立诚信的社会氛围提供理论和实践支持。在这个过程中，社会主义核心价值观将起到关键的作用，引领我们重新审视道德与价值观，重树诚信的价值观念。这将有助于更好地应对网络时代的失信问题，促进社会的稳定和繁荣。

第三，为提升新时代的诚信治理能力与水平，需要寻求新的思路。法治建设与制度规范属于硬性约束，而道德引领与文化制约则属于软性约束。长期以来，对失信问题的治理主要集中在强化诚信规范建设和健全法治保障方面。虽然对失信行为问题的治理需要法律的支持，但仅仅依赖法律惩戒措施是一种"事后治理"。它能够解决表面的问题，却无法达到根治。因此，加强道德建设成为一种有效的思路。道德作为一种信念或价值系统，引导着个体的实际行为。正如一位学者所言："道德是一系列与正确行为相关的信念或价值系统，个体根据此信念或价值系统明辨是非并做出适应性行为。由此而言，道德规定了个体应该做什么（指定性道德范畴）和不该做什么（禁止性道德范畴）。"加强道德建设，意味着从源头治理失信行为，这是一种有效的途径。道德作为一种信念或价值系统，引导着个体的实际行为。

因此，明确道德与失信行为的逻辑关系和解释路径为我们提供了一种"源头"思维。这提醒社会治理者，必须重视道德建设和道德引领在诚信治理中的重要作用。要从失信行为产生的各个环节寻找道德弱化和道德失衡的根源，采取有针对性的措施加强各个环节的道德建设。只有这样，道德才能真正发挥引领诚信行为的作用，从而提升网络时代失信行为治理的能力、水平和有效性。通过构建诚信道德环境，能更好地满足人民群众的幸福感与获得感，从而推动社会的和谐稳定和发展进步。

第四，需要认识到失信问题不仅仅是个体利益的问题，它也深刻地影响着市场经济和社会治理。在网络时代，失信问题已经成为市场经济中不可忽视的顽疾，也是社会治理面临的重大挑战。市场经济具有自发性和盲目性，而市场秩序的维护既需要市场自我调节，又需要社会治理的介入。亚当·斯密曾形象地将市场比喻为"看不见的手"，强调市场的自发调节功能。然而，即使市场有着强大的自发调节能力，它也经常面临着调节失效和市场混乱的问题。社会学家波兰尼早在多年前就指出，单纯依赖和强调"市场的自发调节性"是一种理想化的幻想。解决市场失序和市场主体面临的风险问题需要重新思考市场伦理精神的重要性，也就是市场主体之间基于道德的互信关系。道德在市场信任中扮演着内在纽带的角色，是市场经济有序发展的重要基础。在当代社会，市场已经不再是一个孤立的领域，它与社会治理、道德伦理等多个维度密切相关。失信问题不仅对市场经济的运行产生负面影响，还侵蚀着社会的道德底线。因此，需要更全面地认识市场经济与社会治理之间的复杂关系，以及道德在其中所扮演的角色。

基于道德观念的研究失信行为问题，我们提供了一种处理市场失信行为和加强市场交易秩序的道德途径。不管是市场秩序的治理还是网络社会秩序的规范，这都属于社会治理的重要范畴。此外，其他各个领域的社会治理也面临着明显的失信问题。通过道德的角度审视失信问题以及社会失序的内在原因，社会治理可以获得新的治理思路和治理方案，从而加强道德建设和强化道德引领。失信行为问题的研究是道德视域中的一个重要议题。这种研究不仅有助于更好地理解失信行为的性质和成因，还提供了一种能够有效治理市场失信行为的途径。在市场经济中，信任是经济交易的基础，而失信行为的存在可能会破坏市场的正常运行，损害消费者和企业的利益。因此，通过道德视域来研究失信行为，有助于制定更加有效的法律法规和施行更加有力的监管措施，以维护市场秩序和社会公平。同时，社会治理也需要关注失信问题。无论是在教育领域、医疗卫生领域还是政府基层治理中，失信行为都可能对社会秩序造成负面影响。通过道德的角度审视失信问题，可以帮助我们更好地理解为什么一些人会违背承诺或伦理准则，以及如何预防和应对这些问题。这种研究还可以为社会治理提供新的思考方式，强调道德建设的重要性，引导人们树立正确的道德价值观。

第三节 相关文献综述

信任在经济社会生活和人际交往中扮演着至关重要的角色。信任是主体在社会交往过程中的一种观念取向，它既形成于主体间的彼此互动，又对主体间的这种互动过程产生多方面的影响。作为人与人之间的关联形式，信任同时呈现伦理的多重意义，并制约着社会运行的过程，它是社会互动的黏合剂，是维持良好人际关系的基础。① 然而，近年来，失信行为的频繁发生严重威胁着社会的正常秩序，引发了广泛的学术关注和讨论，大家的一个重要共识，就是认同信任是社会互动的核心。在经济领域，信任促使交易的进行，降低了交易成本，使市场更加高效。在社会生活中，信任建立了人际关系的基础，使人们更容易合作，共同实现目标。然而，随着失信行为的增加，信任逐渐被侵蚀，这对社会造成了严重的问题。失信行为指的是在交往中违反契约、背弃承诺的行为，如欺诈、违约、侵权等。这些行为不仅损害了个体的利益，也破坏了社会的正常秩序。例如，一旦人们失去了对市场的信任，他们可能不再愿意参与交易，市场效率将受到严重损害。在人际关系中，失信行为可能导致争端和冲突，破坏社会的和谐与稳定。因此，学术界对信任和失信行为的研究变得愈加重要。研究人员试图理解信任的形成和维护机制，以及失信行为的动机和影响，希望通过深入研究，找到减少失信行为的方法，恢复社会的信任。同时，政府和社会组织也在采取一系列措施来打击失信行为，维护社会的正常秩序。

一、信任研究概述

信任一直伴随着人类社会的发展。虽然对信任问题的关注可以追溯到古希腊哲学家和中国古代圣贤的经典著作，但对信任问题进行系统且深入的理论研究在较晚的时期才开始。直到 20 世纪中叶之后，信任问题才成为西方社会科学研究的热门课题。古代文化语境中，信任的重要性得到了广

---

① 杨国荣. 信任及其伦理意义 ［J］. 中国社会科学, 2018（3）: 45－51.

泛认可。古希腊哲学家如亚里士多德和苏格拉底，以及中国古代的圣贤如孔子和老子，都在他们的经典著作中强调了信任的价值和作用。这些思想家认为，信任是社会和人际关系的基础，是实现和谐共处的关键因素。然而，在理论自觉层面，对信任问题进行深入研究的起始相对较晚。直到 20 世纪中叶之后，信任问题才引起了西方社会科学界的广泛关注。这一时期，社会科学家开始认识到信任在社会和经济交往中的重要性，以及它对组织、市场和政府等各个领域的影响。20 世纪后半叶，信任研究迅速发展，形成了一系列重要的理论和概念框架。社会科学家开始探讨信任的构成要素、形成机制以及不同类型信任的作用。这一时期的研究为我们深入理解信任问题提供了重要的理论基础。

长期以来，信任问题一直是社会科学研究的热点，相关文献比较丰富。然而，现代社会的复杂性使得对信任的研究也变得更加复杂。信任不再是一个单一维度的概念，而是涵盖了多个维度和层面。因此，有必要引入多角度和多层面的观点来更全面地理解信任。不同学科对信任问题的研究视角各异，这也丰富了信任研究的内涵。社会心理学、社会学、经济学、政治学等各个学科都在信任问题上有着独特的贡献。这些不同的视角使得我们能够更全面地理解信任的本质以及其在不同领域中的应用。但与此同时，也正是由于这些不同的视角，导致了关于信任的定义和理解存在差异，有时甚至相互矛盾。信任问题的多维性反映在其定义和测量上，信任不再被简单地定义为一种情感或信念，而是包括了情感、认知和行为等多个方面。这也意味着需要多维度的方法来测量信任，以更好地感知和挖掘其复杂性。

首先，社会心理学将信任视为一个心理过程。从社会心理学的角度来看，学者们依据心理学的研究范式，强调了在人际和团体层面生成或破坏信任的人际互动行为。从这个角度来看，信任被定义为在交往中其他参与者的期望。当面临与期望相伴随的风险时，个体会考虑如何增进或停止发展和维持信任。这些学者通常从微观视角，即个体互动和组织互动出发，重点研究发生在人际关系中的信任问题。美国心理学家多伊奇是心理学领域最早开始研究信任问题的学者之一，他在心理学领域首次专门研究了信任问题，开了心理学研究信任问题的先河。他在 20 世纪 50 年代进行了著名的囚徒困境实验，旨在研究人际信任，这一实验成为研究信任问题的重要基础。此外，社会心理学家还研究了信任的心理机制和信任的形成过程。他们关注个体如何形成信任，以及信任对个体行为和决策的影响。通过实验和观察研究，社会心理学家深入探讨了信任在人际关系和组织中的作用，以及信任对社会互动和合作的重要性。

多伊奇在他的研究中对信任进行了深入的探讨。他将信任定义为一种个体对某一事件发生的预期，同时认识到当这一预期不被满足时所带来的消极结果要远大于当初的积极期望。这种定义强调了信任是一个由外部刺激引发的因变量，它体现了个体在特定情境下的心理和行为反应，而信任是否形成则取决于特定情境中的各种相关解释变量。在多伊奇的后续研究中，他更加详细地描述和界定了信任的情境。他认为，信任的形成需要满足以下三个关键情境条件：（1）未来行动的不确定性，这一情境条件指出，信任的形成通常涉及不确定的未来事件。个体往往需要面对模糊不清的未来行动，不能确定最终的结果是什么。这种不确定性是信任的前提之一。（2）结果依赖于他人行动，多伊奇认为，信任形成还依赖于他人的行动。这就意味着信任通常涉及多个相关方，而个体的信任取决于他们对其他人行为的预期。（3）伤害性事件的强度大于受益性事件，这个情境条件强调了个体对潜在风险的关注。具体来说，如果个体认为在信任他人后可能面临的伤害性事件的强度大于可能获得的受益性事件的强度，那么他们可能会更加谨慎地选择是否信任。多伊奇的这些观点为我们理解信任的形成提供了重要的框架。他的研究强调了信任不仅是一种抽象的概念，还与具体的情境和风险相关。这些情境条件对于解释和预测信任行为非常有价值，有助于更好地理解为什么人们会选择信任或不信任他人。

心理学家们在研究人际信任时，通常采用实验方法来探讨这一领域的问题。他们通过实验，深入研究了人际关系中的信任问题。埃里克森是其中一位心理学家，他从发展心理学的角度出发，将信任关系纳入了人格结构的体系中，研究了婴儿期个体与母亲建立初始信任感的情况。他的研究得出了一个重要结论，即个体初始的信任感通常是建立在熟悉和血缘关系的基础上，这为后来研究人际信任起源的学者提供了有益的启示。此外，罗特尔也是人际信任研究领域的重要贡献者。他首次对人际信任进行了比较系统科学的明确定义，而在此之前，人际信任只是被概括性地描述。罗特尔提出了一个经典的定义:"信任是指个体认为另一个人的言辞、承诺以及口头或书面陈述是可靠的一种广泛期望,也就是对他人言行方面可靠性的体认。"这一定义深刻地捕捉到了信任的本质,并为后来的人际信任研究提供了坚实的理论基础。罗特尔的研究也将人际信任问题从心理学领域扩展到了社会心理学领域,拓宽了研究的视角和深度。

巴特勒和康垂尔提出了关于伙伴间信任的五个关键特质,这些特质包括能力、正直、一致、忠诚和开放。这些特质构成了信任的基础,为建立稳固的伙伴关系提供了支持。此外,霍斯莫尔认为,信任是一种非理性的选择行为,当个体面临可能产生大于预期收益的不可预测事件时,他们会选择信任他人。这种信任的行为可能看似不合理,但它反映了信任在人际关系中的重要性。赖兹曼提出了对信任的另一种定义,他认为信任是个体对他人诚意、善良和可信性的一种普遍而可靠的信念。这种信任形成了人们对他人的态度,影响着他们在社交互动中的行为和决策。迈耶、戴维斯和斯格尔曼的信任定义强调了信任主体对信任客体的期望,信任主体相信信任客体会按照他们的期望行事。这种信任意味着信任主体愿意处于一个可能受到信任客体伤害的情况下,表现出对信任客体的信任。米雪尔提出了人际信任的四个维度,包括能力、诚实、互惠和一致性。这些维度帮助我们更全面地理解信任是如何形成的,以及为什么信任在伙伴关系中如此重要。通过考虑这些维度,人们可以更好地理解信任的本质,并在互动中建立更加牢固的信任关系。

国内学者何明钦和刘向东的研究表明,居民的公共治理信任与消费总量和消费水平之间存在着积极的正向关系。而来自张文宏和于宜民的研究则发现,居民的社会信任水平对心理健康有着正向影响。此外,龙雪娜和张灏的研究也强调了人性人格对特定信任的积极预测作用。这些研究结论对于我们进一步探讨信任问题提供了深刻的见解。需要指出的是,社会心理学的研究通常侧重于微观层面的人际信任。这些研究将个体的心理特质与信任相结合,认为信任是个体人格特质和行为方式的综合体现。因此,这些研究将信任视为一个涉及心理过程的复杂问题,强调了个体的特质和行为在信任形成中的重要性。以上研究成果对于理解信任问题提供了有益的信息,并且为未来的信任研究提供了重要参考。这些研究不仅丰富了信任问题的理论体系，也为我们更好地理解信任的形成和影响因素提供了有力支持。

其次，社会学将信任视为一种根植于社会关系之中的重要元素。在广泛而深刻的社会学研究中，信任问题备受关注。社会学家在探讨信任时，以宽广的视野和深刻的洞察力，为这一领域的研究奠定了坚实的基础，开拓了新的研究领域。在社会学家看来，信任与个体在社会中的角色密切相连，作为一种社会关系的要素，具有复杂的社会属性。因此，社会学家倾向于从宏观的角度研究信任问题，通过研究人际关系、社群互动、制度运作、社会规范、文化传承等方面来解释社会层面的信任现象。德国学者齐美尔被认为是最早对信任问题展开系统研究的社会学巨匠之一，他曾提出："如果没有人们之间的一般性信任，社会将会陷入分崩离析的状态，因为很少有关系能够建立在确凿的认知基础之上。如果信任不如理性证据或个人经验那样强大，那么几乎没有一种关系能够持续存在下去。"齐美尔的观点强调了信任在社会中的根本作用。社会学家认识到，信任是维系社会稳定和协调运作的重要纽带。在一个充满信任的社会中，人们更容易建立稳定的人际关系，合作更加高效，社会秩序更加稳定。因此，社会学家将信任视为社会组织和社会运作的核心要素之一，这一观点为深入理解信任的社会性质提供了宝贵的理论支持。在研究信任时，社会学家关注的焦点不仅限于个体信任，更多地聚焦于社会层面的信任网络和机制。他们研究人们在不同社会背景下如何建立信任，信任是如何在群体之间传播的，以及信任与社会制度、文化传承等因素之间的复杂关系。通过深入研究社会层面的信任现象，社会学家揭示了信任在社会中的多样性和复杂性，为建设更加和谐稳定的社会关系提供了宝贵的启示。

许多在社会学领域具有奠基作用的西方经典社会学家也对信任问题进行了深入研究和探讨，他们提出了不同的信任理论和观点，为更好地理解信任的本质和作用提供了宝贵的借鉴。首先，马克斯·韦伯在其著作中对信任进行了分类，将其分为特殊信任和一般信任。特殊信任是指个体基于亲密关系或特定情境下的信任，而一般信任则是指对陌生人或社会机构的信任，这一分类为理解信任在不同情境下的表现和影响提供了重要的视角。其次，塔尔科特·帕森斯将信任视为"一种约定的结果"。他强调了信任在社会中的建构性作用，认为信任是人们在社会互动中形成的一种约定，它有助于维持社会秩序和稳定。此外，彼得·布劳将信任视为实现社会关系稳定的基本因素。他强调了信任在社会互动中的重要性，特别是在合作关系中，信任可以减少不确定性，促进合作，从而推动社会的发展和进步。尼古拉斯·卢曼则认为，信任和权力在社会功能上是等价的，他的重要观点之一是"信任本质上是简化社会复杂性的机制之一"。这一观点强调了信任在社会互动中简化决策和行为的重要作用。伯纳德·巴伯在尼古拉斯·卢曼的研究基础上进一步深化了对信任的认识，他强调了信任作为社会关系和社会体制的构建者，有助于增进所有成员的利益。伯纳德·巴伯还提出了"合理的不信任"的概念，强调了在某些情境下不信任也是合理的。他将信任分为一般性信任、能力信任和托付信任三个类别，有助于更细致地分析信任的不同维度和作用。

以色列社会学家艾森斯塔德提出了"信任结构"的概念，这个概念在社会学领域引起了广泛的兴趣和研究。詹姆斯·科尔曼进一步强调了信任的重要性，他提出："信任是社会资本的一种形式。"这一观点将信任与社会资本联系起来，强调了信任在社会关系中的关键作用，并将其作为社会资本的一个重要组成部分。这一概念至今仍然在社会学研究中广泛应用。现代社会学代表人物吉登斯也对信任进行了深入思考，他认为信任是一种"对其他人的连续性的相信和对客观世界的相信，它产生于儿童的早期经验"。这一观点强调了信任的多维性，它不仅涉及对他人的信任，还包括对客观事物和世界的信任。信任在个体的成长和社会互动中起着重要作用，是社会关系和社会资本的基础。

自20世纪90年代以来，中国社会学者在信任问题的研究领域取得了比较显著的进展，为我们更深入地理解信任在中国社会中的角色和影响提供了宝贵的见解。这一批本土学者，以严中华、林滨等为代表，积极探讨了与中国国情相关的信任议题，特别是关于信任资源减少和社会信任危机的问题。这些学者的研究成果在理论和实证方面都非常丰富。他们出版了一系列重要著作，如《信任论》《中国人的人际关系、情感与信任：一个人际交往的观点》《中国社会中的信任》《信息、信任与法律》《关系与信任：中国乡村民间组织实证研究》等，这些著作不仅在中国有着重要影响，而且在国际上也产生了广泛的影响。他们的研究主题涵盖了多个领域，包括信任的建立机制、中国人的人际信任概念化、中日美的信任比较研究、特殊信任与普遍信任、信任的基础、居民信任水平的城乡差异、元信任问题、信任的本质与文化、中国人的政治效能感、政治参与和警察信任、后信任社会的形成与应对、建构科技伦理治理共同体的信任关系、人际信任的自我削弱与熟人社会变迁等。这些研究不仅丰富了信任理论的发展，还有助于更好地理解中国社会的信任格局以及信任与社会变迁之间的关系。本土学者的工作为信任研究树立了良好的榜样，为我们进一步探索信任在社会中的作用提供了坚实的基础。在未来，信任研究将继续为中国社会的发展和变革提供有益的洞察与剖析。

总体来看，社会学家通常将信任视为社会制度、社会规范、文化习俗等因素的产物，并将其与社会结构、文化特征等联系起来。在他们的观点中，信任被认为是社会关系的一部分，深植于整个社会的政治、经济、文化网络中，受到制度、结构、文化、道德等社会因素的影响。换句话说，社会学既研究个体之间的信任关系，也关注社群、组织内的信任问题；既关注信任在社会中的功能和作用，也研究了在不同社会情境下信任生成的影响因素。社会学家深入研究了信任的多个方面，包括信任如何在社会结构中形成，它与文化和价值观的关系，以及信任在社会中的作用和影响。他们关注信任在社交网络中的传播，研究社会规范如何影响信任的建立，以及信任在组织和机构中的运作方式。此外，他们还关注了社会变革和制度改革对信任的影响，以及信任在不同文化背景下的差异。

第三，信任在经济学中被视为经济人理性计算的一部分。信任问题最早在古典经济学家亚当·斯密的著作《道德情操论》中得到了探讨。亚当·斯密深入分析了信任与人类经济行为之间的关系，他认为，人与人之间的信任是经济活动的道德基础。然而，在这之后，信任问题在正统经济学研究中逐渐被边缘化，长期未能获得足够的关注，直到 20 世纪 70 年代才重新进入主流经济学的研究范畴。与社会学的研究路径不同，经济学家通常从理性选择的角度来研究信任，将其视为经济人（即在市场中进行交换的个体）理性计算的结果。经济学家罗伯特·诺兹克认为："信任就像是经济交易的润滑剂，是控制契约的最有效机制，是一种难以置信的稀缺商品。"这种理论观点强调信任在经济交换中的关键作用，认为它是一种难以替代的稀缺性资源。经济学家加里·贝克尔在其影响深远的著作《人类行为的经济分析》中进一步推进了信任研究。这本研究将经济学理论应用于之前与市场力量无关的人类行为领域的研究，开辟了一个以前主要由社会学家、人类学家和心理学家关注的研究领域。加里·贝克尔的研究拓宽了信任的理论范畴，使其不仅仅局限于经济领域，而是成为一种跨学科的研究课题。综合而言，信任在经济学中的研究历程起初受到亚当·斯密的启发，然后在长期的边缘化后重新被纳入研究范畴。经济学家强调信任在经济交换中的重要性，将其视为一种稀缺资源和市场交易的关键因素。加里·贝克尔的研究拓宽了信任研究的领域，使其跨足到其他学科，为我们更深入地理解信任的本质和作用提供了理论基础。

在经济学领域，研究者通过引入博弈论，进行了深入的信任与合作问题的综合研究。这一领域的研究为我们提供了深刻的见解，揭示了在异质性社会环境和不同约束条件下，针对同一目标，不同个体可能选择不同的行为策略。特别是在长期利益博弈中，人们通常更倾向于建立相互间的信任关系，以追求最大化的利益。克瑞普斯、张维迎等研究者的工作表明，信任与合作问题的复杂性。他们的研究发现，不同社会环境和约束条件下，个体的行为策略可能出现显著的差异。这意味着在不同情境下，人们对信任和合作问题的看法和行为可能会有所不同。此外，研究还发现，经验、态度和制度等因素对于信任博弈中策略选择的影响至关重要。这些因素可以影响个体对信任和合作的态度，进而影响他们在博弈中的行为。综合而言，博弈论为我们提供了一个深入研究信任与合作问题的框架。这些研究揭示了信任和合作问题的复杂性，以及不同因素对个体行为的影响。这一研究领域的不断发展，有助于更好地理解在不同情境下人们如何建立信任关系，并在合作中追求最大化的利益。

杜温伯格和尼日在探讨信任过程中的利他主义时，强调了利他主义在信任建立中的关键作用。他们认为，人们的利他主义倾向有助于信任的形成和维护。波奈特和济科豪瑟则将信任视为一种潜在的风险行为，因此，他们主张信任的决策应该考虑到额外的风险因素，以弥补信任背叛可能带来的损失。王永贵和刘菲的研究表明，在 B2B（企业对企业）的背景下，信任对创新绩效的影响呈现出一种倒"U"形态。这意味着在一定程度上，信任有助于创新绩效的提升，但过度的信任反而可能会产生负面影响。周明生和于国栋的研究发现，社会信任水平可以促进产业协同集聚。这意味着在一个具有高社会信任的环境中，不同产业之间更容易形成协同合作关系，从而推动经济发展。陈富永和周兵的研究结果显示，地区信任水平的提高可以显著抑制企业的避税行为。这意味着在社会信任水平较高的地区，企业更倾向于遵守税收法规，减少避税行为。康旺霖等学者的研究表明，企业所在地区的社会信任水平越高，企业的代理成本就越高。这意味着在社会信任较高的地区，企业更注重代理成本的管理，以维护信任关系。李辉等学者的研究发现，司法信任对经济增长有显著促进作用。这意味着在一个法治环境下，人们更愿意投资和创业，从而推动经济的增长。

　　基于上述研究，可以初步总结出经济学界对于信任问题研究的两大主要方向。这两大方向不仅丰富了对信任的理解，而且拓展了研究方法和应用领域。首先，在微观层面上，研究者采用博弈论理论和实验方法，来验证信任在个体经济行为中的生成机制。这一方向的研究通常关注个体在经济活动中的信任行为，探讨信任在不同情境下的表现以及其对经济决策的影响。通过设计各种博弈实验，研究者可以观察参与者在信任与风险之间如何权衡，以及信任是如何在经济互动中建立和损害的。这种微观层面的研究有助于深入了解信任的心理和行为机制，以及它们对经济效益的影响。其次，在宏观层面上，研究者将信任纳入社会协调机制的范畴，探讨了信任在组织、企业和制度层面的作用。这一方向的研究更加关注信任在大规模社会和经济系统中的运作方式，以及其对整体社会效率、制度平衡和组织发展的影响。研究者通过考察不同组织形式和文化背景下的信任机制，来揭示信任如何促进社会协同和合作，从而提高经济系统的稳定性和可持续性。这些研究取得了显著成果，通过将信任因素纳入经济分析和建模中，促使社会科学领域实现了跨学科的交流与融合。这种跨领域研究为我们更好地理解信任的本质、信任如何影响经济行为、以及如何在不同社会和组织环境中培育和维护信任提供了宝贵的经验。

　　第四，政治学视信任为政治稳定的重要基础。古希腊哲学家狄摩西尼曾有过一段引人深思的言论："有智慧的人通常都知道有一种保障措施，它对一切都有好处、都是安全的，尤其对民主有益而对专制持反态度。这是什么？那就是信任。"英国思想家约翰·洛克对信任的政治学解读标志着学界开始关注政治信任问题，他的思想核心在于，公民与政府之间的关系是一种信任关系，而非简单的契约关系。约翰·洛克将政府定义为一种信托（trust）。他的思想为欧洲启蒙运动提供了有力支持，并引导出了著名的三权分立理论，这一理论后来被法国启蒙思想家进一步发展，成为现代西方政治制度的重要组成部分。然而，尽管约翰·洛克的思想奠定了现代政治制度的基础，但随后的几个世纪里，政治学领域对信任问题的研究相对较少。直到 20 世纪 60 年代，伊斯顿的《政治生活的系统分析》和甘姆森的《权力与不满》问世，再加上西方各国政府陷入政府信任危机、民众对政治体系的信任出现重大变化，政治学领域才重新开始关注和研究信任问题。自那时以来，政治学界涌现了大量关于信任问题的研究成果。一些代表性的著作包括维维安·哈特的《不信任与民主：英国和美国的政治不信任》、尼可拉斯·卢曼的《信任与权力》、伯纳德·巴伯的《信任的逻辑与局限》、罗伯特·帕特南的《使民主转起来》，以及 20 世纪 90 年代罗素·塞奇基金会出版的"信任"系列丛书。此外，巴勃、杜恩、科尔曼、福山、苏特普卡、沃伦及什托姆普卡等学者也在政治学领域对信任问题进行了不同程度的研究。这些研究不仅丰富了政治学理论，还有助于我们更好地理解信任在政治稳定和社会发展中的关键作用。信任作为政治稳定的支柱之一，对于维护社会秩序和民主制度的健康运行至关重要。因此，政治学对信任问题的研究为政策制定者提供了宝贵的参考，有助于构建更稳定和公正的政治体系。

闵琦是国内最早研究政治信任问题的学者之一，他在 1989 年的研究中提出："政治信任是人们对其他政治活动者的一整套认识、信念、感情和判断。"这一定义强调了政治信任的复杂性，它不仅仅是简单的信任或不信任，而是包括了认知、情感和判断等多个维度。近年来，国内学界对政治信任问题的研究成果逐渐增多，不同学者从不同角度对政治信任进行了深入研究。上官酒瑞自 2003 年以来对政治信任问题进行了系统而深入的研究，发表了大量相关论文，并出版了相关专著。他提出了公共生活中的政治信任"悖论"，强调了政治信任在构建良好的公共生活中的重要性。他认为，良善的公共生活需要政治信任的润滑，但同时也需要民众的不信任来促进和推动改革，这一观点有力地指出了政治信任在社会运行中的复杂性和多维性。

胡荣在《社会学研究》上发表的文章《农民上访与政治信任的流失》也深入探讨了政治信任问题。他指出政治信任在不同层次上有不同的内容，最高层次是指公民对整个政治共同体的态度，即他们所属国家的态度。这一观点强调了政治信任与国家的关系，为我们理解政治信任提供了新的视角。徐尚昆的研究则突出了制度要素和文化要素对政治信任的影响，他通过实证分析发现，制度和文化因素对政治信任的生成和解释具有显著意义。① 这一研究丰富了对政治信任形成机制的理解。此外，孙昕等人在《社会学研究》上发表的文章《政治信任、社会资本和村民选举参与：基于全国代表性样本调查的实证分析》，为政治信任问题提供了新的视角和研究方法。②

此外，盛智明发表论文《社会流动与政治信任：基于 CGSS2006 数据的实证研究》，文中指出："人们所经历的向上代际流动和代内流动，以及对向上流动的感知与预期都显著增强了他们的政治信任。"③ 这一研究强调了社会流动与政治信任之间的密切关系，表明社会流动的积极经历可以显著增强个体对政治体系的信任。鲁良和黄清迎则提出："政治信任是公民对政治体系所持的一种态度、评价和信念。"这一定义强调政治信任是一种复杂的心理过程，涵盖了公民对政治体系的态度、评价和信仰。这进一步凸显了政治信任在塑造公民参与政治的过程中的重要性。另一方面，苏振华和黄外斌的研究发现，存在互联网使用频率与政治信任感成反比的现象。这一发现表明，互联网在一定程度上可能影响公民对政治的信任。这也提示我们需要深入研究互联网时代下的政治信任动态变化。胡荣和庄思薇的研

---

① 徐尚昆. 社会转型、文化制度二重性与信任重建 [J]. 中国人民大学学报, 2018, 32 (2)：152 – 161.

② 孙昕, 徐志刚, 陶然, 等. 政治信任、社会资本和村民选举参与：基于全国代表性样本调查的实证分析 [J]. 社会学研究, 2007 (4)：165 – 187, 245.

③ 盛智明. 社会流动与政治信任：基于 CGSS2006 数据的实证研究 [J]. 社会, 2013, 33 (4)：35 – 59.

究则关注了媒体使用行为对政府信任的影响。他们发现，使用传统媒体会显著促进居民对政府的信任，而使用新兴媒体则可能降低居民对政府的信任。① 这一研究揭示了媒体在政治信任建构中的作用，强调了媒体的重要性。此外，罗家德等学者通过对汶川地震后 30 个村庄的研究发现，个体社会资本与社区社会资本对高层和基层政府的信任产生显著影响。② 这表明社会资本与政治信任之间存在着复杂的关系，社会资本的建设可能有助于增强政治信任。杨江华、王辰宵的研究强调了媒体使用偏好对政治信任的影响。③ 他们发现，网民的官方媒体使用偏好有助于增强他们对政府的信任，但海外媒体使用偏好可能削弱政治信任。这一发现提示媒体内容和选择对政治信任具有重要影响。最后，季程远、孟天广等学者认为，反腐败工作可以提高公众的政治信任。④ 这一观点强调政府的廉政建设和反腐败工作对政治信任的重要性，也反映了政治道德在公众心目中的价值。

总的来说，在政治学领域进行信任问题研究有两种理论渊源。一种是制度观点，它认为政治信任源于政治领域，是人们对政治制度、政府绩效以及政治体系信任度的一种评估。另一种是社会文化观点，它认为政治信任是外部因素的结果，根植于文化规范、社会风俗习惯以及个体在早期社会化过程中接受的教育和环境的影响。从制度观点来看，政治信任是一种基于理性的评估，人们会根据政府的绩效、政治制度的稳定性以及治理能力来评价他们对政府的信任程度。这种观点强调了政府的行为和制度的建设对信任的影响，因此政府在提高绩效、增强治理能力方面扮演着关键角色。而从社会文化观点来看，政治信任是在个体成长过程中形成的一种信仰，它受到文化、风俗和社会化环境的深刻影响。人们的信任观念往往受到他们所处的文化传统和社会价值观的塑造，这些因素在早期社会化中扮

---

① 胡荣，庄思薇. 媒介使用对中国城乡居民政府信任的影响 [J]. 东南学术，2017（1）：94 - 111，247.

② 罗家德，帅满，杨鲲昊."央强地弱"政府信任格局的社会学分析：基于汶川震后三期追踪数据 [J]. 中国社会科学，2017（2）：84 - 101，207.

③ 杨江华，王辰宵. 青年网民的媒体使用偏好与政治信任 [J]. 青年研究，2021（4）：1 - 10，94.

④ 季程远，孟天广. 反腐败与政治信任：结构偏好与规模偏好的影响差异 [J]. 上海交通大学学报（哲学社会科学版），2020，28（2）：99 - 112.

演了重要角色。因此，要理解政治信任，我们需要考虑社会文化的背景以及个体成长环境对信任观念的塑造。

二、失信行为研究概述

信任与失信是社会关系中的两个重要方面，虽然信任问题已经引起广泛关注，但关于失信问题的研究相对较少。目前，学术界对失信行为的研究主要集中在政治学、经济学和法学领域。在政治学领域，研究者施莱弗分析了英国和法国在失信方面的差异。他从法律体系的历史差异出发，认为这些差异可以解释两国在失信方面的不同表现。菲利普·阿吉翁等学者指出，法国的制度越加重其法律制约，失信问题就越严重，而这种失信对政府法律制度具有持续性的影响。此外，克雷默等人探讨了在层级不平等的组织中信任和失信的可能性。然而，一些学者对信任的重要性质疑。库克等人反驳了"信任是一个民主社会顺利运作的必需品"的观点，他们认为，社会在缺乏信任的情况下仍然可以建立互利互惠的合作关系，而社会功能也不会因为缺乏信任而明显削弱。另一方面，失信问题也与文化多元和民族多样性相关。有学者指出，民族多样性的出现可能导致失信行为的增加，如果不能有效地管理这一多样性，就会进一步助长失信行为。在跨国贸易方面，吕方园的研究探讨了中美贸易摩擦中的"政治失信行为"国家责任。这一研究分析了中美之间失信行为的国际政治背景，并提出了构建国家责任的路径。信任与失信是社会关系中复杂而重要的方面，对于理解和应对失信问题，需要跨学科的研究方法，以综合分析不同领域中的失信行为及其影响。

在经济学领域，杰克·菲奥里托和丹尼尔·加拉格尔在他们的研究中探讨了脑力工作、工作态度、团结机制与失信之间的关系。他们的研究发现，这些因素之间存在着复杂的相互作用，可以影响人们的信任和失信行为。杰夫·泽伦尼等人分析了《纽约时报》和BBC进行的民意调查数据，发现随着经济焦虑和对未来的担忧加剧，民众对美国政府的不信任达到了历史最高水平。这表明经济和社会环境的不确定性会显著影响人们对政府的信任程度。另外，瑞秋·塔尔顿等人在研究中发现，即使在失信情境频繁出现的环境中，消费者在金融投资领域和医疗健康领域对社会生活中的产品仍然表现出了较高的忠实度和坚定度。这说明，尽管社会中存在失信现象，但人们对社会生活中的产品和服务仍然持有信任态度，信任仍然是主流价值观。

有学者曾经对欧美政治失信与社会资本之间的相互关系进行了深入研究。例如，克里斯特尔·库普等人通过研究西北欧、美国、东南欧和西欧等地的现实社会差异，发现社会信度与政治失信率之间存在一种双向否定关系。简而言之，社会信任度的提高通常伴随着政治失信率的降低，反之亦然。这一规律在不同国家普遍适用，表明个人的诚信度与社会、政治信任率以及社会经济资本之间存在紧密联系。另一方面，苏小方等学者认为，企业普遍存在失信行为，其根本原因在于企业和消费者之间存在一种"强势产权主体与弱势产权主体"的结构。他们提出了食品企业、消费者和监管机构之间的演化博弈模型，并通过验证模型得出结论，即对失信经营的食品企业进行处罚会降低其违约的动机。这些研究结果表明，失信行为与社会资本、政治信任之间存在复杂的相互关系，理解这些关系对于制定有效的失信行为治理政策至关重要。在深化研究的基础上，我们可以更好地应对失信问题，推动社会的信用建设和可持续发展。

在法学领域，学者们主要从法律的角度来定义失信行为，并就对失信者的制裁等问题展开了广泛的讨论。例如，一些学者认为，合法性是惩戒失信行为的基础，因此需要完善立法体系。还有一些学者指出，界定失信行为的信息是启动失信联合惩戒机制的先决条件，他们主张可以综合运用不同的法律管制技术，以构建失信约束制度的法治框架。另外，有学者认为，对失信者进行监管以及监管力度的大小与民营企业的债务水平密切相关。一位学者提出，对网络失信行为可以采取"惩罚"和"戒治"的行政监管措施，其中直接的惩罚措施主要针对妨害民事执行的失信行为，而联合惩戒应主要针对不履行义务的失信行为。此外，还有学者认为，需要对失信惩戒进行法律界定和规范化，对政府规制中信用工具存在的问题提出批评，并主张将它们受制于公法原则的约束。为了规范失信惩戒，需要在加快法治进程、完善程序设计、平衡权利和义务关系、营造社会氛围等方面进行规范，同时还可以通过制定失信被执行人名单的内、外部标准来统一失信行为的标准。这些学者的研究表明，法律领域对于失信行为的界定和处理至关重要。他们的研究为构建更加完善的失信约束制度提供了有力的法律支持，也有助于维护社会的信用体系和公平正义。因此，进一步深化法学领域对失信问题的研究，有助于更好地应对和解决当前社会面临的道德挑战。

沈毅龙提出，在失信行政联合惩戒的立法过程中，应该坚决奠定行政法治的框架。① 这意味着必须严格控制法律的制定和实施，以确保法律的公平性和合法性。此外，他主张应该回归法教义学的框架，以避免过度渗透道德因素对失信联合惩戒立法的影响。这一观点强调了在立法过程中应该遵循法律原则，而不是仅仅依赖于道德判断。门中敬认为，污名是失信联合惩戒的核心问题，必须通过法律手段进行控制，以防止其泛化。他建议从形式合宪性、实质合宪性和功能最适性三个维度对现行失信联合惩戒制度进行合宪性改进，这一观点强调了在联合惩戒制度中应该更加注重法律合法性和效果。陈小君和肖楚钢认为，需要对失信行为进行明确定义和分类，并澄清失信行为、惩戒措施以及惩戒目的之间的逻辑关系。他们还主张将失信惩戒措施纳入行政处罚法的规制框架，以规范这些严厉的惩戒措施，这一观点强调了将失信联合惩戒纳入法律体系以确保其合法性和透明度。

杨丹认为，要推动联合惩戒机制走向法治化，必须对失信行为进行明确定义，并为失信惩戒对象设定程序权利。为了追究失信行为的责任，他建议完善连带惩戒适用规则，并明确个人失信惩罚的类型和适用范围。此外，还主张将失信惩戒措施中的公布"黑名单"和从业限制措施纳入行政处罚法的规制。这一观点着重于通过法律手段来规范失信联合惩戒，并保障相关个人的权益。冯文宇认为，防治学术失信的有效策略包括加强信用体系建设，完善学术评价体系和导向机制，以及优化学术环境氛围。这一观点强调了通过建立更加完善的学术体系和环境来预防和应对学术失信问题。这些观点都强调了在处理失信行为和联合惩戒时，法律应该发挥重要作用，并确保法律执行的合法性和公平性。此外，明确定义失信行为、设定程序权利、规范惩戒措施，都是加强失信行为治理的有效路径。同时，建立信用体系、完善评价机制和改善环境氛围也是有效预防失信问题的途

---

① 沈毅龙. 论失信的行政联合惩戒及其法律控制 [J]. 法学家，2019（4）：120 – 131，195.

径。这些观点为加强失信治理提供了有益的法律和制度建议。

国内对失信问题的研究相对有限，大多集中在信用和诚信领域。然而，失信问题的复杂性和多样性需要更深入的研究和理解。在这方面，一些学者进行了初步的探讨，以揭示失信的形成条件和机制。王淑芹的研究关注失信的形成条件，她指出，失信现象的出现往往与人性的巧利欲望、市场经济行为的策略选择、社会价值体系的缺陷、制度性障碍、舆论监督的不足以及社会文化的沉积等多种因素密切相关。这些条件相互作用，共同推动了失信行为的发生。魏建国和鲜于丹则通过动态博弈分析了失信惩戒机制。研究认为，中国地方政府失信现象较为普遍，通常表现为政府官员形象的损害和政府声誉的受损。他们指出市场经济中的自利行为、行为主体的强势地位、监督机制的不足、公共信息的不对称以及信用文化的缺失等因素都有助于地方政府失信行为的形成。胡朝阳的研究聚焦于失信行为的法律规制。他认为，社会失信行为不仅对失信者产生影响，还给整个社会带来了额外的运行成本，因为失信行为会破坏经济、法律和道德秩序。这种负外部性使得失信行为成为一个需要严格法律规制的领域。陈平的研究探讨了失信的生成机制和治理方案。他认为，影响诚信和失信的因素是多方面的，仅依靠个人内在信念是不可靠的。社会管理者的态度和惩治效果、制度的公平正义、行为的先后顺序以及是否存在胁迫等因素都在决定个体是否选择失信方面起到核心作用。俞可平的研究强调了政务诚信的重要性。他认为，政务诚信在国家治理中具有基础作用，国家和政府如果失信于民，将导致公民对政权失去信任，社会普遍出现道德和信任危机。① 这些研究为我们更深入地理解失信问题提供了重要线索。然而，失信问题的本质复杂，需要进一步的研究和分析，以制定更有效的治理策略和政策。

还有一些研究生选择了以失信为主题，撰写了关于失信行为的学位论文，这些论文涵盖了多个领域，从经济学到管理学和社会学等。这些学位论文的研究提供了更深入地了解失信行为及其影响的机会。刘荣的学位论文《寿险个人代理人失信行为的经济学分析》关注了寿险代理人的失信行为，通过经济学的分析方法，探讨了这一问题的根本原因和影响。汪静的

---

① 俞可平. 政务失信的根源及破解之道 [J]. 人民论坛·学术前沿，2012 (13)：88－90.

《企业失信行为研究——基于工商行政监管视角》从工商行政监管的角度研究了企业失信行为，揭示了监管机构在预防失信方面的作用。李玲娟的学位论文《失信惩戒制度研究》则探讨了失信惩戒制度的建立与实施，以及对社会信用体系的贡献。徐兴梅的研究《失信行为研究》深入分析了失信行为的性质和特点，为我们提供了对失信问题更全面的认识。王玲的学位论文《西湖龙井茶市场失信的经济学研究》关注了在特定市场环境下的失信行为，展示了失信在不同领域的体现。黄建春的研究《政府失信与信赖利益保护——以浙江洞头区浅海滩涂围填引发"民告官"案件为例》聚焦政府失信问题，通过具体案例研究，揭示了政府失信对公众信任的影响。林英杰的学位论文《我国征信体系中失信惩戒机制研究》着眼于我国的征信体系，探讨了失信惩戒机制的构建。刘强的研究《大学生学术失信及对策研究——以石河子大学为个案》则关注了大学生群体的失信问题，为加强学术诚信提供了对策建议。毕鹏的学位论文《"经济人"视角下的政府失信行为研究》从经济人的角度研究了政府失信行为，强调了市场经济条件下的失信问题。孔晓的研究《预付式消费卡失信问题的经济学分析》关注了预付式消费卡领域的失信问题，探讨了经济学视角下的分析方法。占济舟的学位论文《失信因子对软件可信性的影响及其控制》则聚焦于软件可信性领域，研究了失信因子对软件可信性的影响以及如何控制这些因子。党玮的研究《当前中国官员失信行为研究》对中国官员的失信行为进行了深入研究，反映了政府部门在诚信建设方面的挑战和机遇。这些学位论文的研究提供了多个维度的失信问题探讨，不仅有助于更全面地理解失信行为的本质和影响，也为今后的研究和治理提供了有力的理论支持和实践经验。

　　回顾国内外学者对失信问题的研究历程，尽管研究成果的数量相对有限，但我们仍然可以勾画出一幅比较清晰的研究脉络图。在宏观层面的研究中，普遍认为个体的失信行为与组织、团体，甚至整个社会的信任状况和经济关系存在着相互影响和相互制约的关系。这一观点强调了失信问题对整个社会稳定和发展的重要性。与此同时，在微观层面的研究中，学者们主要集中在分析个人失信行为与个体的身心发展规律以及思维特点之间的关系。他们认为，个人的失信行为可以反映出个体的内在道德素养和精神水平，更能够折射出一个人的思维方式和行为习惯。这一观点强调了失信问题与个体品德和心理特征之间的紧密联系。尽管这些研究目前还存在一定的局限性，但这些不同角度的研究观点提供了更全面的视角来理解失信问题。宏观层面的研究帮助我们认识失信行为对整个社会的信任体系和经济运行产生的影响，而微观层面的研究则有助于深入探讨失信行为背后的个体心理和道德因素。未来的研究应当进一步拓展这些视角，探讨失信问题的更多维度和影响因素。通过久久为功的持续深入研究，更好地理解失信问题的本质，为构建更加诚信、和谐的社会环境提供理论支持和政策建议。

三、网络失信行为及其治理研究概述

网络失信行为是在互联网时代出现的一种特殊失信问题，它不仅对互联网的正常秩序和网络环境造成了严重冲击，还对现实社会的伦理道德、人际关系和制度体系产生负面影响。因此，迫切需要采取措施对网络失信行为进行惩治和治理，以维护社会的稳定和健康发展。在互联网时代，网络失信行为多种多样，包括虚假宣传、侵犯他人隐私、网络诈骗、恶意抹黑等。这些行为不仅损害了他人的利益，也破坏了网络生态的平衡，导致信息的不真实和不可信。而在现实社会中，这些网络失信行为的影响也逐渐显现出来，人们的信任感下降，人际关系紧张，社会秩序受到威胁。因此，治理网络失信行为是当务之急。首先，需要建立健全的法律法规体系，对网络失信行为明确界定，规定相应的法律责任和处罚措施。同时，需要加强执法力度，依法打击网络失信行为，维护互联网的公平、公正、公开原则。其次，教育和引导也是治理网络失信的重要手段。通过教育公众，提高他们的网络素养和道德水平，引导人们自觉遵守网络道德规范，树立诚信意识，减少网络失信行为的发生。此外，互联网经营主体也应承担起社会责任，加强自律和监管，建立网络失信行为的举报和处理机制，确保网络环境的清朗和健康。

法学界对于网络失信行为的惩戒和法制治理已经进行了广泛的讨论，并取得了一系列丰富的研究成果。这些研究成果提供了重要的思路和方法，有助于更好地治理网络失信行为。首先，一些学者提出了完善互联网失信

行为惩罚制度和法律的观点。李柏萱认为，这是治理互联网失信行为的基础。与此同时，他还提出了融入现代科技手段的建议，建立全社会共建共享的网络信用评价平台与系统。这一建议的核心在于构建全方位、立体化的网络失信行为威慑与惩戒机制。其次，严新龙强调政府监管手段的不健全是互联网失信行为的主要原因之一。他指出，互联网行政法治体系需要进一步健全，以实现对网络失信行为的有效惩戒。这一观点强调了政府在治理网络失信行为中的重要作用，同时也提出了加强行政法治建设的紧迫性。此外，严新龙还强调了网络失信行为行政法治惩戒的度的衡量。他指出，不同程度的网络失信行为需要不同程度的行政法治惩戒，这应根据其危害程度来决定。这一观点有助于建立更加精细化的惩戒机制，更好地应对不同类型的网络失信行为。最后，除了法律和制度建设，一些学者还从网络大众主体和全球网络社会的角度提出了一些新观点。他们认为，人们应当认识到网络失信行为可能给每个网民带来的潜在危害，并自觉遵守网络道德规范，约束自己的网络行为。这种观点强调了网络大众的主体性和主动性在网络治理中的作用，倡导每个网络用户积极参与到维护网络道德的行列中来。

当然，实现网民个体主动的道德约束需要引领和培育正确的网络社会价值观。网络诚信治理还需要奉行全球治理的理念，基于平等和互信原则加强国际合作，追求适用于网络社会的共同价值观，不断增进共识、提高互信，共同承担网络失信行为治理的成本，实现网络社会治理成果的共同治理和共享。正如马奎斯和博格所提出的，建立健全的信用制度是提高政府公信力的关键，网民的信用制度认同和遵守，以及行业组织和社会舆论的监督，都可以推动网络诚信制度的有效运行。另一方面，大学生网络学习中的失信行为也需要得到更严格的监管和治理。研究表明，学生的失信态度、主观规范、感知行为控制以及之前的失信经验都会显著影响他们是否有网络学习失信行为的意向。因此，对于大学生网络学习中的失信行为，我们需要建立更加有效的监管和惩戒机制，以维护诚信原则。此外，在处理类似"大数据杀熟"的问题时，应采取综合调控的方式来规范制度和商业伦理。这包括建设公共信用信息平台，完善信用法律法规制度，强化行业自律和惩戒机制，对政府相关部门进行绩效考核，并提供必要的技术支持，以进一步完善失信行为的联合惩戒机制。

从结果溯因的角度来看，网络失信行为频发虽然与制度体系不健全有关，但更重要的是与广大网民的个体认知和道德水平有关。因此，一些学者从个体积极心理学的视角出发，研究了网络失信行为的产生机制，探讨了与网民个体认知能力、道德水平以及需求错位等因素相关的问题。在此基础上，一些学者提出了基于健康心理学的网络诚信积极心理建构举措。研究者张婧指出，网民个体的自我效能感在促进网民遵守网络规范方面发挥着重要作用。自我效能感指的是个体对自己能够完成某项任务的信心和信念，它在网民遵守网络规范中具有积极作用。当网民对自己在网络空间中的行为有信心时，他们更有可能遵守规范，避免参与到网络失信行为中。此外，对网络失信行为可能造成的危害有正确而全面的感知也是至关重要的。网民需要充分了解网络失信行为的后果，以便更好地规避这些行为。这种对后果的全面认知可以帮助网民进行心理调适，提高他们在网络空间中的自我效能感。因此，建立基于个体积极心理和自我效能感的网络诚信共同体是一个值得探讨的方向。通过自助和互助等方式，可以帮助个体逐渐转变为具有集体自我效能感的网民，形成对网络失信行为的反制和自觉。这种共同体可以促进网民之间的互助与合作，共同维护网络诚信，进一步推动网络空间的健康发展。这也将有助于减少网络失信行为的发生，提高网络空间的道德水平。

总的来看，网络社会诚信治理的基础在于加强法治建设，这意味着需要建立健全的法律法规体系，以应对互联网失信行为。此外，强化政府在行政管理中的法治原则，同时营造一个良好的互联网环境，也是改善互联网诚信问题的关键方法。首先，加强法治建设对于网络社会诚信治理至关重要。需要通过制定明确的法律法规，明确互联网上失信行为的定义和界定，建立相应的惩戒机制，以确保互联网上的交往和交易能够在法律框架下进行。这不仅需要相关法律法规的完善，还需要强化执法和司法机构的能力，以确保法律的执行和公正性。其次，政府在行政管理中的法治原则也需要得到强化。政府在监管互联网领域时，应当遵循法治原则，确保其行政行为的合法性和公正性。政府需要建立透明的行政程序，对互联网企业和个人一视同仁，不偏袒、不滥用权力。这可以通过建立监管机构、制定相关政策和规范行政行为来实现。此外，营造良好的互联网环境也是改善互联网诚信问题的重要方法之一。我们需要通过技术手段，加强对互联网上的虚假信息、网络欺诈等问题的监测和打击。同时，也需要提高网络用户的诚信意识，加强网络教育和宣传，引导人们自觉遵守网络道德规范，促进网络社会的诚信建设。

四、失信行为研究动态简评

经过综合文献调研，可以发现目前国内外学界对失信行为的系统研究还相对有限。已有的研究成果主要分布在法学、经济学、政治学等领域，而社会学、心理学、管理学等学科对此关注较少。这一现状表明失信行为的研究尚未得到足够的重视，有待进一步深入的探究。同时，也凸显出失信研究的重要性和复杂性，需要引入更多学科的不同研究视角。在当前信息时代，网络失信行为成为一个备受关注的课题。人们对网络信任度的降低以及信息虚假、诈骗等问题的普遍存在引发了对网络失信的广泛关切。因此，有必要重点梳理网络失信行为的相关研究，以便更全面地了解这一领域的研究现状和治理策略。网络失信行为的研究具有多元化和复杂性。在网络环境下，失信行为表现出许多不同的形态，如虚假宣传、网络诈骗、信息泄露等。这些行为不仅涉及法律问题，还涉及社会伦理、心理学和管理等多个层面。因此，深入研究网络失信需要跨学科的探索和多维度的分析。网络失信的研究不仅有助于更好地理解当前社会中的信任危机，还可以为防范网络欺诈和虚假信息传播提供科学依据。为了应对这一挑战，需要采取多样化的治理策略，包括法律法规的制定、技术手段的运用以及公众教育等方面的工作。

首先，应当从对"失信行为"的概念进行深入探讨开始，这是进行相关研究的首要前提。失信行为是一个相对于诚信行为而言的概念，在相关文献中，已经对网络失信的概念进行了明确定义。例如，一些研究者在较为广泛的意义上将网络失信行为归纳为包括网络欺骗、网络盗版、网络学术不端和网络滥用等现象。随着互联网技术在人类社会中的广泛应用，网络失信行为及其负面影响已经成为网络空间中备受关注的社会问题。全球范围内，每年发生在网络上的诈骗行为所涉及的金额高达数十亿美元。相对于传统的交易方式，网络失信行为，特别是以欺骗行为为代表，更容易损害消费者的利益。这一问题在互联网时代变得尤为突出，因为网络提供了一个相对匿名和无监管的平台，使得不法分子更容易从中获利。另一方面，网络失信行为的影响已经远远超出了经济层面，它还直接关系到社会的信任和稳定。在一个充斥着失信行为的社会中，人们往往变得更加警惕，减少了对陌生人的信任。这不仅损害了个人之间的信任关系，也对商业和社会的正常运作产生了负面影响。在这一背景下，对失信行为的深入研究变得至关重要。我们需要理解失信行为的根本原因、其对社会和经济的影响以及如何有效地应对和预防这些行为。只有通过深入的研究，才能够制定出更加精准和有效的政策和措施，以减轻失信行为对社会和个体造成的损害。这也是保护公共利益、维护社会稳定和促进可持续发展的必要举措。

其次，以往的研究主要侧重于从经济学的角度关注失信行为，并集中探讨失信行为所带来的经济后果，比如市场主体的违约行为或对市场主体产权的侵害等。而在网络失信领域，经济学的研究往往以网络经济参与者的假设为前提，强调经济手段是解决网络空间信任危机的最有效途径之一。然而，诚信作为市场经济信用治理的伦理基础，却往往受到较少的关注。实际上，诚信在市场经济中发挥着关键作用，它能够有效整合制度、技术、文化、伦理等多方面的资源，实现协同治理的效果。与此同时，诚信的激励机制和失信的惩罚机制共同构建了市场经济的信用体系。因此，有理由相信，诚信是市场经济中的一种关键力量，有助于将市场经济塑造成为信用经济。有些学者认为，市场经济中存在着企业与消费者之间的强势产权主体和弱势产权主体的结构。在这种结构下，企业可能会选择失信行为，侵害消费者的权益，这在某种程度上被视为一种"理性"的选择。然而，这种选择的背后隐藏着伦理和道德的问题，它不仅损害了市场的公平性和诚信原则，还可能对整个市场经济体系造成长期的损害。因此，诚信不仅仅是一种经济学问题，更是一种伦理和社会问题。在研究失信行为时，应该更加注重伦理和道德层面的分析，探讨失信行为对社会和市场伦理的影响，以及如何通过伦理建设来引导市场经济的健康发展。只有在这个基础上，才能更好地理解失信行为的根本原因，并提出更有效的治理和改进措施，以维护市场经济的稳定和可持续发展。

不同于经济学常常从功利主义的角度来看待失信问题，其他学科更多地关注失信行为现象，强调法治建设和负面影响等方面的重要性。在这方面，有许多学者提出了各自的观点和研究成果，从不同学科角度扩展对失信问题的分析。首先，社会学家廖志平认为失信的成因包括价值观的扭曲、诚信教育的不足以及失信成本过低等因素。他强调了价值观的重要性，指出社会需要更加积极地弘扬诚信观念，提高人们的道德素养。此外，他还强调了关注失信成本的必要性，以缓解失信行为的滋生。其次，一些学者认为，在社会转型过程中，政府的职能可能出现缺位和错位，政府行为可能不规范，缺乏信用管理制度和相关法律法规，对失信行为打击力度较小等因素都可能是导致失信的根本原因。这表明了政府在维护诚信和社会信用方面发挥着关键作用，需要加强法治建设和监管力度。第三，一些研究者关注市场机制的不完善和市场环境的不规范，认为这些因素可能导致失信行为的发生。他们强调了完善市场机制和监管环境的紧迫性，以确保市场的公平和透明，减少失信行为的发生。此外，法学界也将失信惩戒纳入信用法治建设范畴，讨论了对失信被执行人的联合惩戒问题。这一观点强调了法律和制度的重要性，以确保失信行为得到有效打击和纠正。最后，一些学者认为政府的诚信缺失也是失信问题的一个重要方面。政府的不诚信行为不仅损害了政府的权威性，还增加了政府的运营成本，并削弱了政府的政治合法性基础，这强调了政府在维护诚信和社会信用方面的责任和作用。

从失信行为的后果来看，诚信缺失不仅危害经济社会发展，破坏市场和社会秩序，还对社会公正、群众利益和民族文明进步造成威胁。因此，对失信行为的治理具有极其重要的意义。失信行为的后果包括经济领域和社会领域两个方面。首先，失信行为对经济领域的影响是显而易见的。诚信是市场经济中的基本原则之一，它奠定了商业交易的信任基础。然而，一旦失信行为变得普遍，商业合同和承诺就会变得不可靠，将导致投资和交易的减少，降低经济效率。企业和个人的失信行为也会损害他们的商业声誉，限制了未来的商业机会。此外，失信行为还会导致经济损失，包括拖欠债务、逃税、偷逃社会保障等，最终影响国家的财政稳定。其次，失信行为对社会领域的影响同样严重。失信行为可能会导致社会不公正现象的增加，因为某些人通过不正当手段获取了不正当的利益，而其他人则受到了不公平待遇。这会导致社会不满和不稳定，破坏社会和谐。受害者往往是弱势群体，他们的合法权益受到了侵犯，生活质量下降，这进一步加剧了社会的不平等现象。此外，失信行为还威胁到社会文明进步。诚信是文明社会的重要组成部分，它有助于传承和弘扬良好的社会价值观。然而，失信行为可能导致传统诚信文化的破裂，现代诚信文化的缺位，以及传统与现代诚信文化之间的断裂，势必影响到社会的文明进程，使社会价值观变得混乱不堪，导致道德观念的混乱。在网络时代，失信行为的形式和内涵发生了深刻变化。社会成员常常在网络上以暴露个人隐私的方式获取便捷和效率，然而，商家却利用不当的信任关系牟取利益。这种行为对网络社交和电子商务产生了负面影响，损害了在线信任机制。因此，对共享经济中的失信问题需要特别的监管和管理，以确保信任机制的有效约束，维护公平和诚信的网络环境。

网络失信行为的危害逐渐显现，现实情况表明，这一问题不容忽视。根据人民网曾开展的"你遭遇了哪些网络失信"调查结果，超过九成的网民表示曾经遭遇过网络失信行为，这充分说明了网络失信问题的普遍性和严重性。网络失信行为以多种形式存在，其中一些与网民日常生活密切相关，包括个人信息泄露、网络谣言传播、电商购物欺诈、虚假网络广告、软件捆绑搭售、婚恋网站违规等。就发生网络失信行为的领域而言，电商购物、移动通信、搜索引擎和互动社交是网络失信现象最为突出的四个领域。这些领域中，网络失信问题频发，严重损害了消费者的权益和信任度。此外，个人隐私被泄露、谣言传播、虚假信息传播等现象也屡屡发生，成为网络失信的主要表现之一。这些数据反映了网络失信问题的严重性，它不仅影响了个体的合法权益，也损害了整个社会的信任基础。因此，加强网络失信行为的治理和监管势在必行。需要建立更加健全的法律法规体系，加强网络平台的管理，提高网络失信行为的成本，同时也需要加强公众的网络素养教育，增强网民的防范意识。只有通过多方合作，才能有效应对网络失信问题，维护网络空间的清朗和谐。

目前，关于失信问题的研究主要集中在失信行为的定义和类型上，一些研究者从制度、文化等角度探讨了失信问题的根本原因，但相对较少关注到网络时代的失信问题以及它的具体表现形式。在这个背景下，本研究将聚焦于网络时代的失信行为，旨在深入探讨失信行为在网络时代是如何得以进一步放大的，并且它与道德建设之间存在着怎样的关系。随着信息技术的飞速发展，网络已经渗透到我们生活的方方面面，成为现代社会的重要组成部分。在这个数字化和信息化的时代，人们的社交、经济和文化活动都在网上展开，这也为失信行为提供了更多的生存空间。网络时代的失信行为不仅仅是传统失信行为的简单翻版，它还具有一些新的特征和表现形式。比如，在社交媒体上恶意传播虚假信息、网络诈骗、虚假广告等问题层出不穷，这些都属于网络时代的失信行为的范畴。与传统失信行为相比，网络时代的失信行为具有更强的信息传播性和传染性。虚假信息在网络上迅速传播，影响范围更广，更具破坏性。此外，网络时代的失信行为往往更隐蔽，难以被识别和制止，这给诚信建设带来了新的挑战。在这个背景下，我们更需要深入研究网络时代的失信问题。失信行为与道德建设之间存在着密切的关联，网络时代的失信行为不仅会侵蚀社会的信任基础，还会影响人们的道德观念。因此，研究如何应对网络时代的失信问题，促进道德建设，是当下亟待解决的问题。本研究重点探讨网络时代的失信行为，旨在探究失信行为的影响如何在网络时代被进一步放大，以及失信行为与道德建设的内在机理与实践路径。

采取这种思路有几个方面的原因：首先，与传统的失信行为相比，网络时代的失信行为具有全新的特点。网络失信更加虚拟化，更具隐蔽性，社会公众面临着越来越多的网络失信风险。因此，关注网络失信具有重要的理论价值和现实意义。其次，在网络时代，导致失信行为的环境发生了变化。传统的失信行为在网络时代不仅可能继续存在，还增添了新的特征，使网络失信问题变得更加复杂。因此，关注网络失信是应对新时代失信问题的关键。此外，网络失信的研究还有助于深入理解信息社会中的道德和伦理挑战。随着网络科技的不断发展，信息传播的速度和范围都达到了前所未有的水平。在这种情况下，如何维护诚信和信任成为一个迫切的问题。网络失信的研究有助于我们更好地理解信息社会中的诚信问题，并探讨如何建立可信赖的网络环境。最后，关注网络失信还可以促进法律、政策和规范的更新和完善。网络失信的兴起可能会暴露现有法律和规则的不足之处。通过深入研究网络失信行为，可以为相关法律和政策的制定提供有力的参考，以更好地应对网络时代的失信挑战。

总的来说，失信问题已经引起了学界的广泛关注，尤其是在网络时代，新样态的失信问题成为研究的热点。经济学、政治学、社会学、传播学、心理学等多个学科对失信问题进行了深入研究，为深刻理解失信行为的发生机制和内在逻辑提供了实证数据和理论观点，为我们的研究提供了宝贵的经验。然而，必须注意到，当前对网络失信行为的研究仍然存在一些局限性，这些局限性在以下几个方面表现得尤为突出。

第一，当前的研究内容相对单一，主要集中在法制惩戒的角度，关注的焦点主要是发生在互联网虚拟空间中的失信行为，如网络杀熟、网络欺骗、不当获取和使用网民信息等。这些研究有助于揭示互联网时代失信现象，但忽视了失信行为在其他领域的出现以及网络失信行为对公众道德认知的深刻影响。目前的讨论主要集中在网络失信行为的具体表现以及这些行为产生的内在逻辑上，虽然这些研究在理解互联网失信问题方面有所贡献，但它们局限于互联网失信行为，忽略了网络时代其他领域中的失信问题。在网络信息时代，失信行为已经不仅仅局限在互联网领域，也在经济、社会、生活等更广泛的领域中萌芽。这些因网络信息时代发展而产生的新型失信行为，同样对人们的生产、生活和实践构成了严峻挑战。因此，我们需要更广泛地关注失信问题新趋势，包括互联网失信问题新特征。只有全面理解和研究失信行为在不同领域新趋势的表现，才能更好地应对失信问题带来的各种挑战，确保社会的稳定和公平。在网络信息时代，需要更加全方位和全面地研究失信问题，以便更好地理解和应对这一复杂而多样化的社会现象。

第二，关于网络时代失信问题的研究亟须更多本土化的探讨。目前，有关网络时代失信行为的研究主要受到西方理论和视角的影响，采用了传统的西方经济学、政治学、传播学等理论来解释失信问题。尽管这些西方社会科学理论在解释失信行为方面具有一定的价值，但由于中西方文化之间存在显著差异，失信行为的产生机制和逻辑在本土文化背景下可能会有不同的解释。因此，需要更多地从本土视角出发，审视和研究本土社会问题。党的十八大以来，习近平总书记多次强调中华优秀传统文化的价值，并提出要在科学研究中不断增强文化自信。在科学研究中增强文化自信的一个重要途径就是推进本土化研究。对于失信行为的研究而言，需要更多地从本土经验中提炼解释理论，逐步形成本土化的解释框架，并通过本土经验来解释失信行为的本土化特点。在中国这个特殊的文化背景下，传统文化中的道德价值观与失信问题有着紧密的联系。早在先秦时期，诸子百家的思想中就包含了关于信任和道德之间关系的讨论。从中华优秀传统文化中寻找道德与网络时代失信问题之间的逻辑关系，研究道德失衡引发失信行为的机制和逻辑，是从本土理论视角出发，探讨本土问题、体现研究本土化和文化自信的一种有益尝试。通过深入研究本土文化的价值观念，可以更好地理解和解释失信行为在中国社会中的表现，为制定相关政策和法规提供更加有针对性的建议。

第三，研究方法需要不断拓展和完善，这意味着应该充分发挥解释主义与实证主义的优势，使它们在研究方法上相互补充。目前，关于网络时代失信行为的研究在方法论上更倾向于实证主义范式，主要采用问卷调查来收集数据，并进行横断面分析，这种方法在揭示网络时代失信行为的具体表现和影响因素等方面具有一定的方法路径上的优势。然而，在中国独特的国情下，传统文化中的道德因素以及其对网络时代失信行为的影响具有密切的逻辑关系。因此，如果要从道德文化的角度来理解网络时代失信行为的产生机制和逻辑，就必须将失信行为放置于特定的文化背景中进行考察。基于文化背景的分析更多地倾向于解释主义范式，也被称为人文主义范式。因此，当我们从道德文化的角度来审视网络时代的失信问题时，必须重视解释主义分析的逻辑。网络时代伴随着大数据处理能力和技术的飞速发展，大数据研究为我们全面认识社会问题提供了出色的技术工具和数据支持。因此，在分析网络时代的失信问题时，必须重视多种研究方法的综合运用。实证主义范式在大数据挖掘和处理方面具有明显的优势，而解释主义范式则更适合揭示网络失信问题的深层机制和情境逻辑。因此，为了更好地研究网络时代的失信问题，需要将这两种范式进行有机结合，以充分发挥它们的优势。这种思路将帮助我们更全面、深入地理解网络时代失信问题，为我们提供更具洞察力的研究成果，也将更好地满足复杂多变的社会现实的需要。

网络时代失信行为的发展，一定程度上反映了个体道德观念的偏差和社会道德体系的失衡。深入理解网络时代失信行为背后的道德机制，以及从重塑道德文化的角度思考如何惩戒和治理这些行为，已经成为亟须回应的理论和现实问题。因此，本研究从道德认知和道德行为的角度出发，详细阐释网络时代失信行为的发生机制以及相应的治理逻辑，尝试提供新的理论思路，以便更好地理解和应对网络时代的失信行为问题。首先，需要重视网络时代的特质，信息传播和交流的速度前所未有地高速。这种高速的信息流动使得个体面临更多的道德选择和决策依据，但同时也容易导致道德模糊和混淆。个体在网络环境中可能会感到相对的匿名性和隐蔽性，从而降低了道德行为的社会监督和约束，这为失信行为的滋生提供了土壤。其次，网络时代的社交媒体和虚拟社区生态，使得个体更容易受到他人的道德行为和态度的影响。这种社交互动的特点可能会引导人们采取某种行为，而不是根据传统的道德准则来判断。在这种情况下，个体可能更容易参与失信行为，因为他们感到这是社交群体中被接受的行为方式。此外，网络时代也催生了新的经济模式，如分享经济和虚拟货币交易等，这些模式可能会对传统的商业道德提出挑战。在网络平台上，一些个体可能追求短期的利益最大化，而忽视了长期的道德责任，而这种追求经济利益的行为可能会导致失信行为的增加。在治理网络时代的失信行为时，我们需要综合运用道德教育、法律法规、技术手段等多种手段。首先，要加强对个体的道德教育，培养他们的道德观念和责任感。其次，需要建立健全的法律法规体系，对于违法行为要进行严厉的处罚，以起到威慑作用。另外，利用新的技术手段，如大数据分析和人工智能监测，来监控网络平台上的失信行为，及时采取措施进行处理。

第四节　研究思路与研究内容

信任在经济社会生活和人际交往中扮演着重要角色，而失信行为会对正常的社会秩序造成严重破坏。尤其在新时代，信息网络全面铺开，信息通信高速发展，为信任问题的产生埋下了诸多新的隐患，信任问题已经不再局限于有限的人际交往，而已经扩展到广泛的生产和生活领域。网络时代的特点，如匿名性、权利意识的模糊、责任意识与信任控制机制的缺失等因素，正在改变着失信行为的表现形式和影响方式。失信行为不再局限于实物层面，如假冒伪劣商品，而已经延伸到非实体领域，如虚假信息和谣言传播。这种失信行为的多样化和复杂化使其负面影响的范围和程度不断扩大。与传统的可被正式记录的"信用"不同，网络时代中的"信任"更加依赖于个体的内在自我约束和道德观念。政策文件和外部强制规范难以有效干预这种分散在日常生活和交往中的信任问题。因此，道德因素在网络时代的失信行为控制中显得尤为重要。个体的道德观念和行为规范会影响他们在网络上的言行举止，从而影响整个网络社区的信任环境。

此外，新时代网络信息高速发展背景下的失信行为往往会产生信息集聚效应。一旦虚假信息或谣言在网络上扩散开来，将会迅速影响到大量的人群，从而重构他们对信任道德的社会认知。这也意味着失信行为的控制需要考虑到信息传播和社会认知的因素，而不仅仅局限于个体行为的约束。因此，我们需要从多个角度来研究网络时代的失信行为问题，包括从理论和实际两个层面来考察失信行为的本质和影响，以及制定相应的对策和管理措施。只有综合考虑道德因素、信息传播和社会认知，才能更好地理解和应对网络时代的失信问题，推动社会治理现代化的发展。接下来，将从理论思想、社会实践和治理实践三个维度，对网络时代的失信行为进行深入研究，为解决这一重要问题提供理论指导和实践支持。

首先，需要在考察失信行为与道德的一般关系和理论脉络时，加深对新时代失信行为对道德恶性影响的理解。在新时代，失信行为可以更快速、广泛地传播，对社会的道德风气产生负面影响。这一点需要引起足够的重视，才能更好地理解失信行为与道德之间的内在关系。

其次，从道德的核心视角出发，深入研究新时代失信行为的生成机理、主要类型、基本特征、影响因素和作用机制。网络时代失信行为的特点和机制与传统失信行为有所不同，因此需要对其进行详细剖析，以制定更精确的治理策略。

再次，利用多种资料收集与分析方法，对当前不同社会群体的信任行为与失信行为的道德认知状况进行广泛研究。这包括了失信行为的道德困境与道德瓶颈，以及失信行为传播后对道德的影响。这种研究将帮助我们更好地理解道德在失信行为中的作用，以及如何更好地引导社会群体的道德观念。

最后，基于研究的结论和以往的研究成果，尝试从道德塑造的角度提出针对新时代失信行为的具体应对方法。这些方法包括教育、宣传、法律制度等多个方面，旨在减少失信行为的发生，加强信任道德行为的培养，从而重构和改善社会的信任关系。

中国特色社会主义制度是党和人民在长期实践探索中形成的科学制度体系，我国国家治理一切工作和活动都依照中国特色社会主义制度展开，我国国家治理体系和治理能力是中国特色社会主义制度及其执行能力的集中体现。我国国家制度和国家治理体系具有多方面的显著优势，比如，坚持共同的理想信念、价值理念、道德观念，弘扬中华优秀传统文化、革命文化、社会主义先进文化，促进全体人民在思想上、精神上紧紧团结在一起的显著优势。当今世界正经历百年未有之大变局，我国正处于实现中华民族伟大复兴关键时期。顺应时代潮流，适应我国社会主要矛盾变化，统揽伟大斗争、伟大工程、伟大事业、伟大梦想，不断满足人民对美好生活新期待，战胜前进道路上的各种风险挑战，必须在坚持和完善中国特色社会主义制度、推进国家治理体系和治理能力现代化上下更大功夫。社会治理是国家治理的重要方面，必须加强和创新社会治理，研究失信行为则是为了更好地理解和应对当前社会治理面临的道德挑战。通过深入分析失信行为与道德之间的关系，从而更好地引导社会的道德建设，为构建一个更加诚信、和谐的社会环境提供有力支持。同时，希望本研究提出的应对策略为国家治理体系和治理能力现代化提供有益的经验和建议。

第一章
信任的特性及其道德逻辑

　　信任是社会生活的基石，它建立在社会成员之间的相互认知和期望之上。然而，尽管信任在社会中具有重要地位，它也呈现出一定的脆弱性，容易受到信息、风险和意愿等不可控因素的影响。信任的脆弱性与信任的道德逻辑密切相关。信任不仅仅是个体的道德行为，更重要的是一种双向的逻辑回路，它需要信任者和被信任者之间相互作用，一旦这个相互作用受到干扰，信任关系就会受到威胁甚至崩溃以至于解构。要解决信任的脆弱性问题，需要从多个角度入手。首先，个体诚信是信任的基础，每个人都应该按照诚实守信的原则行事，这是信任建立的前提。其次，系统信任是信任的制度保障，社会和组织需要建立有效的制度和法规，来确保信任关系的顺畅运转互动，包括合同法律、商业伦理、信息保护等方面的规定。最后，对信任的合理性反思是非常重要的，需要不断审视信任关系是否合理，是否符合伦理和道德准则，从而使信任在现代社会中不仅仅是一种冒险，更是一种伦理美德。通过这些途径，我们可以引导信任从个体行为走向伦理美德，并成为一种有力的文化力量，为社会的和谐发展提供坚实的基础。信任的脆弱性虽然存在，但只要采取适当的措施，就能够有效地维护和加强信任关系，推动社会的稳定和繁荣。

　　信任是社会生活的基础，也是人与人之间伦理交往的关键纽带。正如德国社会学家齐美尔所指出的，社会缺乏一般性信任的话，就会像散沙一样无法建立有序的关系。因此，信任对人类社会至关重要，然而，它也十分脆弱。无论是信任的建立还是维系，都需要双方的共同努力。一旦信任瓦解，将会给社会带来严重的后果，而信任的重建也需要付出高昂的代价。

这是因为信任的形成和维系是一个双向的道德互动过程，如果其中一方出现问题，就会阻碍信任的建立和维持。与传统的熟人社会不同，现代社会更多的是由大规模、不确定性、非面对面甚至虚拟的陌生人交往构成的"液态社会"。因此，现代社会的正常运转更加依赖信任，同时也使得信任更容易受到威胁，处于更脆弱的状态。

为了应对现代社会中信任脆弱的问题，我们需要深入研究信与任的伦理张力，清晰理解信任的道德逻辑，这将有助于将信任从个体的伦理抉择转变为社会的公共美德。需要强调信任与责任的相互关系，因为信任不是单方面的付出，而是双方共同参与其中的互动行为和状态。当个体或组织在建立信任关系时，需要对自己的行为承担责任，同时也需要对他人的行为给予信任，这种责任与信任的互动构成了信任的基础。需要重视透明度和诚信，因为在现代社会中，信息传递速度快，人们更容易受到虚假信息的影响。因此，保持透明度和诚信至关重要，透明的信息传递和诚实的行为有助于建立和维护信任关系。教育和宣传在培养公众的道德意识和提高道德素养方面起着重要作用，通过教育和宣传，可以引导人们树立正确的道德观念，培养道德责任感，提高社会的整体道德水平。最后，政府和社会组织也需要发挥作用。政府可以通过制定法律法规和政策来规范市场行为，保护消费者权益，维护社会的信任环境。社会组织可以促进道德价值观的传播和实践，倡导公共道德标准。

第一节　信任的脆弱性

"脆弱性"这一术语源自拉丁文 vulnerare，意味着"受到伤害的可能性"。最初，关于脆弱性的研究主要集中在自然灾害和流行病学领域，但自20世纪70年代以来，逐渐扩展到环境学、灾害学、经济学、管理学、政治学等自然科学和社会科学领域，成为一个广泛关注的话题。对于"脆弱性"的理解有多种不同观点。例如，塔勒布在他的著作《反脆弱》中提出："在每一个领域或应用方面，我们都提出了通过降低脆弱性或利用反脆弱性，从脆弱性走向反脆弱性的规则。而且，我们几乎总能使用一个简单的不对称测试来检测反脆弱性和脆弱性：从随机事件（或一定冲击）中获得的有利结果大于不利结果的事物就是反脆弱的，反之则是脆弱的。"① 这一观点强调了系统对于外部冲击的反应程度。罗伯特·基欧汉和约瑟夫·奈在研究国际政治时，将脆弱性定义为一个行为体在面临外部事件强加的代价时所遭受的损失程度。这一观点强调了脆弱性与行为体对外部事件的依赖关系以及所需承受的代价之间的关联。因此，可以将"脆弱性"理解为一种事物在面对外部风险或伤害时，所表现出的一种难以控制的有限性。这个有限性的范围越大，事物受到伤害的可能性就越高，因此就越脆弱。换句话说，脆弱性反映了事物在外部影响下遭受损失或伤害的可能性。这个概念在多个学科领域中都具有重要意义，有助于更好地理解系统的稳定性和抵御外部威胁的能力。

从哲学的视角来看，关于脆弱性问题的研究是美国伦理学家玛莎·纳斯鲍姆的一个重要理论贡献。她在《善的脆弱性》一书中，通过深入探讨古希腊悲剧的哲学内涵，强调了人类生活的本质脆弱性。她指出，实现一种良好的人类生活需要追求那些真正属于人性的善，然而，这种追求和努力常常受到人们无法控制的不确定性因素的干扰和破坏。正如她所指出的："我们无法控制的事件不仅可能影响我们的幸福、成功或者满足，甚至也可能影响我们生活中核心的伦理要素。"这些不确定性因素之所以对人们的美好生活产生如此深远的影响，主要原因在于人类本质上是一种有所需求、有所依赖的存在者，并非自给自足的，其原因在于，人的善或美好生活同样需要依赖外部条件和因素的支持和满足。

玛莎·纳斯鲍姆的理论强调了人的有限性和依赖性，以及在追求善和美好生活的过程中所面临的不确定性挑战。她的研究表明，脆弱性并非人的弱点，而是人性的一部分。在理解和应对脆弱性时，需要更多地关注社会公平、正义和支持系统的建设，以确保每个人都有机会追求和实现自己的善和美好生活。同时，我们也需要认识到不确定性是生活的一部分。因此，在面对不确定性时，可以培养更强的适应能力和韧性，以更好地应对生活中的挑战，追求更美好的未来。

---

① 塔勒布. 反脆弱 [M]. 北京：中信出版集团，2020：8.

在古希腊的悲剧作品中，人类的幸福生活被描绘为一种现实活动，同时也是一种依赖于多种因素的活动。尽管人类拥有理性规划和深思熟虑的能力，但在高风险社会环境，各种不确定因素的影响可能使人们的生活超出了理性规划和控制，变得脆弱不堪。正因为美好生活具有这种对不确定性因素高度敏感的脆弱性，因此，根据玛莎·纳斯鲍姆的观点，追求幸福的个体会从这些苦难中学到与他人共同生活的必要性。同样，约翰·罗尔斯也曾指出，由于社会合作的原因，存在着一种人与人之间的共同利益，使得每个人都有机会过上比他们仅仅依靠自己努力生存更好的生活。

社会生活之所以如此重要，原因在于它内在地包含了一个相互依赖的动态协调机制。由于每个人都依赖他人和社会，信任作为社会生活的基础显得尤为重要。但玛莎·纳斯鲍姆的研究也提醒我们，美好生活往往是脆弱的，正如信任作为一种非自足、伦理和关系性的善一样，也具有脆弱性，它可能因不可控的不确定因素而受到损害。信任作为重要的社会资源，一旦因脆弱性而受损，社会将付出高昂的代价，并且重建信任也将变得异常困难。这个事实凸显了信任的重要性以及我们在社会互动中如何管理脆弱性，以确保持续的信任和协作。只有通过理解信任的脆弱性，并采取适当的措施来维护和恢复信任，社会才能更好地应对各种挑战，保持和谐与稳定。

信任是一种脆弱而又复杂的伦理状态，同时也是社会心理学中一个极具深度的主题。在现代汉语中，信任的解释涵盖了"相信并愿意托付"的概念，而在英语中，"trust"被解释为"相信某人或某事是好的、真诚的、诚实的等，并且不会试图伤害或欺骗你"。此外，社会心理学家也从各种角度对信任进行了深入的研究。例如，罗特认为信任是对他人言行可靠性的一般性期待，而萨波尔则指出，"信任是指在双方交往中，双方都不会利用对方的易受攻击性，而产生的相互信心"。这些观点都强调了信任是以相互信赖为基础，内含着积极的期望。可以这样理解，信任实际上是共同体成员之间基于一定的认知和判断，期待对方能够对自己的信任做出积极的回应。因此，信任是一种社会契约，是社会和共同体运作的基础之一。随着社会的不断发展，信任的建立和维护变得尤为重要。在一个高度互联互通的世界中，信任不仅仅存在于个体与个体之间，还扩展到个体与组织、国家与国家之间。建立信任需要时间和努力，但它可以为社会带来稳定和繁荣。因此，我们需要认真思考如何在不断变化的社会背景下，持续有力有效培育和加强信任，以促进更加和谐和发展的社会关系。

然而，无论从个体的情感认知、性格特质、交往关系，还是从社会结构、文化传统等多个角度去理解信任，都难以完全消除信任中的不确定性风险。这是因为信任通常是在行动的过程和结果无法完全掌控的情况下发生的。信任的认知基础通常依赖于个体过去的经验和知识，但正如有人所指出的，"信任的核心是用熟悉的或相对稳定的部分来指引和应对可变的、不可预测的部分"。这意味着，信任中存在有关未来的不确定性，无法完全规避风险。因此，一些学者更愿意将信任视为一种冒险行为。心理学家多依奇认为，信任意味着当行为的期望与现实结果不符时，所带来的负面心理影响会大于正面心理影响。同样，霍斯莫尔指出："信任是当个体面临一个预期的损失大于预期的收益之不可预料事件时所做的一个非理性选择行为。"换句话说，信任实际上是一种冒险，它所带来的负面损失有可能会大于正面回报。然而，尽管如此，我们仍然选择采取这种非理性行为，并对信任的结果抱有期望，因为在一个良序的社会中，信任的期望通常会得到积极的回应。由于未来的不确定性，以及信任过程和相关要素的不完全可控性，信任仍然是一种冒险性的尝试。从这个角度来看，信任的脆弱性实际上源自信任行为本身的不确定性和风险性，这种脆弱性构成了信任的内在组成要素。

论及信任的脆弱性以及由信任瓦解所引发的灾难，不得不提及古罗马历史学家塔西佗的生动描述："一旦皇帝成为人们憎恨的对象，那么他所做的无论是好是坏，都会在人们心中引发厌恶的情感。"这种观点被后人总结为"塔西佗陷阱"，用以强调一旦公权力失去了公信力，不管它说什么、做什么，社会公众总是会以一种消极、负面、不信任的态度对待。实际上，由"塔西佗陷阱"引发的"多米诺骨牌效应"不仅适用于拥有公权力的主体，对于个人和社会组织也同样适用。一旦个人或社会组织失去了取信于人的能力，不管他们说什么、做什么，都难以赢得他人真正的信任。著名典故如"烽火戏诸侯"、"疑邻窃斧"和"狼来了"都阐明了这个道理，即信任是脆弱的，一旦信任瓦解，再多的努力都可能是徒劳无功的。这种信任的脆弱性以及其可能导致的不良后果贯穿于历史的各个层面。历史上，曾有许多政治家、领袖和组织因为失去了人们的信任而付出了巨大的代价。无论是政治家的"背信弃义"还是企业的"虚假宣传"，一旦信任受损，就会引发社会不安和混乱。

因此，维护信任、增强信任是每个社会主体都应该重视的问题。在当今世界，信任更加显得尤为珍贵。随着信息时代的来临，信息传播速度之快、途径之多，使得人们更容易受到虚假信息的误导，信任问题变得更加复杂。因此，如何有效地建立和维护信任，成为现代社会中亟待解决的重要问题。我们需要认识到信任的脆弱性，采取措施来强化信任，以确保社会的和谐稳定和可持续发展。这不仅需要政府、组织和企业的努力，更需要每个人的共同参与，共同维护信任的纽带，以建设更加诚信、和谐的社会环境。

第二节　信任强化的可能性

在传统的"熟人社会"中，由于社会分工有限，社会交往范围受限，人们通常具有相似的生活方式、道德准则和社交礼仪，这种社会同质性使人们在共同的伦理生活和社交场合中建立了相互之间的信任关系。人们依靠特定的血缘、关系和身份来建立互信，这使得信任关系相对较容易建立。然而，在现代社会，随着社会分工的不断精细化，每个人的生活越来越依赖于他人的贡献，这促使了更多的合作和互补性。虽然人们之间的交往机会增加，但这种互动往往比较浅层次。人们越来越需要依赖陌生人，但与此同时，他们对陌生人之间的信任逐渐减弱，因为陌生人代表了未知，而未知往往伴随着不确定性和风险。社会分工的扩大和合作需求的增加并没有自然地增强社会信任的基础，反而增加了社会交往中的信任风险。在现代社会，人们扮演着各种社会角色，这些角色往往包含了不确定性和不稳定性，这使得社会交往的信任风险变得更加复杂。在现代社会，信任的基础不再像过去那样简单，因为社会交往中存在许多不确定性因素，这使得信任关系变得更加脆弱。因此，我们面临着一个紧迫的问题，即如何在现代社会中构建更强大的信任环境，以减轻信任的脆弱性。这涉及如何处理不确定性因素，如何管理信任风险，以及如何在陌生人之间建立可靠的信任关系。这个问题需要深入反思和回应，以确保我们能够在现代社会中维护和加强信任关系，从而更好地实现社会生活中的协作和合作。

首先，就信任的建构而言，个体的诚信是信任关系建立的基础。信任通常是一种冒险的行为，因为它涉及对潜在风险的认知。在建立初期的信任关系中，最大的挑战通常不在于信任者是否有意愿去信任，而在于他们难以确定被信任者是否值得信任。相比之下，个体是否能够被信任是可以预期的，但是否值得信任则取决于他们的努力。荀子提出，君子可以为可信，但不能强迫别人必须信任他；君子可以为可用，但不能迫使别人必须使用他。这意味着君子不会因为自己没有被信任而感到羞耻，而是为自己不值得被信任而感到羞耻。在荀子看来，一个人是否被信任主要取决于信任者的考虑和行动，这只是一种外在的关系。然而，一个人是否值得被信任则取决于他自己，如果一个人不值得被信任，这将对他的人格和尊严造成伤害，这是一种内在的关系。因此，孔子认为，人们如果没有信任，就不会知道别人是否可信。这说明了信任是建立在个体内在的品质和道德上的。长期以来，中国文化一直受到这种"求诸己"的伦理文化影响，特别是在"诚信"方面，它更加强调道德信任而不是伦理信任。在中国文化中，我们重视个体的信用价值，只有当一个人被认为是值得信任的，才会被赋予信任和责任。因此，强调"信用"是建立在个体的"可用性"基础之上的。只有当一个人被视为具备了诚信，他才会被信任和委以重任。

个体是否值得信任实际上指的是个体是否能够满足社会对其信任的期望，进而履行其社会角色和职责。这种信任主要包括两个方面：品德和才能。品德指的是个体是否能够履行道德义务和责任，而才能则涵盖了是否具备专业技术知识。尽管在不同情境下，社会对于品德和才能的需求和侧重点有所不同，但通常情况下，这两种信任是相互交织的，社会不会只看重其中一种而忽视另一种（没有品德的才能和没有才能的品德都是不值得信任的）。因此，成为一个德才兼备、值得信任的人一直都取决于个体自身，这也是强化信任的逻辑基础。信任是社会互动中的关键要素，它建立在个体之间的互动和合作之上。社会需要能够依靠和信任的个体，无论是在道德层面还是技术层面。在不同的社会和历史背景下，社会对于信任的需求可能有所不同，但信任始终是社会稳定和发展的基石之一。在现代社会，随着科学、市场、政治和专业知识的发展，个体既需要具备品德来履行道德义务，又需要具备才能来应对复杂的技术和专业方面的挑战。因此，无论社会信任需求的重心如何变化，个体都有责任努力成为一个值得信任的人。这就需要不断提升自己的道德品质和专业能力，以满足社会的信任期望。只有这样，个体才能在社会中发挥积极的作用，促进社会的和谐和进步。因此，培养德才兼备的个体是强化信任关系和社会发展的必然要求。

其次，关于信任关系的深化，系统信任是加强和维护信任的制度支持，具有至关重要的作用。通常认为，信任往往在熟悉的人际交往圈子中形成，特别是在传统的社会关系中。在这种情况下，人们因为对彼此的品德和能力有一定的了解，因此建立和维护人际信任相对容易。然而，这种信任的作用范围非常有限。面对现代社会的大规模流动、陌生人交往以及复杂的组织关系等特点，信任的风险不断增加，这就需要系统信任在现代社会中发挥更加重要的作用，以弥补个体信任的薄弱性。系统信任可以简单地理解为对专业系统和规则体系的信任。与个体信任不同，系统信任不依赖于个体的品格或才能，而是建立在系统运作机制上的。系统信任通常建立在社会各种体系的沟通媒介上，人们相信这些媒介"不会被滥用，而且能够持续发挥其功能"。正如卢曼所说，系统信任的建立需要持续的反馈，但不需要特定个体的内在担保。系统信任的对象是系统的运作和功能，而不是特定的个人。这种信任是通过系统功能的连续和可靠性来建立的。系统信任的存在范围比较广泛，比如司法体系信任法律、政府体系信任行政权力、经济体系信任货币等。需要注意的是，在现代社会中，系统信任不仅更加重要，也是维护信任的关键。系统信任不仅能够帮助人们应对复杂的社会互动，还可以在信任关系面临挑战时提供必要的支持，从而弥补个体信任的不足。因此，系统信任在现代社会中发挥着至关重要的作用，有助于解决信任脆弱性的问题。

在拯救信任脆弱方面，系统信任具有三个重要特征及明显优势。第一，系统信任具有专业性和权威性，它的存在可以降低因不确定性和怀疑而导致的信任脆弱性。这里需要强调的是，权威并不意味着强迫或压制，而是能够让他人对其产生信心，进而自愿接受其建议的能力。在这个过程中，真理性、科学性和专业性等因素都扮演着重要角色。因此，专家和专业化知识也被视为系统信任的内在组成部分。之所以信任系统，部分原因是我们信任专家，同时也因为信任专家，我们才信任系统，这是一种正向强化。系统通常具有复杂性特征，有时难以完全理解。例如，法律和经济系统虽然复杂，但大多数人并不完全理解其内部机制。尽管如此，人们仍然会信任法官和货币等系统的运作。反之，人们也因为这些系统的功能而对法官和货币等相关系统产生信任。随着时间的推移，这种基于权威性的信任逐渐加深，使人们对整个系统产生更深层次的信任。因此，专业性和权威性在系统信任中起着关键作用。它们降低了信任的不确定性，使人们更愿意信任复杂的系统。这种信任的深化有助于维护系统的稳定性和可靠性，为社会的正常运行提供了坚实的基础。

第二，系统信任相对于个体信任来说更加稳定和连续，因此在减少信任脆弱性方面具有更强的潜力。个体信任建立在对个别人的信任基础上，因此容易受到个体的不满情绪的影响。个体的不满通常需要通过解释或特殊情况的处理来消除，否则可能会破坏个体信任。然而，系统信任的基础在于整个系统的功能和效能，而非个体。这意味着系统信任更容易忽视个体的少量不满，将其视为"偶发事件"或"特例"，通过解释或纠正来消除。举个例子，考虑一个大型组织内部的信任情况，个体信任建立在员工对特定同事的信任基础上，如果个体之间存在矛盾或不满，可能会影响他们之间的信任关系。然而，系统信任则依赖于整个组织的运作和效能。即使个别员工之间存在一些不满或矛盾，只要组织的整体运作良好，系统信任仍然可以维持。这是因为个体的不满通常被视为个别事件，可以通过内部沟通和解决来处理，而不会对整个组织的信任产生重大负面影响。因此，系统信任在面对个体的不满时更具反脆弱性。它更能够应对个体不满情绪所带来的挑战，因为它关注的是整个系统的健康运作，而不是个别个体的表现。这使得系统信任能够更好地保持其可靠性和稳定性，即使个别问题出现也不至于动摇整个信任体系。

第三，系统信任具有广泛的适用性和高度抽象性，使其信任半径扩大，失信成本增加，从而更有效地减轻信任脆弱性。吉登斯认为，信任在本质上与现代性紧密相关，"信任关系是现代性时空延伸的基础"。在过去的社会中，地域信任占据主导地位。然而，随着"现代性的三大动力机制（时空分离、脱域机制和制度性反思）的作用，信任关系逐渐从地域性情境中解放出来"，社会运行离不开对抽象体系的信任。系统信任因其抽象性和通用性，扩展了信任的半径，将其时空范围从局部拓展到全局，从而使系统所认可的信用资本具有更广泛的适用性和更强的辐射效应。同时，失信行为也由个体失信演变为系统失信，导致失信成本上升，从而有效地遏制失信冲动，降低失信率，从根本上弥合信任脆弱性，这种系统信任的特性使得它能够更好地维护信任的稳定性。

在一个充满动荡和不确定性的现代社会中，系统信任通过扩大信任半径，将信任延伸到更广泛的范围，减少了对地域性信任的过度依赖。这种全域性的信任不仅更具弹性，还能够更好地适应快速变化的社会环境。同时，失信行为的高成本也具备较强的威慑作用，使个体更加谨慎和诚实，减少了对信任的滥用。系统信任的抽象性和广泛适用性使其成为维护信任稳定性和减轻信任脆弱性的有效机制，它有助于拓展信任的时空范围，将信任从地域性情境中解放出来，减少失信行为的发生，为社会的健康发展提供坚实的基础。这种系统信任的特性在现代社会中具有重要的意义，有助于提高社会的稳定性和可持续发展。

与个体信任相比，系统信任是一种更具权威性、更为稳定且更为普遍的信任机制。然而，这并不代表系统信任是绝对没有风险的。系统信任的正常运行建立在其交往媒介（如真理、货币、权力等符号系统）的功能性承诺之上。一旦符号系统的真实性和可靠性受到威胁，比如金融危机对经济信任的冲击，或者权力腐败对政治信任的侵蚀，系统信任就会面临瓦解的风险，甚至可能引发社会信任危机。因此，维护系统信任对于现代社会的正常运行以及纠正信任脆弱性具有至关重要的意义。只有通过加强对系统信任及其交往媒介的制度性保护，才能确保系统功能的有效发挥。这样，我们才能真正应对信任方面的挑战，使信任不再是个体的冒险，而成为社会和系统的美德。

维护系统信任需要采取一系列有效措施。首先，建立透明的信息传递机制，确保符号系统的真实性和可靠性能够得到监督和验证。其次，加强制度的监管和法律的制定，以应对符号系统滥用、虚假宣传等问题。此外，加强教育和宣传，提高公众对系统信任的认知和理解，培养正确的信任观念。最重要的是，我们需要建立一个社会共识，认识到系统信任的重要性，将其视为社会的基石之一。只有当每个人都认识到维护系统信任的责任，并为之努力，我们才能共同建设一个更加公正、诚信、稳定的社会环境，使信任成为社会的美德。这不仅有助于系统信任的稳固，也将有力促进社会的可持续繁荣和发展。

最后，从信任的开放性发展来看，始终保留对于信任的合理性反思是不断完善"信任链"的重要方法论。作为一种社会复杂性的简化机制，信任在生活中无处不在，但信任并不是一元性的简化机制，而是二元性阈限中的一项，另一项则是不信任。在卢曼看来，不信任同样具有简化复杂性的功能，因此其在功能上并不是信任的反面，而是信任在功能上的等价物和替代物。巴伯也指出，不信任也是维持社会秩序的重要手段，在民主的社会中，合理的不信任是完全必要的。现代公众由于具有更多的专业知识和技能，因而也更容易做出有效的不信任。在此意义上，不信任对于信任而言也可以具有积极功能，比如对考试的监督、对工作的检查，只有严格而合理的不信任机制才会使系统更加可信，但与大多数二元性阈限不同，信任与不信任之间的转化并不平衡。

一方面，人们更倾向于选择信任，因为信任相对于不信任来说更加节省精力。不信任通常需要更多信息，并要求这些信息达到一定可靠可信的程度。在这种情况下，采取不信任的策略变得更加困难且负担更重。因此，建立信任关系通常是一种更具倾向性的选择。另一方面，从不信任转向信任的过程要比从信任转向不信任更为困难。这不仅受到心理因素的影响，还说明了为什么一旦信任关系破裂，重新建立信任就变得非常困难。总体来看，信任是一种积极的、建设性的机制，而不信任则是一种负面的、具有挑战性的机制。在一个良好运作的系统中，信任和不信任都具有存在的必要性，但需要一种机制来防止不信任占据主导地位，以及在互动过程中不断升级，从而成为破坏性的因素。我们可以容忍一定程度的不信任存在于信任的系统中，但无法在一个充斥着不信任的系统中轻易重建信任。因此，建立并维护信任关系至关重要，特别是在社会和组织的运作中，它有助于促进合作和协调，从而实现更好的结果。

更为重要的是，信任与本体性安全息息相关。本体性安全是指大多数人对其自我认同和对周围社会与物质环境的行动的连续性和恒常性的信心。换句话说，它是行动者对自我和周围环境稳定性的一种基本信任。本体性安全感的基础在于人们对事物可靠性的感知，这种可靠性感知位于持续性自我认同的核心。哲学家可能会提出关于存在本质的问题，但从本体论的角度来看，他们并不感到不安全。他们对自我和周围世界的可靠性依然抱有基本信任。这种基本信任是一种习惯性的信任，我们已经习以为常，但它对生存至关重要。如果这种基本信任没有建立起来，或者内在的矛盾没有得到缓解，那么存在性焦虑就会持续困扰着我们。

本体性安全感是人们在生活中建立的一种信任体系，它涵盖了自我认同的连续性和行动的恒常性。这种信任体系是习以为常的，但它对我们的生活至关重要。如果无法相信自己是连续的个体，或者怀疑自己的行动在不断变化，那么我们将感到极大的焦虑和不安。因此，本体性安全感是维系个体内心稳定的重要因素。哲学家可能会提出各种关于存在和自我认同的问题，但这并不会影响本体性安全感的基础。我们仍然会相信自己的存在是连续的，我们的行动在某种程度上是可预测的，这种信任不仅是一种习惯，也是一种生存的必要条件。如果失去了这种信任，将会陷入存在性焦虑中，不知道自己是否还存在，也不知道如何应对不断变化的世界。

在前现代社会，基本信任的概念通常扎根于亲缘关系、地域性社区、宗教宇宙观以及传统的地域化情境中。然而，在现代社会中，这些地域化情境逐渐被脱域机制所消解，导致个体对抽象体系的信任成为常态。这种转变可能对个体的情感体验和伦理生活产生不利影响。因为信任对于个体来说通常涉及经验的互动和情感联系，但对抽象体系的信任难以提供这种互动，也不会带来情感支持，而只是冷冰冰的稳定性。吉登斯指出，与前现代社会相比，现代人更渴望建立可信赖的人际关系，却面临着缺乏制度性组织个人联系的困境。由抽象体系构建的规范往往显得空洞，缺乏伦理特质，这正是批评非个人化观点的关键问题。因此，虽然系统信任可以更好地填补个体信任的不足，通过制度化手段来强化信任的脆弱性，但它无法完全替代个体信任。相反，系统信任需要与个体信任相互补充和维护。

信任是社会复杂性的一种简化机制，它既是一种存在于伦理结构关系中的本体性存在，又是一种基于价值论需求的实践。信任的存在形成于信任双方之间的"托付—回报"动态反馈，构成了一种"信任链"。在维系信任关系时，特定或固定的保证并不是最重要的，尽管它们提供了一种期望，但真正满足这种期望的是信任交往中的实践反馈。只有通过持续的正向反馈，信任关系才能够得以延续和巩固。因此，无论是个体诚信的建构、系统信任的强化还是对信任的反思，都旨在为信任交往中的正向反馈提供可靠性保障，以弥补信任脆弱性。在信任建设和维系中，正向反馈是至关重要的。这种反馈不仅可以巩固双方的信任，还可以提升信任的质量和深度。对于个体来说，诚信是构建正向反馈的基础，只有表现出可靠和诚实的行为，才能够获得他人的信任。对于系统和组织而言，强化信任机制和规则，确保它们的透明度和公平性，也是创造正向反馈的关键。此外，对于信任的合理性反思也是必要的。这意味着我们需要不断审视信任关系，确保它们不会被滥用或误导。通过建立适当的监管和制度，可以有效地降低信任关系的风险，从而增强正向反馈的可靠性。总之，信任是社会交往中不可或缺的元素，它构建了人际关系的基础，也支撑着社会的稳定和发展，通过不断强化正向反馈，从而拯救信任关系的脆弱性，为社会的和谐和进步做出贡献。

第三节　信任的道德逻辑

信任的脆弱性与信任关系的性质息息相关。郑也夫在他的著作《信任论》中详细阐述了信任关系的性质，强调了三个关键因素：时间差与不对称性、不确定性以及主观性，这些因素在不同层面上影响着信任关系的建立和维护。首先，时间差与不对称性是信任关系的一个关键特征。通常情况下，承诺与兑现之间存在时间差，这意味着过去的言辞承诺并不能完全确保未来的行为兑现。这种不对称性使得信任者和被信任者之间存在信息不对称，信任者必须更加谨慎地考虑交付信任的期望。在传统的熟人社会中，由于已经建立了长期的信任伦理场域，这种不对称性得以一定程度的克服或缓解，信任的建立更为容易。然而，在现代的大规模陌生人社会中，缺乏这种伦理场域，信任的建立需要更多的理性思考和前提条件，因此变得更加困难和脆弱。其次，不确定性是信任关系的另一个重要方面。不确定性指的是在信任过程中的信息不足和未来行为的不确定性。由于未来无法预知，信任者无法确定被信任者是否会兑现承诺。这种不确定性增加了信任建立的风险，使得信任关系更容易受到动摇。最后，主观性也是信任关系的重要组成部分。信任往往是主观的，它取决于个体的信任倾向和主观愿望。不同的人可能对同一种情况产生不同程度的信任，这种主观性使得信任关系更加复杂。在信任关系中，信任者和被信任者的主观意愿也起着关键作用，影响着信任关系的发展和维护。综上所述，信任的脆弱性体现在多个方面，包括信息不对称性、不确定性和主观性。这些因素使得现代社会中信任关系的建立更加困难和容易受到威胁，为了构建健康的信任关系，我们需要认识到这些脆弱性，并采取措施来减轻其影响，从而促进信任的建立和维护。

信任的过程在很大程度上是充满风险的。这是因为信任所涉及的对象、过程以及最终结果通常都无法完全受到控制。因此，不确定性以及由此带来的风险始终伴随着信任的全过程。一旦不确定性导致风险的出现，且这些风险无法得到及时化解，信任可能会出现解构，甚至完全崩溃，这种情况使得信任在本质上具有对风险敏感的脆弱性。此外，信任的维系也受到个体意愿的脆弱性的影响。因为信任无法完全排除不确定性和风险，没有足够可靠的客观依据的情况下，信任往往是基于主观的倾向和愿望构建的。它是一种非理性的选择和主观意愿的表现，是个体相信某人或某个秩序符合其愿望的一种表现。信任不同于认知上的理解，它处于全知和无知之间，是在不考虑不确定性的情况下的一种相信，这种特点使得信任表现出高度依赖于主观意愿的脆弱性。总之，信任的过程和维系都具有一定的脆弱性，这种脆弱性主要表现为对风险和个体意愿的敏感性。因此，在建立和维护信任关系时，需要谨慎考虑潜在的不确定性和风险，并更好地理解个体的主观愿望和倾向，以促进信任的稳固和持久。

信任，特别是在现代社会，常常表现出较强的难以逆转的脆弱性，一旦瓦解，恢复起来非常困难。这种现象根植于信任本身的内在道德逻辑。

信任并不是一种单方面的道德行为，而是主体之间互相期待和承诺的双向伦理互动，信任的建立通常涉及信任与履行责任之间的双向互动。简言之，由于信任与履行责任之间存在双向的逻辑关系，一旦这种关系出现矛盾和张力，导致信任循环中断，信任就会受到破坏，最终导致信任关系的解体。信任作为一种复杂的社会现象，常常受到各种因素的影响。首先，透明度和信息的可获取性对信任的建立起着关键作用。在信息不对称或者信息获取受限的情况下，人们可能会感到不安，信任难以建立。其次，信任的建立也受到个体的道德和行为的影响。如果一个人表现出不诚实或不道德的行为，他们的信誉就会受到损害，信任也会受到影响。再次，信任的建立需要时间和经验。人们往往需要通过长期的互动和积累的经验来建立信任，这个过程可能是缓慢的，却是稳固的。在现代社会中，信任问题变得尤为重要，因为社会关系变得更加复杂，信息传播更加迅速。因此，我们需要认识到信任是一个双向互动的过程，需要双方的共同努力来建立和维护。同时，社会制度和文化背景也会影响信任的建立和发展。通过加强透明度、提高道德意识、建立有效的制度，可以更好地应对信任问题，确保社会关系的稳定、和谐。

"信"的含义非常丰富，它不仅是信任关系的基础，还是建立信任关系的起点。根据《汉字源流字典》的解释，"信"的本义是指言语的真实性，它由"从人，从言，会意"组成。这表明"信"与真实的言辞有关。"信"一词还包括了许多引申义，如诚实、有信誉、确实、相信、信奉、任从、凭证、消息等，这些含义共同构成了"信"的多维度内涵。因此，在建立"信"的意向性时，它不仅代表着信息和知识的传递，还代表了一种行为，以及一种品质或属性。在这个建立信任的过程中，"信"体现为信任者对被信任者的相信或信赖。但这种信赖不是无中生有的，它必须基于信任者对被信任者的了解，包括对其信息的了解，并认定被信任者具有诚实和可靠等信用属性。因此，建立"信"的意向性不仅仅是一种情感上的表现，更是基于对他人行为和品质的认知和评估。这种认知和评估是建立信任关系的重要步骤，它确保了信任的可靠性和持久性。信任关系的形成需要时间和经验的积累，而建立"信"的意向性则为这一过程奠定了坚实的基础。

一个人是否值得信任，往往取决于他在长期社会交往中积累的信用资本。与之对应的是，决定是否相信另一个人则涉及风险决策和投资。在这个过程中，一旦信任方认为被信任方的信用不足，或者信任方不愿意承担信任投资，信任关系就很难建立起来，这凸显出信任关系在建立初期的脆弱性。正因为信任关系的脆弱性，中国文化自古以来一直把诚信视为个体行为的基本要素。孔子在《论语·为政》中曾经说过："人而无信，不知其可也。"这个伦理传统在现代道德中也反映出，只有一个人习得了"信"（即诚信）这一规范美德，并且得到了伦理关系中他人的认可（"可也"），才能够在社会交往中站稳脚跟。而他人对个人诚信的认可是一个重要的标志，表现为他人愿意把责任托付给这个人，也就是"任"。这种信任和诚信的伦理观念贯穿中国文化的各个方面，并在社会交往中发挥着重要作用。诚信不仅是一种美德，还是建立健康、稳定社会关系的基础。在现代社会，这一伦理传统仍然具有重要的意义。因此，继续弘扬和传承诚信的价值观念，并在社会交往中践行诚信，有助于促进信任关系的建立和社会的和谐发展。只有在这种基础上，我们才能更好地处理人际关系，推动社会向着更加公平和持久的方向发展。

　　"任"在信任道德逻辑中的交互性建构是信任关系的第二环节，也意味着信任关系的深化。关于"任"的内涵，《汉字源流字典》指出，"《说文·人部》：'任，符（保）也。从人，壬声。'"本义为抱在怀里，后来逐渐引申为"负担，担当"、"担子"、"担当的职务"、"使担当，任用"、"信赖"、"听凭"和"无论，不管"等。从各种内涵来看，在信任关系中，"任"主要表示的是"使担当，任用"，信任者既然因为"信"而"任"，那么便意味着对被信任者的"信赖"，从而"听凭"其行为，所谓"疑人不用，用人不疑"即是此意。对于被信任者而言，既然被"任用"，便"负担"着信任者的期望和托付，从而也要能够"担当"起这个"担子"。在这个意义上，"'任'的哲学真义是自由"，既是信任主体"由对所'信'者的'任'而获得伦理解放，也是信任客体由被主体所'信'而获得的行为和精神自由"。在这个环节中，信任的重心已经从"信"转向"任"，信任关系也从意向性走向实践性和建构性。这种建构性不仅仅体现为关系双方通过信任的互动实践来深化信任交往，同时也意味着从信到任的关系路径能够顺畅地建立起来。

此外，信任关系交互性建构的实现效果对于信任关系是否能够进一步提升以及信任回环是否能够在下一步得以闭合，都具有非常重要的意义。在这个过程中，信任关系的建构不仅仅是单向的，而是通过双方的信任互动得以共同创造和塑造。信任主体和被信任客体之间的互动是相辅相成的，通过这种互动，信任关系得以不断深化和巩固。这也意味着在建构信任关系的过程中，双方都需要发挥积极的作用，保持相互的信任和理解，以确保信任的建构能够顺利进行。

从"信"到"任"的路径建构是信任关系深化的关键，但这并不代表信任关系的最终确立。信任关系的最终确立还需要建立一个从"任"到"信"的反馈机制，也就是信任道德逻辑的第三个环节，即从"任"到"信"的回溯性反哺。信任关系应该被视为一个连续的、相互沟通的过程，而不是一种单向、一次性的交往机制。在信任关系中，信任者将信任委托给被信任者，同时也寄托了对被信任者的期望，信任者期待被信任者能够履行承诺并取得预期的结果。被信任者的情感态度和行为效果对于信任者来说是非常重要的，只有当被信任者的行为与期望相符，信任者才会感受到正向和积极的信任反馈，这种互动构成了信任关系的闭环。然而，在这个回溯性反哺的环节中，如果被信任者由于自身能力不足或者外部因素等原因导致行为结果不符合信任者的期望，就可能出现信任危机。信任危机的严重程度和频率因情况而异，它有可能威胁到整个信任关系的稳固性。是否会导致信任破裂不仅取决于信任危机的严重程度，还取决于信任关系的牢固程度。综上所述，信任关系的建立与深化是一个相互影响、相互沟通的过程。建立可靠的反馈机制，确保被信任者能够履行承诺并满足期望，对于维护和巩固信任关系至关重要。只有通过建立良好的反馈机制，信任关系才能够在挑战和困难面前保持稳固，不断发展壮大。

信任的道德逻辑实际上是一个不断延伸的网络，它远比简单的"信—任—信"更为复杂和多维。这种信任链条是社会互动的关键组成部分，只有当伦理实体中的信任主体在社会互动中不断扩展信任并形成闭环的信任链时，高度信任的社会才能够得以存在。然而，我们还需要注意一些关键问题。首先，信任关系并不仅限于简单的"信—任—信"模式。相反，它们是复杂多样的，可以在"信—任—信—任……"的链条上不断延伸下去，形成一个更为复杂的网络结构。这意味着信任关系可以在各个层面和领域中建立，从而构建出更为强大和稳定的信任网络。其次，信任关系的脆弱性存在于整个逻辑链条的每一个环节中。一旦链条中的任何一处出现信任断裂，整个信任关系都有可能中止，甚至引发全盘崩溃。因此，维护和加强信任关系的稳定性至关重要，需要不断加强各个环节的信任建设，以确保整个信任网络的健康运行。

道德活动是主客体的相互作用，但道德活动与认识活动不同，它的客体不同于一般认识客体。认识客体是物质运动及其规律，其客体的特征明显；而对于道德活动来说，其主体与客体是统一的，道德活动的客体也是人自己，或主体的属性、行为和交往，就是说，主体自身的道德要求和道德规范也构成了道德客体的具体内涵。任何个人既是道德的主体又是道德的客体，既是手段也是目的，社会的全体成员也一样，既是主体又是客体。当自我向他人提出道德要求时，自己是主体；当主体自我约束的时候，进行道德反省时，自我又成为客体。可见，道德活动具有主客体统一的特点。在道德活动的一般意义上，不存在绝对的道德活动的主体和客体，道德活动的主体与客体是统一的；道德活动主客体之间的解分，要依赖于特定的条件。了解和理解这一逻辑对于构建健康的社会信任关系至关重要，只有这样，我们才能够营造一个更加稳定、和谐的社会环境。

信任和责任的道德逻辑通常被视为一种单向链，而不是双向链。这意味着当一个人信任另一个人时，信任关系并不必然成立双向。例如，如果 A 信任 B，B 的行为能够有效回应 A 的信任，那么从 A 到 B 就形成了一条良好的信任链。但这并不意味着 B 也同样信任 A，或者从 B 到 A 也能够建立有效的信任关系。这涉及 A 和 B 各自回应他人信任的能力，以及他们个体化的决策和冒险倾向，从而影响了双向信任关系的形成。信任关系是一种脆弱的伦理关系，这种脆弱性与信任的性质密切相关，但更根本的是因为信任的道德逻辑涉及信任和责任的双重变奏。无论是信任的建立、深化还是反馈，都是信任双方共同构建的结果。因此，信任关系是否能够有效建立和长期维系，不仅取决于个体层面的"我"，还取决于双方共同构建的"我们"。这种共同建构的信任关系是维护社会和人际互动中道德纽带的重要组成部分。

第四节　未来社会的信任构建

　　长久以来，中国传统社会一直被普遍认为是一个"低信任社会"。韦伯以为，在中国，一切信任、一切商业往来都基于亲属关系或个人关系，这种信任虽然在经济上至关重要，但一直是一种难以普及的特殊信任。这种观点强调了中国传统社会中亲情和私人关系在信任建立中的关键作用，尽管在经济领域具有巨大的重要性，但难以扩展到更广泛的信任范围。福山的研究也表明，华人家族企业在从家族管理向专业管理转变的过程中面临巨大挑战，因为华人的家庭主义文化促使他们更倾向于信任那些与自己有亲属关系的人，而对家族和亲属之外的人持怀疑态度。虽然很多华人企业在经济上取得了快速增长，但这种裙带关系仍然是阻碍企业现代化进程的重要因素之一。这些研究可能存在西方观念的偏见，但同时也提供了有益的启示。随着中国社会的不断发展和改革开放政策的实施，一些观点认为中国的信任环境正在发生积极变化。社会互动和市场经济的扩大已经促使信任不再仅限于亲属和个人关系，而是逐渐扩展到更广泛的社会网络中。在现代中国，信任正变得更加多样化，涵盖了不同层面的关系，从亲情关系到商业伙伴关系再到社会公共关系。这一转变不仅有助于中国企业更好地适应全球化市场，还有助于加强国际合作和国内改革。尽管中国的信任环境仍然面临挑战，但这些积极的变化为中国特别是其家族企业提供了更广阔的发展空间。同时，中国在信任建设方面的努力也将有助于改变西方对中国信任环境的传统看法，促进更多国际合作和交流。

　　事实上，问题关键并不在于仅仅看到传统文化存在的一定程度上的弊端，而是通过创造性的转化和创新性的发展来挖掘传统文化中有助于构建社会信任的有效资源。在从传统走向现代的过程中，应逐渐拓展信任的范围，实现从家庭信任扩展到人际信任和社会信任。毕竟，我们已经从依赖于命运的社会发展到了由人的行动而推动的社会。为了积极而建设性地面对未来，我们需要科学有效地把握和运用信任。然而，与此同时，也必须认识到，信任已经从一种自然资源变成了一种自我资源。尽管人们更倾向于去信任，但相对于不信任，信任仍然在心理上被视为一种"赌博"，这是信任面临的最大障碍。在现代社会中，信任的构建和维护变得尤为重要。我们需要审视传统文化中的价值观念，并将其与现代社会的需求相结合，以促进信任的发展。这包括在人际关系和社会交往中树立信任，同时也要在制度和法律方面建立信任的基础。只有通过综合性的措施，才能够在信任危机的时代建立更加稳固和可持续的信任体系。这不仅有助于个体和社会的发展，还有助于应对当今复杂的社会挑战。信任是社会的黏合剂，也是发展的动力源泉，因此，我们应该珍视信任，并为其构建和巩固做出持久的努力。

我们对信任的理解需要从道德层面深化到伦理领域，当面对信任的风险时，现代社会迫切需要摆脱个体信任或人际信任的局限，建立更加可靠的系统信任体系，将信任从个体冒险转向伦理美德的范畴，并将其打造成一种有效的文化资源与力量。然而，我们也应该认识到，现代社会信任机制的建立并不是非此即彼的选择。无论是个体信任还是系统信任，都具备构建现代社会信任体系的有效资源。因此，需要超越二元对立的分析范式，根据时代情境和现实需求，进行有效的互补和综合。在建构现代社会的信任体系时，需要将信任视为一种多维度的概念，涵盖了个体层面和系统层面。个体信任强调了个体在人际关系中的信任行为和态度，而系统信任强调了组织、机构或社会体系中的信任机制和规则，这两种信任方式在不同情境下都能发挥重要作用。例如，在日常生活中，我们需要依赖个体信任来建立亲密关系和合作伙伴关系。而在商业和社会组织中，系统信任则更为重要，它涉及法律法规、信用体系和制度机制等方面，为社会稳定和经济发展提供了保障。因此，我们应该在个体信任和系统信任之间寻求平衡，充分利用它们的优势，构建更加稳固和可靠的信任体系。这需要不断完善法律法规，加强信用体系建设，提高社会治理效能，同时也需要培养和弘扬伦理美德，推动信任从个体走向更高层次的伦理境界。只有这样，才能在现代社会中构建出更加可靠、稳定和可持续的信任机制，为社会的繁荣和进步提供坚实的基础。

第二章
失信行为的内涵与外延

　　社会的发展永远都是充满挑战和变数的，尤其是在现代社会的发展过程中。随着经济社会发展逐渐加速，尤其是网络信息的高度繁荣和高速传播，失信行为问题作为社会风险的一种表现形式，不断演变发展，成为全社会关注和亟待解决的难题。然而，"失信行为"这一词汇，具有多种含义和语境，迄今为止，学界对其概念阐释仍然有限，急需更深入、更全面的理论研究，以更好地理解和应对这一复杂课题。当前，对于"失信行为"的认知主要依赖于日常生活中的经验和直观感知，而且大多从诚信的角度进行浅显的理论解释。然而，这种认知仍然相对局限，缺乏足够的理论抽象，难以全面、准确地诠释"失信行为"的多样性和复杂性。因此，需要更深入地研究和探讨"失信行为"，以更好地理解它的本质、特点和影响。这不仅需要从学术角度对其进行深入的概念阐释，还需要在实际社会中进行广泛的观察和研究，以便更好地应对这一现代社会中不可回避的复杂问题。只有通过深入的理论研究和实证研究，才能更好地理解并解决"失信行为"所带来的挑战，推动社会走向更加公正、和谐的方向。

第一节　失信行为研究的缘起及界定

　　失信行为在社会关系中扮演着一个阻碍信任建立的角色，因此有必要对"失信行为"的概念进行更深入的理解和界定。"信用"一词自古以来就存在，在汉语中，它意味着在人与人、组织与组织、经济交往等方面相互确认的关系。从社会学的角度来看，信用属于道德范畴。在中国的传统文化中，信用既包括了社会交往的道德伦理，也包括了契约经济方面的内涵，这与中华民族传统美德中的"诚信"有着紧密的联系。然而，在当今社会，失信行为的定义变得更加复杂，因为社会和经济交往的形式和范围都发生了巨大的变化。失信不仅仅与传统道德伦理有关，它还涉及金融、商业、电子交易等多个领域。因此，需要更全面地理解失信行为的概念，以适应现代社会的需求。失信行为的概念不仅仅涉及个体之间的信任，还涉及组织之间的信任，以及整个经济体系的信任。总之，失信行为的概念不断发展和演变，需要根据现代社会的需求进行更广泛的理解和界定。这有助于更好地应对不同领域中的失信问题，维护社会的信任和稳定。

诚信在儒家道德知识与价值体系中扮演着至关重要的角色，我们常常听到一些谚语或俗语如"言必信，行必果"、"一言既出，驷马难追"以及"一言九鼎"，这些都反映了诚信在中国文化中的深刻根基。然而，诚信的概念具有多维度的含义，它在个体之间、个体与组织之间，以及组织之间的社会互动中扮演着综合性的角色。马克斯·韦伯曾指出，中国传统社会中的信任体现出一种特殊的信任模式。在中国，人们的信任往往建立在亲属和熟人关系的基础之上。换句话说，血缘和亲缘关系在中国人际关系中起着至关重要的纽带作用，而特殊信任关系通常具有较强的排他性。而在现代社会中，信任的建立更多地基于陌生人社会，与现代性制度相互关联，这种信任的传递更加依赖于个体的道德品质以及他们对于组织和制度的伦理信任。在中国的传统文化中，诚信被看作是维护人际关系和社会和谐的基础。人们秉持对他人的诚实和守信的原则，这种信任常常建立在亲情和友情的基础上。然而，随着社会的现代化和经济的发展，现代社会中的信任关系更多地建立在法律和制度上，个体的诚信行为也受到法律和伦理规范的约束。特殊信任关系通常在家庭和亲属之间形成，这种关系以强烈的亲情和友情为基础。在这种情况下，信任是一种内在的、不言而喻的社会纽带，但它也容易受到外部因素的干扰。相反，现代社会中的信任关系更加正式和制度化，建立在法律和合同的基础上，个体的诚信行为受到法律制度的监督和保护。这种信任关系更加稳定和可靠，因为它们依赖于明确的法律规定和契约协议。

　　失信行为广泛存在于社会生活的各个层面。特别是在现代社会持续转型的大背景下，由于人们普遍关注个人利益的得失，受到经济、文化、社会等多种因素的影响，社会成员之间的信任关系遭受到了前所未有的考验。这种情况导致了信任度和社会支持度的急剧下降，同时也引发了一系列问题，如"囚徒困境"、"集体行动困境"和"公共资源的悲剧"等。近年来，学术界对失信行为的界定尚未形成共识，而更多的是致力于探讨信任的含义，以解释失信行为的内在含义。我们可以理解失信行为作为研究领域的一部分，实际上探讨了信任研究的另一个侧面和维度。失信行为通常指的是一种行为主体缺乏诚信、违反道德原则、扭曲价值观念、破坏他人对自己的信任期望，并对相关方的信用状况造成负面影响的不道德社会行为。这些行为可能包括欺诈、不履行合同、恶意拖欠债务、虚假宣传等，都涉及在社会互动中背离了诚实守信的准则。因此，失信行为的复杂性和多样性需要进行深入研究，以更好地理解其发生的原因、影响以及对社会和个体带来的挑战。只有通过深入、系统、全面的研究，我们才能够制定更有效的防范和惩治失信行为的措施，维护社会的诚信和稳定。

　　失信研究是信任研究的一个重要方面，为了全面理解失信，首先需要回顾信任的概念。尽管从齐美尔首次专门讨论信任以来的几十年里，国内外学界已经广泛探讨了信任的定义，但由于不同学者对信任的研究通常基于不同学科背景、研究方法和途径，关于信任的概念解释存在多样性，很难形成一个学界普遍接受的定义。祖克尔指出，尽管人们认识到信任的重要性，但提出的定义没有太多共性。信任通常被理解为一种个体或组织对他人或其他实体的一种正向评估或期望，这种评估或期望表现为相对稳定的信任态度。然而，不同的学科和研究路径可能强调信任的不同方面，导致多种不同的定义，这使得在失信研究中确立一个清晰而一致的信任概念变得更加复杂。在失信研究中，理解信任的多样性和复杂性至关重要，因为失信与信任紧密相关。失信行为通常是对先前建立的信任关系的背离，因此对信任的理解有助于深入研究失信的性质、成因和后果。虽然信任的定义可能因上下文而异，但我们必须认识到信任作为一个广泛的社会和心理现象在失信研究中发挥着重要作用。失信研究需要继续关注信任的多样性，以便更好地理解失信的本质，这有助于更全面地把握失信与信任之间的关系，为预防和应对失信行为提供更有力的依据。

众多学者对信任的本质进行了多方面的探讨，筛选出了信任定义与内涵的几个显著特征。首先，信任具有方向性，这意味着信任通常是从一个个体或实体（即置信者）向另一个个体或实体（即受信方）投射出去的。这种方向性是信任关系的基本特征之一，它建立在个体之间的期望和依赖上。其次，信任具有目的性。这意味着在信任关系中，通常存在着预期的友好动机和期望的有益结果。个体或组织之所以选择信任另一方，是出于期待能够获得某种积极回报或实现某种共同利益，这种目的性使信任关系更具针对性和合理性。第三，信任具有顺时性，它建立在过去的经验和前期累积的判断基础上，用于对未来的行为和结果进行预期和把握。这种顺时性反映了信任的动态性质，它不是一成不变的，而是随着时间和经验的推移而发展和变化的。最后，信任具有交互性。这意味着信任不仅仅存在于个体与个体之间的互动中，还涵盖了个体与组织、组织与组织之间的交往活动。信任的形成和演化受到社会制度、文化规范、社会分层与流动等多种因素的影响，因此，它具有多层次和复杂性。总的来说，信任是一种复杂的社会现象，具有多维度的特征。对信任的深入理解有助于更好地把握人际关系和组织互动中的关键要素，进一步推动信任研究领域的发展和应用。

对信任的定义进行简要梳理后，我们将尝试对失信进行定义。本研究从"信任"的不同定义、内涵和特点的角度出发，深入研究了"失信"以及"失信行为"（untrustworthiness 和 untrustworthiness behavior）这两个概念。失信是指客体对主体非预期行为的反应性主观道德判断，而失信行为则是失信施行者的具体行为表现。这两个概念的研究对于拓展理论研究空间具有重要意义，尤其是英文中的"untrustworthiness"为研究提供了更多的可能性。因此，有必要进一步澄清"失信"的含义。在本研究中，失信（untrustworthiness）的解释与信任（trust）密切相关。根据《现代汉语词典》第 7 版的定义，"失信"指的是答应别人的事情未兑现，从而失去了信用。在最新的第 7 版《牛津高阶英汉双解词典》中，"untrustworthy"这一形容词的解释包括"不可靠的"和"不能信任的"。此外，根据《辞海》的解释，失信是指背弃承诺，不守信用的行为。然而，需要明确的是，尽管"失信"与"信任"有关，但它并不等同于信任，也与不信任的概念有明显的区别。古罗马著名法学家西塞罗曾经说过："行其所言为之信。"这句话表明了信任和守信承诺之间的关系。因此，本研究中对"失信"的解释并不完全对应于通常的中文翻译和英文解释。失信作为一个相对独立的信任研究概念，既不同于信任，也不同于不信任的概念，这使得它在理论研究中具有独特的地位和价值。其区别与联系主要体现在以下四个方面。

第一，"失信"与"信任"及"不信任"之间存在着不同的关系主体。根据多伊奇的观点，信任被定义为对关系伙伴的意图和能力的信心，相信关系中的个体会按照预期行动。与此类似，怀疑和不信任被看作是对关系伙伴非预期行为的信心，这些行为源于对个体意图和能力的认知。从认知角度来看，"不信任"、"无诚信"和"没信用"是主体基于实际经验对客体进行的负面评价，这些评价是在客体未能实现主体期望的情况下形成的。然而，与这种情况相反，失信不是主体对客体关系的评价，而是客体对主体态度和行为的实际回应。失信已经通过实际行动得以体现，而不仅仅是主观预测或估计的结果。从多伊奇的观点出发，信任和失信的形成取决于主体对关系伙伴的期望以及关系伙伴的实际行动。当关系伙伴的行为与主体的期望一致时，信任就会增强。相反，当关系伙伴的行为不符合主体的期望时，信任就会减弱，再进一步，不信任和失信就可能出现。失信是一种客观存在，它反映了客体对主体行为的实际看法，而不是主观评价。失信与信任和不信任之间存在明显的区别，失信是客体对主体行为的实际反应，反映了主体行为对关系伙伴的影响。信任和不信任则更多地涉及主体对关系伙伴的期望和信心，这些概念在理解和分析人际关系和组织行为中起着重要作用。

第二，"失信"与"信任"或"不信任"的时序关系是不同的。它们属于同一认知领域的两极，但具有不同的时间属性。信任和不信任都是在一段时间内形成的心理状态，置信者根据过去的经验和认知来评估受信方在当前和将来的表现，形成态度、期望和评价。这是一个逐渐形成的过程，存在于事件发生之前。与此不同，失信是指受信方在获得了置信者的信任之后，未能履行对置信者的承诺或期望。失信是一种已经发生的状态，是人们社会行为的表现方式，发生在事件发生后。信任和不信任是一种心理预期，涉及置信者对受信方行为的期望和评价。在建立信任或不信任之前，通常需要经历一段时间的观察和认知积累。这个过程是渐进的，因为它受到置信者的经验和信息收集的影响。所以，信任或不信任是一种主观的、逐渐形成的态度，它们在事情发生之前就存在于个体的心理中。相比之下，失信是一种客观的行为表现，它发生在受信方已经获得了置信者的信任，但未能兑现其对信任的承诺或期望之后。失信是一种已经发生的行为，通常会对置信者产生负面影响，破坏信任关系。失信是一种与时间关系不大的社会行为状态，它发生在事件发生后。因此，信任、不信任和失信是在不同时间段内形成的心理状态和社会行为。信任和不信任是在事件发生之前逐渐形成的态度，而失信是在获得信任之后未能兑现承诺的行为表现，这些概念在理解人际关系和社会互动中都具有重要的意义。

第三，"失信"与"信任"以及"不信任"的形成过程有所不同。许多学者指出，破坏信任比建立信任更容易。为了解释信任脆弱性，研究者发现了在建立信任和破坏信任之间存在的许多非对称性认知因素。首先，消极事件（信任破坏）通常比积极事件（信任建立）更加显眼，更容易引起人们的注意。其次，在判断中，信任破坏事件通常具有比信任建立事件更大的影响力。信任是通过互动和交流逐渐建立起来的，是通过积累事件逐渐发展的。实际上，"不信任"也不是突然产生的。对于他人或组织的不信任，从最初的直觉判断到最终的坚决否定，需要经历一个累积和确信的过程。而"失信"则可以在瞬间发生，一个事件、一个瞬间的不合作或不道德的言行就足以造成，无需经历累积的过程。这种不对称性认知因素表明，在维护信任和防止信任破坏方面，我们需要更加警惕和努力。在建立信任时，需要更多的时间和积累，因为积极事件相对不太显眼，更容易被忽视。而在防止信任破坏时，需要更加及时和果断的行动，因为信任破坏事件通常更具破坏性和显眼。因此，了解这些认知因素对于有效管理信任和防止失信行为至关重要。

第四，"失信"与"信任"和"不信任"的道德评价不同。虽然对于信任的定义存在多种观点，但大多数理论家和研究者都认为，"信任"和"不信任"都属于人的心理状态。行为决定论者将信任和不信任从理性选择的角度进行观察，在混合动机策略解决方案中，信任被定义为合作行为，而不信任被定义为不合作行为。在日常生活中，评价一个人的行为、品质和意图是否善良常常取决于他们的行为是否符合某种道德原则和道德规范。"信任"和"不信任"是对"预期的合作"的一种积极或消极的心理期望。信任特定的个人或团体通常涉及个人的价值判断，与道德无关。然而，"失信"则是一种不同的情况，它不是一种心理状态，而是实际存在的人的行为。"失信"意味着行为主体在与社会和其他人进行合作和互动时，故意违反双方已经达成的约定或契约，以追求特定目标和实现某种意图，从而自觉地背弃了双方约定的行为。这种行为对其他个体或组织造成了损害，与社会的道德原则和道德规范不符。因此，社会通常会对"失信"行为予以否定性评价，情况严重的话，甚至可能触犯法律。总之，"信任"和"不信任"通常是个人的心理期望，而"失信"是实际行为，其道德评价和后果不同。"失信"行为往往会受到社会的谴责，因为它违反了社会的道德规范和原则，损害了其他人的利益。因此，"失信"问题的重要性在于它不仅影响个体，还涉及整个社会的道德和法律秩序。

基于以上论述，本研究将失信行为定义为一种行为主体在社会互动中，违反了道德规范、行为准则或法律法规，从而背离了公平正义原则，对其他个体、群体或组织实施了与其信任期望相悖的行为。这种行为的本质是一种失范行为，它违反了社会对合适行为的期望，破坏了社会互信的基础。失信行为在社会中具有广泛的表现形式，包括但不限于欺诈、违约、虚假宣传、侵犯知识产权等多种行为。这些行为不仅对个体和群体造成经济上的损失，还损害社会的信任基础，动摇公共秩序和社会稳定。因此，对失信行为的研究和治理至关重要。失信行为的根本原因可以追溯到个体和组织的道德观念和行为动机。一些研究表明，个体在面对经济利益和道德原则之间的冲突时，可能会选择违背道德原则，以谋取短期经济利益。而组织在面对市场竞争和盈利压力时，也可能会采取不诚信的商业行为，以获取竞争优势。因此，研究失信行为的根本原因，可以帮助我们更好地理解和预防失信行为的发生。失信行为不仅仅是个体行为的问题，它还涉及社会道德观念和制度的问题。在治理失信行为时，不仅需要惩罚违法者，还需要加强对道德教育和道德建设的投入，培养公民的道德意识和社会责任感。此外，还需要完善法律法规和监管机制，加强对失信行为的监测和惩治，以确保对社会公平正义的维护。

第二节　失信行为的构成要件

失信行为是信任研究的另一个重要方面，它关注失信行为的形成机制以及其影响。在探讨失信行为之前，首先需要明确失信行为的内涵和定义。然后，再深入研究失信行为所包括的构成要素以及这些要素在失信行为中的作用，这些问题是失信行为研究中必须仔细考虑的关键问题。失信行为通常被定义为在交往过程中，一方违背了原有的契约、承诺或者道德规范，从而损害了另一方的利益或信任。失信行为的内涵涉及信任、责任、契约以及道德等多个维度。因此，在研究失信行为时，需要综合考虑这些维度，以全面理解失信行为的本质。要认定某种行为是否构成失信，需要考虑多个构成要件。首先，行为必须涉及某种承诺或契约，这意味着存在一种期望或约定。其次，行为必须违反了这一承诺或契约，即违背了原有的约定。再次，行为的违约必须导致了对方的损失或伤害，这是评判失信行为的重要标准之一。最后，行为的违约必须对信任关系产生负面影响，才能被视为失信行为。失信行为研究的一个关键问题是，这些构成要件在不同情境下的作用方式是什么？失信行为并非一成不变的，它受到文化、社会、经济等多种因素的影响。因此，我们需要深入研究失信行为在不同情境下的表现，以及这些情境因素对失信行为的塑造和影响。失信行为的发生，有明确的失信施为者、失信承受者及失信过程，这3个因素共同构成失信行为的要件。

一、失信施为者

在失信行为中，失信者扮演着行为的发起者和主导者的角色。这种行为要求失信者具备一定的理性认知和判断能力，能够根据已有的信息来估计实现自己目标的可能性。也就是说，失信者需要明确对方能够在多大程度上实现之前的约定，然后才能够为了满足自己的某种需求或实现特定目标而采取背离双方之前协议的不道德行为，最终实施失信行为。失信行为通常不是一时冲动的结果，而是经过一定的思考和权衡之后的决策。失信者在执行失信行为之前，往往会考虑自己的利益、风险和收益。他们需要衡量如果不遵守之前的承诺，是否能够获得更大的好处或者避免某种风险。这种理性的考虑使失信者能够更好地计划和执行失信行为，以期达到自己的目标。然而，失信行为并不总是取决于理性决策。有时候，情感因素也可能在其中发挥作用。例如，失信者可能受到愤怒、恶意或复仇的驱使，导致他们违反承诺。这种情感驱动的失信行为可能更加冲动和不稳定，但仍然需要失信者在某种程度上考虑后果和可能的风险。

第一，失信者的行为取向常常是出于个人欲望的满足。正如格罗威尔指出，失信行为涉及对他人的不信任，担心他人可能采取有害行为，并且无视他人的福祉，甚至可能倾向于采取有害行为或采取敌对的行动。因此，行为欲望是失信者实现其期望的一个必要因素，它反映了行为者对行为对象的一种价值判断，涉及价值取向的问题，同时也反映了行为者对失信行为是否能够实现其期望的一种价值预期。失信者是否采取失信行为的决定因素有：（1）内在的有利于自身（善意的或是恶意的意图）的愿望；（2）从对方那里得到（或是阻止）某物的愿望，自己的失信行为被看成是达成这个欲求的条件；（3）其他潜在合作者的吸引力促使其阻碍继续合作；（4）在道德品行感知、处世经验积累和风险主观研判上综合权衡后，认定失信会比守信更有收益。

第二，失信者通常会改变原本紧密的双向正向依赖关系，进入一种反向依赖的状态。这种"反向依赖"是指失信者和受害者原本有着紧密的双向正向关系，但随着失信者的私欲和自私心态的增强，双方的目标开始出现负相关。换句话说，失信者和受害者之间的关系变得更像是一种相互依存的关系，只有当与他们相关的合作方无法满足他们的私利时，他们才会考虑达到自己的目标。这种追求个人私利的心态导致了反向相互依存，其中包括个体之间、个体与组织之间，以及组织之间的资源、权力、声誉或收益的不平衡状态和竞争需求。这种状态反映了相互之间的反向依存，远离了原本的合作和信任。在这种情况下，失信者不再将他们的信誉建立在诚实和可靠的基础上，而是试图通过操纵和利用他人来实现私人利益。这种行为不仅对失信者和受害者之间的关系造成损害，还可能对整个组织和社会产生负面影响。反向依存的状态通常伴随着争夺资源和权力的竞争，这可能导致资源的浪费、合作的困难以及组织内部的紧张局势。因此，了解失信者和受害者之间的反向依存关系是非常重要的，这有助于我们更好地理解失信行为的动机和后果。此外，及早识别和处理反向依存关系也是维护组织和社会稳定的关键一步。通过建立更加诚信和公平的合作关系，可以减少反向依存关系的出现，促进更加健康和可持续的发展。

第三，失信者在谋求实施失信行为时，通常会采取策略来隐瞒其意图。他们可能会刻意掩盖或扭曲相关信息，以逃避揭露失信行为的风险。这种行为通常表现为故意不提及或者歪曲真相、感情或者意图。一旦决定采取失信行为，失信者可能会采取一系列措施来保持合作关系，同时尽量降低对他人的依赖程度。他们会在实现自己的目标的同时，试图在必要时通过自己的行为来控制他人。这种刻意的信息掩饰可能会使潜在的问题在短期内不被察觉或回避，但随着失信行为的实施，无效的合作方式最终会终止，有可能导致关系的解体。失信行为的揭示通常伴随着损害和破裂，因此即使失信者采取了掩盖手段，其行为的后果仍然是不可避免的。失信者为了实施失信行为，常常会采取掩盖和隐瞒的策略，以维护合作关系和自身利益。然而，失信行为往往会破坏关系，带来负面后果，这也是为什么失信问题如此重要和复杂的原因。

二、失信承受者

信任某人或某组织意味着置信方对受信方的评价足够积极，以至于会考虑采取信任行为。当我们说某人是值得信任的时候，实际上是在暗示，他们将会采取一些行动，这些行动对我们有益，或至少不会对我们造成伤害。然而，在失信行为发生的情境下，置信者通常扮演这样一个角色：他们原本认为某人（或某组织）是值得信任的，事实上，这个人或组织却表现出让置信者感到失望的"失信者"行为。信任是一种社会关系中至关重要的元素，它建立在个体对他人的期望和信念之上，而失信行为则是破坏这种信任的行为之一。当一个人或组织被认为是值得信任的时候，他们通常被赋予一定的权力或责任，因为人们相信他们会按照承诺或期望的方式行事。然而，当这种信任被背叛时，通常会导致置信者感到失望、愤怒甚至痛苦。失信行为的后果可以在不同的情境下产生，它们可能影响到个人、组织甚至整个社会。在个人层面，失信行为可能导致信任者对他人的信任降低，可能会影响他们与他人建立更深层次的关系。在组织层面，失信行为可能损害组织的声誉，影响其业务和客户关系。在更广泛的社会层面，失信行为可能导致公众对制度和社会价值观的信任下降，从而对社会稳定、和谐构成威胁。

首先，置信者对于失信者存在不同程度的信任感，这是整个失信行为的前提条件。只有当置信者对失信者有实质性的信任时，失信者才有机会实现自己的目标，同时破坏之前建立的合作关系，这也是失信行为与信任之间的根本区别。在合作关系建立的过程中，双方构建了一种信任关系，其中包括置信者对失信者的信任感。这种信任感可以被视为一种积极期望，即置信者相信失信者在之前的阶段（在发现失信之前）是值得信赖的，不会令他们失望。这种信任感的存在是实施失信行为的关键前提，只有具备一定程度的信任感，失信者才能成功地执行相应的失信行为。失信行为通常涉及对置信者的信任感的滥用，置信者往往在合作关系中表现出对失信者的信任，他们可能认为失信者是合作伙伴，有着共同的目标和利益，这种信任感使得置信者愿意投入更多资源和努力来支持合作关系。然而，失信者利用了这种信任感，通过违反承诺或背离合作目标来实施失信行为。这种行为不仅令置信者感到失望和受伤，还可能对合作关系造成不可挽回的损害。信任感在失信行为中起着关键作用，置信者的信任感为失信者提供了机会，使其能够伪装成可信赖的合作伙伴，然后背叛这种信任。因此，信任感不仅是失信行为的前提条件，也是其成功执行的关键因素。在研究失信行为时，我们需要深入了解信任感的形成过程以及如何防止失信者滥用这种信任感，这有助于我们更好地理解失信行为的本质，并采取措施来减少其发生。

其次，信任的建立通常会受到道德层面的因素影响。那些值得信任的个体往往能够赢得他人的道德支持，因为他们坚守诚实和可靠的原则，积极遵守与他人的契约，并努力保护合作伙伴的权益以及基于双方信任建立的稳定合作关系。在现实生活中，人们通常期望与忠诚、可信赖的合作伙伴进行互动，他们希望这些伙伴能够遵循道德规则，通过共享一定的价值观和道德准则来实现合作的伦理化。然而，道德风险问题，如失信行为，可能会威胁到合作关系的稳定性。失信者通常会违反双方的契约，以谋取个人利益，从而损害了合作伙伴的权益以及建立在互信基础上的合作关系。这种行为不仅在法律和商业上具有严重后果，还受到道德层面的强烈谴责。对于失信者来说，他们可能会因其不道德的行为而丧失道德支持，导致信誉和声誉受到损害。在社会中，失信的行为通常会被社会伦理所谴责，可能会导致他们被排斥或受到道德惩罚。因此，道德层面的失信行为不仅仅在法律层面具有后果，还可能对个体在社会和道德层面产生负面影响。

三、失信过程

实际上，失信行为的存在需要基于事实，而不仅仅停留在思想层面。失信行为是通过实际行动来建立和呈现的，只有在实际实践中才能充分理解和解释。正如马克思和恩格斯所指出的："在任何情况下，个体总是'从自己出发的'，但是，他们不是孤立存在的，即他们之间存在相互联系，这种联系是由于他们的需求、本性以及满足这些需求的方式而产生的（包括两性关系、交换、分工等）。因此，他们必然会相互影响和相互关联。"只有通过社会实践，个体才能在相应的关系中展示自己的存在方式和价值取向。失信行为会损害失信者的欲望和置信者的利益，而这种影响只能通过具体的行动方式来实现失信行为的客观存在。换句话说，失信行为并不仅仅是一种思想或愿望，它需要通过实际行动来体现。只有当个体采取了特定的行为，导致失信者的需求受损，或者对置信者的利益造成了损害，失信行为才能被认定为存在。这也意味着失信行为是与实际社会互动和实践紧密相关的，它不仅仅停留在理论层面，而是通过具体行动在社会关系中产生影响。因此，在研究失信行为时，需要考虑行为的实际表现和影响，而不仅仅是个体的意愿或动机。

第一，预备过程。失信行为的发生并非突如其来，而是经历了一系列的酝酿和萌芽阶段。在一个失信行为发生之前，失信者通常需要先经过一个阶段，这个阶段的目标是获取他人的信任。在这个过程中，失信者需要赢得对方的信赖和认可，以建立和维护彼此之间的信任关系。这一过程涉及不同的、动态的、可塑的信任对象，而失信者需要巩固和发展这些信任关系，最终达到建立合作关系的目的。失信行为的策划和实施通常需要失信者积极寻求机会来获取对方的信任。这可能涉及表现出一些诚信和可靠的特征，以吸引他人的注意。失信者可能会采取各种手段来建立与他人的互动，例如建立社交联系、提供帮助或资源等。通过这些行动，失信者可以逐渐获取对方的信任，为将来的失信行为创造条件。失信者需要在信任建立的基础上进一步发展和巩固这种信任关系。这可能包括与对方建立更深层次的互动，分享更多的信息，或者提供更多的承诺和保证。失信者可能会采取一系列的行动，以确保对方对他们的信任得以巩固和增强。这个阶段的目标是使对方对失信者的信任感变得更加坚定，不容易动摇。失信者的策略是在建立和巩固信任关系的基础上实施失信行为，由于对方已经对失信者产生了信任感，可能会更容易相信失信者的言辞和承诺。这使失信者能够更轻松地实施他们的欺骗或背信行为，因为对方可能没有足够的警惕性来判别或阻止这些行为。

第二，发生过程。失信行为的发生是整个失信行为过程的关键阶段。在这个阶段，失信者基于自身的欲望或利益考虑，决定放弃之前与他人所达成的承诺或契约。在多维关系的背景下，失信者试图通过破坏他人的利益格局来获取自身的利益。失信行为的发生，不论在信任程度较低或较高的情况下，都具备一定的可能性。在信任程度较低或者信任度较高的情境下，失信行为都有可能发生。在信任程度较低或者信任度较高的情境下，行动者对其他人的信任程度会产生影响。当一个行动者对其他人没有足够的信心，或者有足够的理由保持谨慎和警惕时，失信行为发生的可能性较小。然而，在高度信任的情况下，失信行为的发生可能性增加。一旦失信行为发生，受害者的利益受损很难避免，而受害者的利益损害程度取决于之前所建立的风险防范机制。需要注意的是，失信行为不仅对个人信誉和信任关系产生负面影响，还可能对整个社会和经济秩序造成破坏。因此，研究失信行为的成因和影响对于维护信任、促进诚信行为以及建立健康的社会关系具有重要意义。

第三，反馈过程。失信行为发生后，进入失信行为的后续阶段，这一阶段包括了失信反馈的过程。失信反馈有两个主要方面，一方面是置信者对失信行为的信息掌握和采取的补救措施，另一方面是失信者在道德和法律层面所面临的谴责和处罚，其中后者是更为重要的失信反馈。对于置信者来说，一旦发现失信行为，他们通常会采取措施来应对损失。这可能包括与失信者进行谈判，尝试解决争议，或者采取法律行动来维护自己的权益。这些措施不仅有助于恢复受损的利益，还可以向失信者传达一个明确的信息，即失信行为是不可接受的，将会受到后果的追究。而对于失信者来说，他们也将面临道德和法律上的责任。在道德层面，失信行为通常会受到社会的谴责和批评，这对于个体的声誉和道德形象造成了损害。在法律层面，一些失信行为可能构成违法行为，因此失信者可能会面临法律制裁和处罚。这些法律制裁不仅是对失信者的惩罚，也是对社会公平正义的维护。然而，惩罚并不仅仅是为了惩罚失信者，更重要的是为了维护守信者的权益和信任秩序的稳定。如果没有适当的失信惩罚机制，那么个人就没有动力去履行契约和承诺。因此，建立一套有效的惩罚机制是至关重要的。这个机制需要综合运用司法、监督、行政、经济、文化和道德等多种手段，以确保失信者为其行为付出相应的经济和名誉代价，从而维护守信者的利益，构建一个基于信任的社会秩序。

第三节 失信行为的生成环境

物质世界是相互关联的，它由各种不同的要素构成，这些要素相互依存，相互作用，共同维系着世界的运行。每一件事情都有其发生的原因和结果，社会个体的每一个行为都不是孤立的，都受到多种因素的影响，同时也会对其他事物产生影响。失信行为的发生通常涉及多个因素，包括个体的动机，他们谋取私利的欲望，以及他们所处的不良社交网络等。这些因素在社会交往中交织在一起，导致失信行为的出现。失信行为的动机通常与个体追求个人利益有关。在追求经济利益、权力、声誉等方面，一些个体可能会采取不诚实的手段，违背道德规范。此外，社交网络的不良影响也可能导致失信行为的传播。如果个体身边的人也倾向于采取不诚实的行为，那么他们更有可能受到这种行为的影响，从而也采取相似的行为。

然而，失信行为并不是社会交往的唯一结果。正如世界是相互关联的，失信行为也会引发一系列连锁反应，对其他人和社会整体产生影响。例如，一起失信行为可能导致信任基础的破裂，从而影响了合作关系和局部社会稳定。因此，了解失信行为的多因素性质以及其对社会的影响对于预防和治理失信行为至关重要。

一、失信行为与道德、文化

传统信任文化是道德领域中的一项重要文化元素，也是博大精深、历久弥新的中华文化鲜明特征之一。道德是指引人心修养和行为约束的核心原则，是解释和维系人际关系的最高精神理念。在道德的视角下，我们对人际关系，包括家庭、国家以及社会中的亲子关系、友情和邻里关系的理解，都建立在忠诚和信任的基础上。儒家学派的创始人孔子，他的思想体系的核心概念就是德治主义。他坚信通过德治可以构建一个和谐的社会和完善的人生。在德治社会中，最高标杆是"礼"，而在德治人生中，最崇高的价值是"仁"。这些思想强调了道德在社会中的重要性，以及它对于建立良好人际关系和社会秩序的不可或缺作用。马克思也有关于信任的独特见解，他认为只有在共产主义社会中，人们才能达到"用信任来交换信任"和"用爱来交换爱"的境界。这种高尚的道德品质和文化传统，是社会进步的关键。人的社会性可以通过两种方式来表现，对于整个社会来说，这是外显的道德规范；而对于个体来说，这则是内隐于良知之中。这一传统信任文化的重要性不容忽视。它是社会和个体行为的指导原则，有助于构建和维护良好的人际关系，促进社会的和谐与发展。在当今社会，我们仍然可以从这些传统智慧中汲取经验教训，以应对日益复杂的社会挑战，建设更加和谐和信任的社会。

正如马克思所强调的，人类是社会关系的产物，个体是社会的一部分，社会性是我们生存的基础。要生存，个体就需要融入群体。因此，个体与群体之间存在一种相互依存的关系，这在个体中体现为良知和忠诚。良知可被定义为有益于个体或群体的生存和发展的观念和道德原则。这些观念和道德原则激励个体采取有益于自身和社会的行动。每个人都是社会网络中的一部分，他们不仅仅是孤立的个体，而是社会互动的一部分。他们被社会的道德、文化、习惯、规范和法律所塑造，这些因素在个体内部化，影响个体的行为。"大道之行，天下为公"的理念强调了道德行为的重要性，防止邪恶行为、保护人民的利益。只有通过道德和文化的引导，社会才能实现和谐和共同发展，确保每个人都能过上安定幸福的生活。在这个过程中，道德和文化是塑造社会的基石，也是个体行为的内在动力。

习近平总书记指出"文化是一个国家、一个民族的灵魂""坚定中国特色社会主义道路自信、理论自信、制度自信，说到底是要坚定文化自信""中国特色社会主义文化积淀着中华民族最深层的精神追求，代表着中华民族独特的精神标识，是中国人民胜利前行的强大精神力量""实现中国梦，是物质文明和精神文明比翼双飞的发展过程""没有中华文化繁荣兴盛，就没有中华民族伟大复兴"。文化具有重要的道德功能，它承载着社会经济发展所需要的伦理准则，文明社会需要文化的支撑，文化也是多民族相互交融的珍贵产物。习近平总书记指出"对一个民族、一个国家来说，最持久、最深层的力量是全社会共同认可的核心价值观。核心价值观，承载着一个民族、一个国家的精神追求，体现着一个社会评判是非曲直的价值标准""培育和弘扬核心价值观，有效整合社会意识，是社会系统得以正常运转、社会秩序得以有效维护的重要途径，也是国家治理体系和治理能力的重要方面""历史和现实都表明，核心价值观是一个国家的重要稳定器，能否构建具有强大感召力的核心价值观，关系社会和谐稳定，关系国家长治久安"。坚决坚守中国文化自信，传播中国精神，彰显中国价值观，巩固中国力量，都需要积极培育和践行社会主义核心价值观。将培育和传播社会主义核心价值观视为凝聚国家认同、强化基础的重要工程，持续巩固中国特色社会主义思想道德基础，提升全国人民的道德思想素养。

中华民族的传统美德包括"仁爱孝悌"和"精忠报国"等经典价值观念，这些价值观念一直贯穿着中华文化的发展。例如，"先能事父兄，然后仁可成"强调了孝悌之道，即要先关心身边的亲人和事物，培养感恩之心。每个人都期望在晚年有一个幸福的生活，这也是老有所养、老有所依的体现。赡养父母不仅是道德的要求，也是对优秀传统文化的传承。在当代社会，这些传统美德仍然具有深刻的现实意义。例如，尊重和关爱家庭成员有助于维系亲情关系的和谐。在面对经济社会变革的挑战时，我们也应该思考如何将这些传统美德与现代社会相结合，以更好地满足家庭和社会的需求。可以通过提倡孝敬父母、尊重长辈的行为，强调团结和互助，培养感恩之心，来继续传承和发扬这些美德。同时，也可以在教育体系中加强传统文化的教育，使年轻一代更好地理解和传承这些价值观念。总的来说，中华文化中的传统美德仍然具有重要的道德价值和社会意义。在现代社会，可以通过不断弘扬和传承这些价值观念，将它们融入日常生活，以促进更和谐、更有爱心的社会关系。同时，这也有助于维护和传承中华文化的独特魅力。

二、失信行为与交往、网络

人是社会中的个体，无法孤立存在，而是需要紧密融入社会群体，并在社会互动中不断发展。社会网络描述了社会成员之间因互动而形成的相对稳定的关系体系。在这个复杂的网络中，信任扮演着关键角色。正如荀子所言："信任他人，并不要求每个人都完全诚实，只要我们自己诚实即可。怀疑他人，则可能首先采取欺诈行为。"信任不仅仅是一种能力，更是社会交往的核心基础，它有助于降低社会风险、减少交往成本，并提高社会的运转效率，从而推动人类社会的进步。在人际关系中，信任扮演了连接个体的纽带。它建立在个体之间的共鸣和共识之上，使得合作、交流和互惠成为可能。当人们信任彼此时，他们更愿意在合作中投入时间和资源，因为他们相信伙伴也会如此。这种信任有助于建立积极的社会互动模式，创造出更加融洽和谐的社会环境。此外，信任还在降低社会风险方面发挥关键作用。当人们信任他人时，他们更倾向于采取冒险，因为他们相信即使失败，也会得到支持和理解。这种信任减轻了交往中的不确定性，鼓励个体更加大胆地追求目标。最重要的是，信任有助于社会的文明进步。它创造了一个安全、稳定和高效的社会环境，鼓励人们在各个领域密切合作，共同推动社会发展，提高沟通效率，降低交易成本。在一个充满信任的社会中，创新和创造力得以释放，为社会带来繁荣和进步。

在社会互动中，我们都面临着与他人交往的情况，而这些互动中往往伴随着自身利益受到对方潜在威胁的可能性。在这种背景下，信任成为一种表达态度的有效方式，它基于对可能的失信风险的估计而产生，这种正向的态度反馈往往会决定个体在进一步互动中愿意投入的程度。这里的个体可以是个人、组织，甚至是国家。值得注意的是，他们的行为和态度通常受到社会网络的制约。关于信任的产生条件和社会网络的特点，我们可以从两个机制的角度来看待它们如何影响信任的形成。首先，社会网络通过影响个体可以动用的资源，间接地影响着信任的建立。这意味着，个体在社会网络中的位置和连接性可以决定他们能够获取多少资源，从而影响他们在互动中的信任程度。其次，社会网络通过影响个体获取有关他人信任信息的能力，也直接影响着信任的建立。这意味着，社会网络中的信息传递和共享可以影响个体对他人的信任程度，因为他们可以获取有关他人信任品质的信息。社会网络在信任的建立过程中起着重要作用，通过影响资源分配和信息传递，它们可以塑造个体对他人的信任态度。这种信任不仅在个体层面发挥作用，还可以扩展到组织和国家层面，影响各种社会互动的进行。因此，我们需要深入研究社会网络如何影响信任的形成，以更好地理解社会互动的复杂性。

当前，中国社会结构的演变不仅在大数据网络领域表现出来，还在全球信息化的浪潮中得以显现。特别值得注意的是社会人际关系网络的深刻变革，它已成为改变居民生活方式和重塑社会阶层的重要推动因素。在传统的中国社会中，人际关系主要通过地缘、血缘、业缘和偶遇这四种方式建立。这四种方式在连接人际关系方面扮演着关键的角色，它们构成了一种社交纽带。中国人根据血缘、地缘、业缘和偶遇建立了一种"差序格局"，将个体置于中心，并逐层扩展，形成一种人际关系网络。通过这个网络，个体可以获取更广泛的社会资源。然而，随着市场化、城市化和全球网络信息传播的加速，不同行为体所占有的社会资源和能力出现了不平衡，需要建立一种突破传统熟人圈的、可与陌生人共享的信任关系。网络时代社会交往的一个显著特点是高度的不确定性，人际关系的多元化和不确定性增加了社会的复杂性。社会流动已超越传统的圈层，人们所面临的挑战不再仅仅是信息筛选的简化，而是如何在这个复杂多变的社会网络中识别和充分利用信息。

第四节　失信行为的基本类型

社会学家最感兴趣的信任形式之一是"社会信任"，它被视为一种社会秩序和社会控制的机制，主要存在于社会组织之间和个体与群体之间。在这一背景下，失信行为作为一个广泛的概念，可以根据不同的分类方法进行细分和归纳。我们可以从失信行为的执行者、起因以及性质等多个角度来对其进行分类和理解。首先，失信行为可以根据执行者的不同进行分类。在社会中，失信行为的执行者多种多样，可以包括个人、组织、政府机构等。每种类型的执行者都可能在不同情境下展现出失信行为，因此需要对这些不同的执行者进行分类和研究，以深入了解失信行为的多样性。其次，失信行为可以根据其产生的原因或起因进行分类。失信行为往往源于不同的动机和背景因素。有些失信行为可能是因为个人经济利益的驱使，而另一些可能是出于道德或伦理考虑。因此，对失信行为的起因进行分类可以帮助我们更好地理解其背后的动机和原因。最后，失信行为可以根据其性质和影响进行分类。有些失信行为可能对经济秩序产生直接威胁，例如欺诈和不当竞争。另一些失信行为可能对社会道德产生负面影响，如不履行合同和违背承诺。因此，通过对失信行为的性质和影响进行分类，可以更全面地了解其在社会中的作用和影响。本研究尝试从失信施为者、失信缘起和失信性质等方面进行分类。

一、人际失信与组织失信

失信是人际交往与互动中的一种价值取向和行为方式。参与和构成失信的可以是主体，可以是个体，也可以是组织。本研究试图从主体间关系角度来进行分析，把失信分为人际失信与组织失信。

（一）人际失信

人际信任在学术科学研究中被广泛视为最为常见和基础的信任形式。同理，在探讨失信问题时，我们首先聚焦于人际失信。人际失信实际上指的是个体之间的失信行为，这种行为在人际交往和互动中经常出现，它是双方违背了事先的协议或契约，以谋求自身利益的非道德行为。人际交往被认为是社会运行的基本单元，因此，人际失信可以看作是失信行为的最基本形式，也是研究失信行为最直接和最基本的领域。我们可以将人际失信定义为在某个事件中由于情感的脱离、价值观的差异或者为了谋求个人利益，失信者采取了有悖于承诺或契约的行为，这种行为会损害对方的信任。经济学家加里·贝克尔的经济分析理论认为，社会失信行为实际上是个体理性选择的结果。在人际失信的情境下，双方在建立信任关系的早期通常是出于合作与互信的目的，基于各自预期的利益来维系这种关系。失信者在与对方建立信任关系的阶段，通过充分评估成本和收益来追求个人利益的最大化，通常会刻意隐瞒自己的意图和相关信息。最终，理性的失信者会做出有悖于承诺或契约的行为。从这一角度看，失信者早期与对方建立的信任关系，通常是基于预期的利益最大化。然而，在合作的过程中，由于缺乏利益获取带来的持续刺激，失信者可能会放弃信任关系的维系而选择背叛，这种决策的关键因素是为了谋取更多的个人利益。

信任是社会成员之间互动交往所形成的一种基本关系。个体的生存和发展在很大程度上依赖于社会交往，正如俗话所说："人无信不立。"这就好比一辆车需要轮轴才能行驶一样，人际信任是研究信任问题的核心。如果人际信任大范围地受到侵蚀，将最终导致社会秩序的完全瓦解。随着社会的不断变迁和制度结构的转型，人们的交往方式也发生了显著变化。在中国，人际交往的模式通常被描述为关系本位的社会。这种模式基于费孝通先生提出的"差序格局"概念，强调了血缘关系、熟人关系和陌生人关系在人际交往中的重要性。根据这个理念，人际信任的研究可以分为三个主要方面：亲缘信任、熟人信任和陌生人信任。首先，亲缘信任涉及家庭和亲属关系中的信任。在中国文化中，家庭关系通常被视为极其重要的，人们在家庭中建立的信任关系会影响他们在其他社会关系中的信任倾向。亲缘信任的强弱可以在一定程度上影响一个人在社会中的信任行为。其次，熟人信任涉及在个体认识和了解的人中建立的信任。这种类型的信任基于个体对他们认识的人的了解程度，通常需要时间和经验的积累。在中国社会中，由于关系本位的特点，熟人信任在各种社会交往中占据重要地位。人们更愿意信任那些他们熟悉和了解的人，因为他们认为这些人更有可能遵守契约和承诺。最后，陌生人信任涉及与个体没有任何亲缘关系或熟悉度的人之间建立的信任。在这种情况下，信任通常基于社会制度和规则存在，以确保交往的公平和诚实。陌生人信任在现代社会中变得越来越重要，特别是在商业和跨文化交往中。通常来说，人际失信包括亲缘失信、熟人失信和陌生人失信三种类型。

一是亲缘失信。马克斯·韦伯提出，中国人的信任模式不同于一些其他社会，它并不是基于共同的信仰体系，而是更多地基于血缘或准血缘关系，也就是建立在家族和亲戚之间的纽带上，这种信任模式较难普遍适用，具有一定的特殊性。这一特殊性在不同维度上表现出来，既包括了纵向层面，也包括了横向层面。在纵向层面，这一信任模式主要在长辈与晚辈之间的关系中体现出来。一些失信行为事件受到社会各界广泛关注，如"代孕后又弃养"和"男子活埋 79 岁母亲"等。这些事件涉及家庭关系中的信任背离，打破了传统的家族道德观念。这种情况反映出在中国社会中，尤其是在家庭中，信任关系的复杂性和脆弱性。在横向层面，这种信任模式也在夫妻关系中表现出来。夫妻关系的信任模式发生了转变，从过去的"家庭本位"责任观念逐渐演变为更加个体化的"自我认同"和"自我中心"的价值观。这导致了一系列婚姻关系中的信任危机，包括"重婚"、"闪婚闪离"、"婚内出轨"、"一夜情"和"家庭暴力"等问题的出现。这些行为违反了配偶之间的忠实义务，破坏了互相信任的基础，也影响了夫妻间的相互理解和信任。这一信任模式的特殊性需要我们更深入地理解和研究。在新时代，社会价值观念的变化和家庭结构的演变都对这种信任模式产生了影响。因此，我们需要认真思考如何在现代社会中维护和加强家庭和社会中的信任关系，以应对信任危机所带来的挑战。这可能需要重新审视传统的道德观念，并探索适应现代社会需求的新方式来建立和维护信任。

二是熟人失信。中国的社会结构自古以来一直以乡土社会为基础，而这个社会的特点之一就是它是一个充满人情味的社会，也是一个充满熟人关系的社会。人们的亲属关系、地缘关系以及这两者的交织，构成了各种熟人关系，形成相互信任的基础。在这种社会中，人们基于亲戚关系或地域关系建立了相对熟悉的联系，因此他们对彼此感到更加信任。这种熟人关系建立在有限的社交圈子中，交互双方的信息相对透明。在这种情况下，信任是基于相互了解的。也就是说，在交往的过程中，双方几乎可以获取对方的所有信息，包括交往经验、品格、能力、信誉、财务状况等，这一切都有助于建立信任。然而，随着中国社会经济的快速发展，人们的社交方式变得多样化，人际关系也变得更加复杂。这导致了熟人信任逐渐受到挑战，有时甚至被边缘化。一些人可能会出于个人私利，采取不正当手段，利用亲戚和朋友的信任，来获取社会资源，这就是所谓的"杀熟"和"杀亲"现象。这种行为违背了道德诚信原则，因为信任在熟人范围内的人际关系中扮演着重要的角色。"杀熟"这类现象导致人际关系紊乱，社会伦理秩序混乱，对于社会的稳定和发展构成了挑战。

三是陌生人失信。在传统经济向市场经济、农业经济向工业经济的迅猛转变中，人际关系也随之脱离了原本的血缘、亲缘和地缘联系，变得更为复杂。这一快速流动的背景下，由于人们精力和信息获取能力有限，他们通常需要通过间接途径来获取相关信息。在这种情况下，理性的契约关系逐渐成为陌生人之间社会互动的主要模式。作为所谓的"经济人"，个体更多地依赖法律体系和道德规范来维护人际关系和信任。社会成员通常都追求经济利益的最大化，这可能导致信息不对称，或在虚拟情况下损害他人利益，从而使某些社会群体对社会道德产生怀疑和不信任的情感，这种情况可能会进一步鼓励某些人采取失信行为。因此，在当代社会，社会互动的复杂性和多样性使得契约关系、法律制度和道德规范的作用愈发重要。尤其值得关注的是，随着经济的全球化和数字化，信息传播的速度和广度都得到了显著提高，这意味着契约关系和道德规范在跨文化和跨国际领域中也同样具有重要意义。因此，我们需要更深入地研究如何维护和强化这些关系模式，以应对现代社会互动中出现的各种挑战。只有通过综合运用契约、法律和道德，才能够更好地应对社会变革所带来的复杂性，并确保社会互动在各个层面上都能够建立在公平、诚信和信任的基础之上。

（二）组织失信

组织是人们为实现预设目标，在特定规则和形式下协作而成的集体或团体，包括政党、企事业单位、军队、社团等。组织也是一种行为主体，拥有自己的目标、规程和运作方式。从社会构成的角度来看，组织是社会结构的基础单元之一。实质上，组织就是一个不以个人意志为转移的人格化的社会存在。

然而，在现代社会中，组织的信誉和道德行为受到了前所未有的挑战。随着社会经济的飞速发展和科技的快速进步，信息传递速度惊人，社会关系和经济互动更加复杂多样。与这一激动人心的发展并存的是失信行为的不断演变。失信行为，指的是在交往中违反契约、背弃承诺的行为，不断呈现出多样化和复杂化的趋势。这些行为不仅对经济秩序构成威胁，还动摇社会道德的根基。失信行为导致社会公德下降、危及社会公平正义，甚至成为影响整个社会和谐稳定及健康秩序的重大障碍。失信行为不仅仅是个体行为的问题，更反映了整个社会的道德状况和制度有效性。

在新时代，我们迫切需要深入研究失信行为及其背后的道德治理机制。通过深入剖析失信行为的性质、成因和影响，可以更好地理解社会道德的现状，为构建更加公正、和谐、稳定的社会秩序提供坚实基础。维护国家文化安全，增强国家文化软实力、扩大中华文化国际影响力的要求和任务在中国特色社会主义新时代显得尤为紧迫和重要。中国共产党始终坚持中国特色社会主义文化的发展道路，从诞生之日起就"既是中国先进文化的积极引领者和践行者，又是中华优秀传统文化的忠实传承者和弘扬者"。中国共产党通过把马克思主义基本原理同中国具体实际、同中华优秀传统文化相结合，为民族发展壮大提供了丰厚滋养。

中国共产党高度重视用文化来引领国家前进的方向，用文化来凝聚实现中华民族伟大复兴的奋斗力量。党的十九大报告明确指出："文化是一个国家、一个民族的灵魂。文化兴国运兴，文化强国运强。没有高度的文化自信，没有文化的繁荣兴盛，就没有中华民族伟大复兴。"在中国特色社会主义新时代，社会意识形态呈现出前所未有的多元、多样和多变的复杂情况，其中就包括道德建设。这表明了道德在社会中的重要性。维护组织的道德行为和信任关系对于社会的稳定和发展至关重要。只有通过加强组织内外的道德教育和监管，确保各方遵守道德规范，才能建立和维护良好的信任关系，促进社会的繁荣和进步。在新时代，需要更加注重道德建设，加强对失信行为的监管和制度建设，确保社会的公平正义，维护国家文化安全，提升国家文化软实力。只有这样，才能为构建更加诚信、和谐的社会环境贡献力量，为构建一个更加美好的未来奠定坚实的基础。

二、道德失信与制度失信

失信的缘起，一是道德层面的，即不遵守承诺、为人不诚实、没有责任感等；二是制度层面的，即制度设计不合理，制度的起点、过程和效果都无法起到任何保障作用。因此，从失信的归因来划定，则分为道德失信和制度失信。

（一）道德失信

信任概念蕴含了在社会关系中的一种特殊的道德期待和道德要求，建立信任关系涵盖了多种道德方面的要求，包括但不限于遵守承诺、诚实、平等、有责任感、遵守道义等品质。信任他人的行为通常基于一个道德假设，即他人和行为主体共享一些基本的价值观和道德观念。道德失信意味着失信者在道德认同、价值观认同、关系认同、利益认同、情感认同等多个方面背离了信任者，违反了双方之间建立的合作与互信关系。正如达斯哥普塔所指出的："只有在了解他人是怎样的人之后，我们才会与其进行交往，而声誉恰恰为我们提供了这方面的信息。要建立信任关系，个体需要不断地进行互动，并且记住之前的互动经验，声誉是构建信任关系的先决条件。"在道德失信中，通常认为失信行为的产生与行动者的道德品质存在问题有关，这也是为什么经常将信任问题视为道德问题的原因。这些道德品质问题通常是导致失信行为发生的重要原因，品德是指在个体根据一定的道德规范行事时，所表现出的稳定的心理特征或倾向。品德包括了道德认识、道德情感、道德意愿和道德行为，通常涵盖了个体的品质、性格，以及处世态度、理想信念、思想修养、道德情感、道德行为等方面的特征。道德认识和相应的行为紧密相连，它们可以产生内在的动力来推动道德行为的发生，从而转化为信任的动机，促使人们建立互信。一旦道德动机出现偏差，人们可能产生自私的想法和行为，从而影响合作关系和互信关系的维护，最终可能导致失信行为的发生，甚至破坏双方的关系。人格信任是价值信任的基础。在合作过程中，个体的声誉、忠诚度、诚信度等因素是判断他们是否值得信任的重要标准，也是衡量价值信任程度的核心指标。也就是说，在道德失信中，失信者主要是在道德水准等方面已经越过了合作和互信的底线，他们的品格和道德已经不再受到信任。

在道德信任的范畴内，不仅仅对个体有着高品德的期望，这种期望同样也适用于组织。组织的道德规范作为一种意识形态，承担着支撑组织发展、确保正常运营以及满足人们对组织的高道德期待的关键角色，它反映了组织内在的价值观念，是组织的基石。当一个组织能够遵循道德准则、积极参与社会事务、展现忠诚和责任感时，它就能够获得社会的信任。然而，一旦组织在道德上失信，意味着它的行为出现了偏离社会公众和组织成员期望的情况，涉及组织的价值导向、文化精神、行为规范等方面。组织的道德失信不仅不利于建立良好的组织形象，也不利于实现组织的发展目标，甚至可能危及组织的持续发展。此外，它还可能对社会的经济秩序和社会道德建设产生不利影响。因此，组织的道德规范和道德行为至关重要。维护高尚的道德标准和行为，不仅有助于赢得社会的信任，还能够为组织的长期繁荣和可持续发展提供坚实的基础。这些道德准则不仅影响着组织内部的文化，还直接塑造了组织在社会中的形象和地位。因此，组织应该时刻关注和强化自身的道德价值观，确保它们与社会公众和组织成员的期望保持一致，以建立并维护一个道德上受人尊敬的机构，这样的组织才能够在竞争激烈的环境中脱颖而出，为社会的进步和发展做出积极贡献。

（二）制度失信

理查德·斯科特提出："制度包括规范性、规制性和文化认知性要素，以及相关的活动和资源，为社会生活提供稳定性和有意义的规则。"而罗纳尔德·杰普森则认为："制度是一种社会建构的程序或规则系统，它们在相对固定的环境中运行，附带着人们普遍接受的行为准则。"信任并不是一成不变的社会关系，它包含着一定的风险和不确定性。这是因为信任建立在对个体信任对象未来行为的期望之上。信任最初是为了规避风险而产生的，但有时恰恰是风险导致了人与人之间的不信任。社会信任的形成不仅与个体的道德品质和人格特征有关，还与信任建立的文化传统、制度环境等背景条件密切相关。制度是一套被大家共同遵守和认可的办事准则，通过认可和鼓励符合这些共同认定准则的行为，以及对不符合准则的行为进行惩戒，来实现对行为的控制。这有助于降低行为的不确定性风险，满足人们对于稳定行为的期望，从而产生制度信任。然而，制度和信任是相辅相成的。再精细、再全面的制度也不可能是万能的，而需要依赖信任来履行职责，制度为信任的建立提供了坚实的基础。制度信任的存在有助于有效减轻人们的行为顾虑，提高实际行动的效率，因此在社会变迁和发展中扮演着重要角色。制度信任对于构建和谐社会也具有重要意义，有助于减少社会不确定性，增强社会成员之间的互动和协作。因此，制度信任不仅有助于规范行为，还促进了社会的稳定和发展。

制度失信是导致失信行为的一个重要原因。制度信任，也称为系统信任，是指建立在社会和组织情境中的信任关系，通常包括法律、契约、合同等法律制度所构建的信任关系。这些制度信任关系是基于制度基础上形成的，对规范信任关系和保护信任者的权益起着重要作用。柯武刚和史漫飞指出："制度是由人制定的，用以规范人的行为的规则，它们抑制着人际交往中可能出现的不当行为和机会主义行为。"制度化的社会机制具有强制性约束力。制度的建立是构建信任关系和社会秩序的基础，有助于减少社会风险和秩序混乱的情况，增加社会互动中可预测和确定的行为，满足人们的心理安全需求，形成一定的秩序和确定性，是构建信任关系的重要保障。制度是否失效和是否形成制度信任可以从以下两个方面进行评估：第一，制度是否具有可操作性，即是否能够顺利实施。可操作性主要指符合信任建构双方的价值规范，能够规范双方的行为并保障他们的权益。如果一个制度在制定后难以推行，那么它就无法在信任建构中发挥保护作用，实际上成了一项失信的制度。第二，制度是否能够实现其设计的目标。每项制度都有其特定的目标和目的。有些制度可能能够顺利实施，但未必能够达到既定的预期目标，甚至可能偏离设计初衷。然而，任何一项制度都需要不断完善和改进，因为它在制定之初很难做到完美。在现实环境中，维护信任关系并不仅仅依赖于制度，但制度在促进和保障信任关系方面具有不可替代的作用。制度失信的根本原因在于制度的设计不符合人们追求的自由、平等等价值观念。如果制度设计不符合人们的价值观念，不能满足人们的期望和追求，就有可能不被接受，影响人的发展和社会的进步。因此，制度的设计需要综合考虑社会的文化和价值观念，以便更好地促进信任关系的建立和维护。

从经济学的角度来看，失信的本质可以被视为一种侵权行为。换句话说，任何一种失信行为都可以看作是对某种权利的侵害，而这种权利的侵害通常源于现有制度的缺陷和不完善。当现存的制度存在漏洞，使得那些以自身利益为出发点的经济人认为采取机会主义的失信行为对他们有利可图时，失信行为就可能会发生。也就是说，失信行为往往在制度存在薄弱环节的情况下滋生。从社会学的角度来看，制度在一定程度上对行为主体起到了约束作用。然而，在现实社会生活中，由于制度供给不足、偏离轨道或者制度设计不够完善，这些因素都可能导致信任的破裂和失信行为的发生。制度失信可以被理解为失信者对于信任方所承诺的权益进行侵害。这一行为通常伴随着主体间利益的失衡，并破坏了通过法律、契约、合同或口头承诺所建立的信任关系。制度失信行为不仅仅损害了相关主体的利益，还对社会信任体系的构建产生了负面影响，这种失信行为不仅会降低交易中的信任程度，还会对未来的合作交易产生不利影响，从而陷入一种恶性循环，增加了信任交易的成本。

三、工具失信与价值失信

失信的内容归结起来无外乎两个方面，抑或是物质方面的，抑或是道德、荣誉方面的。因此，在本研究中将失信的内容概括为两个方面：一是工具失信，二是价值失信。

（一）工具失信

工具属性指的是基于双方信任与合作关系的有用性。这种属性将信任和合作视为一种获取社会资本的方式和途径，因此赋予了信任与合作工具的价值。具体来说，工具属性满足了人们的需求，并为合作双方带来了益处。信任与合作关系并不是自身有价值的，而是因为它们有助于实现各自的目标，从而变得有价值。工具失信则是指失信者出于个人利益的需要而违背了双方之前达成的承诺和建立的信任关系，在博弈论的视角下，工具失信表明行动者将自己的个人利益置于首位，这种理性选择通常是自私和不道德的。此外，它也是一种不可逆转的选择，因为一旦失信，信任和合作关系就可能彻底破裂。失信行为的背离通常是为了谋求个人利益，在实际生活中，追求个人利益导致了大部分失信行为，占比远高于道德失信。霍曼斯曾指出，社会成员之间的关系越具有工具性，他们之间的信任度就越高。这意味着很多合作与信任关系都是基于双方对信任关系可能带来利益的期望而建立的。举例来说，企业雇佣员工时签订就业协议，这是因为企业相信员工能够为公司带来利润。同样，员工也相信公司能够为他们提供薪水和晋升的机会，因此愿意到该公司工作。这种基于理性选择的信任关系使双方建立了要求共同执行的契约。然而，当企业主发现员工不能为公司创造效益，或者员工的表现与期望不符时，企业主可能会解雇员工，违反之前的契约。同样，当员工发现公司未能提供期望的福利待遇或职业发展机会时，他们也可能提前离职。这些例子凸显了工具属性在信任和合作关系中的重要性，以及当这种关系不能满足个体利益时可能出现的工具失信行为。

（二）价值失信

在哲学领域，对于价值的概念有着深刻的讨论。价值并不是一个具体的、有形的实体，而是客观对象与主体需求之间的满足关系，更是一种人类独特的超越性指向。这个定义强调了价值的抽象性和超越性质。从哲学的角度来看，价值意味着客体在满足主体需求时所具有的特殊意义。换句话说，当客体能够满足主体的某些需求时，它对于主体就具有了价值，反之则没有价值。这种观点突出了价值与需求满足之间的紧密联系。在社会层面，良善的价值观是评价和衡量社会信任关系的必要元素。个人的品质在社会互动中扮演着获得信任的关键角色。社会中的个体与群体之间的价值行为受到宗教、道德、法律、规范等正向思想的影响。这些正向思想不仅建立在个体的经验之上，更基于社会对于正义、公平、公正、责任等基本理念的共识。因此，价值观在社会互动中发挥着重要作用。在传统哲学观念中，价值被视为以人的主体性为尺度的一种关系。它涉及主体对客体的肯定或否定关系，反映了客体属性与主体需求之间的特殊效用关系。如果客体的属性能够满足主体的需求，那么就具有价值；如果不能，那么就没有价值。因此，人的价值在于他们对社会的贡献和责任，以及社会对个体的尊重和满足。

社会对个体行为的价值判断在很大程度上影响着人们在特定情境下的行为选择，这种社会的价值判断是一种准则，它有助于对社会关系行为进行分类和分析。它帮助我们明确了在什么情况下，一个人的行为会符合社会认同的价值观，以及在什么情况下，一个人的行为可能不会被社会所接受。价值判定的主要目的在于指导和影响行为选择，当一个人的行为与特定的价值观相符时，这个行为通常才会被社会认同和接受。然而，如果行为与某些价值观不一致，那么这个行为可能会被视为不道德或不符合社会规范。此外，价值规范的目的不仅仅在于指导行为，还在于确保个人和社会的生活能够顺利进行。这些价值规范有助于引导人们的行为，以促进个人和社会的良性运行。价值规范就像是一种界限，告诉人们在这个界限内的行为是符合社会认同的价值标准的，而在界限外的行为可能会被视为违反了这些价值判定。

价值失信是指在行动者的决策过程中，基于各种利益的权衡和考量，而违背了社会、习俗、宗教、道德规范等的不道德行为。这些行为通常违反了社会普遍认同的道德原则，被视为不道德行为。社会对于价值失信的判断往往基于这些行为的不道德性质，即其恶劣性。当个体行为偏离了社会已形成的共识价值体系，对公共资源造成损害，与他人利益发生冲突，或者侵犯了公共利益时，社会就会将这些行为视为价值失信的行为。这些行为不仅仅破坏了社会的信任基础，还在他人心中树立了不可信任的形象，进而引发了连锁反应，包括对其他人的信任度下降以及对于"江山易改，本性难移"的普遍印象。在人类社会的发展过程中，个体的自我实现和价值观的追求对于社会的公平和良性发展起到了积极的作用。这种自我实现和价值观的不断提升有助于推动社会成员的幸福感和满足感，同时也有助于社会体制的进步和完善。然而，当社会中的行动者背离了普遍的价值规范，摆脱了社会认同的道德基准，违背了社会主流价值观时，会对社会的道德体系和秩序构成威胁。这种行为不仅会削弱社会的权威和价值导向，还可能破坏市场经济的正常运行，使整个社会秩序岌岌可危。因此，维护社会的价值观和道德体系至关重要。通过促进社会成员的道德教育和价值观的培养，可以减少价值失信行为的发生。同时，建立健全的法律法规和监管机制，对于制止和惩治价值失信行为也至关重要。只有这样，我们才能够维护社会的道德秩序，确保社会的正常运行和发展。

第三章
道德治理研究概述

    在研究新时代中国道德治理问题时，首先需要对道德治理的概念进行明确定义，这是研究的基础和关键。这需要我们清晰地界定道德治理的核心内涵，同时也要深入分析道德治理与其他相关概念的异同以及联系，以确保研究在一个明确而规范的理论框架内展开。道德治理的定义是复杂的，因为它不仅仅涉及道德观念和价值体系，还牵涉社会组织、制度设计和国家治理。因此，需要明晰道德治理的多维内涵，包括在社会中弘扬道德价值观、规范行为准则、建立诚信体系等方面的作用。这样的明确定义将有助于更好地理解道德治理的本质，并为后续研究提供了坚实的理论基础。此外，我们还需要系统地梳理马克思、恩格斯等无产阶级导师的相关思想理论，以及中国共产党领导下的社会主义道德建设和治理的相关理论，这些理论是中国特色社会主义道德治理的重要指导思想，对于深入研究道德治理问题具有重要的理论价值。通过对这些理论的梳理和分析，我们可以更好地把握中国道德治理的特点和发展方向，为实践提供理论支持。同时，还需要积极吸收西方学者关于治理理论的相关研究成果。西方学界在治理理论方面有着丰富的经验和研究成果，这些理论可以为中国道德治理的研究提供宝贵的借鉴和启示。在吸收的过程中，我们需要保持批判性思维，将这些理论与中国的实际情况相结合，找到适合中国国情的道德治理路径。

第一节　道德治理相关概念的内涵与厘定

道德治理作为新时代加强社会主义道德建设的主要方式，以及推动国家治理体系和治理能力现代化的内在要素，具有深远的理论和实践意义。然而，目前对于道德治理概念内涵的明确定义还存在一定的模糊性。因此，有必要对道德治理的概念内涵进行更加明确和深入的界定，这不仅有助于我们更好地理解道德治理的本质，还能够为相关研究提供清晰的方向和指导，从而更好地推进社会主义道德建设和国家治理现代化。道德治理是一种社会管理方式，旨在引导和规范社会成员的行为和价值取向，以促进社会的和谐、稳定和可持续发展。这种管理方式不仅仅依赖于法律法规的制定和执行，更加强调培养和弘扬道德伦理观念，激励人们自觉遵守社会道德规范。道德治理的目标是在法治基础上，构建一个更加文明、纯洁、公正、和谐的社会。道德治理强调个体的内在道德修养和社会责任感的培养。它不仅仅是一种外部的行为规范，更是一种内在的价值观念和行为准则。通过教育、宣传、榜样力量等途径，道德治理旨在唤起个体的社会责任感和道德自觉，使之成为遵守道德规范、积极参与社会公益事业的积极分子。此外，道德治理也包括对社会机构和组织的监督和管理。它要求政府、企业、社会组织等各方在履行职责和开展活动时，必须遵守道德原则，不损害公共利益，不侵犯他人合法权益，这种对组织的道德监督有助于建立一个诚信和公平竞争的社会环境。道德治理是一项长期而系统的工程，需要政府、社会各界和个体共同参与。道德治理实践既包括传统的伦理道德教育，也包括了利益协调、舆论监督、法律法规等多种手段和途径。只有形成多元化、全方位的道德治理体系，才能更好地应对社会发展中出现的伦理道德问题，推动国家治理体系和治理能力现代化。

一、道德的内涵与功能

（一）道德的内涵

道德是一种独特的社会现象，随着人类社会的不断发展，它在不同历史时期有着不同的表现。中西方文化差异导致了对道德的理解与阐释的差异。在中国,古代先秦时期的思想家老子在其著作《道德经》中,详细探讨了"道"和"德"的概念。老子在《道德经》一开头就说:"道可道,非常道。"说的是万事万物产生和发展的客观规律,这种规律,包含着道理、道路、秩序、方法之意。他将"道"视为宇宙万物的根源,同时也是宇宙法则和普遍规律的代表。而"德"则含义广泛,可以理解为道德、品德,也可理解为获得或达到某种境界。老子的思想强调个体的行为和思维应与自然法则相统一,"德"即是通过追求"道"而获得的。儒家思想则将注意力集中在人性、行为和天命的互相关联上,将"道"视为行为的基本原则,而"德"则是对这一原则的体现和实践。在儒家观念中,道德的发展是一个由无意识到有意识的历史过程,是将道德内化并运用到日常生活和社交互动中的过程。相比之下,在西方文化中,道德(morality)和伦理(ethics)这两个词在词源上几乎是相同的。最初,它们都指的是社会秩序、习惯和特定的行为规范。道德最初是以一种社会秩序和习惯的方式存在的,但随着社会的发展、生产力的提高以及文明程度的不断增加,道德开始从习惯和社会秩序中分离出来,逐渐演变成为一种相对独立的社会意识形态。这一转变意味着道德开始超越单纯的风俗习惯,成为一种自主、内在的价值体系。在这个过程中,道德逐渐脱离了传统风俗的束缚,成为一个独立存在的社会伦理系统。因此,不论是在中国还是在西方,道德都涵盖了两个核心方面的内容。一方面,它关注个体的内在道德品质和道德品格,强调自律和自觉。另一方面,它也与外在的社会秩序、规范和人际关系密切相关,它规定了人们在社会中的行为准则和互动方式,这些观念反映了不同文化背景下对道德的理解和发展,同时也凸显了道德在塑造人类社会的重要性。

在马克思主义的理论体系中,道德的起源与劳动、社会关系以及社会意识密切相关。劳动被认为是道德产生的历史前提,社会关系的形成则为道德产生提供了客观条件,而人类自我意识的发展则构成了道德产生的主观条件。马克思主义将道德视为一种独特的社会意识形态,它依赖于社会舆论、传统习俗以及个体内心信仰的共同维系。道德是对个体行为进行道德评价的心理意识,是原则规范和行为活动的综合体。道德被看作是社会对个体行为的一种要求，它具有历史性，不同社会对其成员都会有特定的道德规范和要求。马克思主义将道德观置于人类社会实践的背景之中，强调了道德的历史性和社会性。道德是一种反映社会关系和社会发展的现象，它随着社会的变迁而发展演变。道德不仅仅是一种抽象的概念，更是与社会结构和文化背景紧密相关的。在社会主义初级阶段，我国的道德体系包括社会公德、职业道德、家庭美德和个人品德，这些不同层次和领域的道德要求构成了我国社会主义初级阶段的道德体系。马克思主义的道德观以历史唯物主义为理论基础，追求揭示道德现象和问题背后的真实原因。它通过建立在历史唯物主义基础上的道德本质和社会功能的解释，实现了对道德的深刻科学理解，从抽象的道德概念发展为一门科学。这一理论体系使我们能够更好地理解道德的起源和演变，为社会主义社会的道德建设提供了坚实的理论基础。

本质作为一个与现象相对应的范畴是指一个事物与其他事物相区别的根本特征，道德的本质是指道德作为道德而区别于他物的根本性质，是道德基本要素的内在联系和道德内部所包含的一系列必然性、规律性的总和。道德的本质具体包含以下几个维度：

1. 道德是一种受社会经济关系制约的特殊的社会意识形态

马克思对道德的看法与传统观念不同，他认为道德并非神的旨意或个体固有的主观品质，而是受到社会和经济关系的影响而形成的。马克思强调，道德是社会上层建筑的一部分，是经济关系的反映，其形成受制于特定的社会生产方式。首先，马克思认为，道德观念是从个体所处的阶级地位和经济关系中产生的。换句话说，人们的道德观念往往源于他们所处的社会和经济环境。恩格斯指出，人们自觉或不自觉地，归根到底总是从他们阶级地位所依据的实际关系中——从他们进行生产和交换的经济关系中，吸取自己的道德观念。这意味着道德观念的形成与个体所处的社会经济地位密切相关。因此，道德不是独立于社会经济条件之外存在的，而是受到这些条件的制约和影响。其次，马克思认为，道德是利益的反映，这意味着道德观念常常根植于个体的经济动机和利益。在社会中，不同阶级和社会群体之间存在着不同的经济利益和矛盾。因此，道德观念往往是为了维护或强化特定阶级或群体的经济地位而形成的。马克思强调，道德并非超越经济和社会现实存在的独立实体，而是与这些现实紧密相连，具有历史和社会的特定性。马克思对道德的理解强调了其与社会经济条件的密切关联。道德观念的形成不仅受到个体的社会地位和经济关系的影响，还反映了不同阶级和群体之间的经济利益和矛盾。因此，马克思认为，要深刻理解和分析道德，必须考虑到社会和经济因素的作用，将道德观念置于其历史和社会的背景中进行探讨。

马克思曾深刻地指出："'思想'一旦脱离'利益'，就一定会使自己出丑。"这句话强调了经济利益在社会活动中的核心地位。实际上，经济利益是驱动人类社会各种活动的一种关键的内在力量，也是社会关系的核心和社会意识的焦点。在任何社会中，经济关系的首要表现就是各方面的经济利益，这些经济利益也是导致社会矛盾和冲突的主要原因之一。这个观点使马克思的道德理论与康德的道德命令有着根本性的区别。此外，道德本质上是一个既有绝对性又有相对性的历史范畴。在阶级社会中，道德往往是特定阶级利益的集中体现。因此，我们必须根据具体的历史环境来理解道德的本质性问题，道德理论也必须根据不同的历史条件和社会环境的变化来运用。道德观念的发展受到内在规律的制约，新的道德实践可能会弱化原有的道德观念，但也会传承和发扬一些符合人类历史发展规律的道德观念。这些道德观念会随着社会的进步和实践的发展而不断更新，这既使道德成为一种历史范畴，也展示了它的相对独立性。在阶级社会中，每一个试图取代旧统治阶级的新阶级都会将自己的利益说成是社会全体成员的共同利益。这意味着他们需要将自己的思想呈现为具有普遍性的形式，将其描绘成唯一合理、有普遍意义的思想。因此，在阶级社会中，道德往往成为统治阶级权力话语的反映，呈现出阶级印记，这一点表明了道德在社会中的政治性质，以及它如何与不同阶级和社会权力结构相关联。

2. 道德是一种调节社会利益关系的特殊方式

道德作为一种独特的社会意识形态，具有一些基本特征，同时也包含了一些与众不同的特质，使其成为社会利益关系的特殊调节方式。首先，道德规范体系是一种非制度化的规范体系。与政治规范和法律规范不同，道德规范并不是由国家、政治团体或特定阶级以法律法规的形式颁布、制定或规定的，它是在同一社会或生活环境中的人们在长期的共同生活过程中形成的一种非制度化要求、秩序和理想。这些规范内化在人们的品格和意向之中，外显于他们的视听言行之上。其次，道德规范并不具有外在的强制力。尽管它具有一定的外部约束力，但与法律规范相比，这种约束力有本质上的不同。法律规范是统治阶级意志的具体表现，通过国家的强制力来发挥作用。而道德规范则主要通过传统习俗、社会舆论和个人内心信念来产生约束作用。作为一种非制度化和灵活的规范体系，它更强调教育、宣传和大众传媒等手段的教育和引导作用。最后，道德规范是一种内化于个体心灵的规范。内化于心灵的规范也被称为良心，良心具有特定的动机和意愿，鼓励人们遵循道德规范。因此，要将道德规范付诸实践，个体需要在内心深处真诚接受它，将其转化为自己的情感、意志和信仰，最终心甘情愿地将其应用于具体行为之中。

3. 道德是一种实践精神

科学理论、艺术、宗教和实践精神是人类认知和把握世界的四种主要方式。道德作为一种精神方式，与科学、艺术以及宗教在目的和内容上存在显著差异。道德的根本目的在于引导人们的行为，其内容在于塑造人们正确的行为方式，正是这种独特性使道德成为一种实践精神。接下来，我们将详细探讨道德作为实践精神的几个关键特征。首先，道德是一种价值体现。它建立在道德主体的需求和满足这些需求的客体之间的互动基础上，从而形成一种价值关系。人的需求是多层次的，包括物质需求和精神需求，而道德需求则是精神需求的重要组成部分。道德需求不仅在实践中促使人们建立互惠互利的需求关系，还鼓励人们通过改进和发展这些关系来提高自身的品德和道德水平。这种过程也有助于协调和改善人际关系，从而促进个体和社会的和谐发展。其次，道德是一种有目的的实践活动。人类的实践活动具有高度的目的性和自我意识。任何行为的发生都不是无意识的，都伴随着明确的意图和预期的目标。这种自我意识和目的性是道德行为的基础，它使人们能够明确道德的方向和价值，体现了道德在实践中的重要功能，使行为和道德观念相一致。最后，道德作为实践精神的特殊性在于它的认知方式。道德不仅仅是一种被动的世界反映，而是从人的需求和特定价值观的角度来把握和改造世界。它不仅仅是对世界的再现或描述，更是对世界的价值评价。道德不是盲从外部权威或屈从于邪恶力量，而是建立在个体意识和选择能力的基础上，旨在提高道德境界，实现社会道德理想。这种特殊性使道德成为一种强调主体性和自主性的精神方式，有助于个体在面对道德抉择时更加自由和负责。道德作为一种实践精神在人类认知和把握世界的方式中发挥着独特的作用，它不仅体现了人的价值观和需求，还具有高度的目的性和自我意识，同时强调了主体性和自主性。这些特征共同塑造了道德的独特性，使其在人类文明和社会发展中发挥着不可替代的作用。

（二）道德的功能

"功能"源于《管子·乘马》，从语义学上来分析，道德既可以指事功与能力又可以指功效与作用。道德的基本功能是同其基本的社会属性联系在一起的，道德的社会属性包括它是社会上层建筑的重要组成部分，是社会控制力量的重要组成部分，是人类把握现实世界的特殊方式，这些基本的社会规定性决定了道德基本的社会功能。

1. 认识功能

道德的认知功能涵盖了多个层面，这包括它在反映社会现实、描绘经济关系方面的功能。道德不仅仅反映了社会的状态，还能够预示着未来社会的走向和发展。这种反映和展望能力建立在个体与他人、个体与整个社会之间的利益关系上，尤其侧重于个体对待他人和社会利益的态度。就认知的方式而言，道德的认知表现为对社会生活的见解，通常以善恶、道德准则、社会风俗、情感以及理想和信仰的形式存在。道德认知通常带有评价性、征兆性和轮廓性，它不仅描绘了社会现实，还提供了对这些现实的道德评价。从认知的基础来看，道德认知建立在人们的社会实践之上，它的形成和发展是社会成员和社会组织的实际实践的结果。此外，对于道德认知结果的真实性评估也需要以社会实践为依据，这种评估不仅考察它是否为人类提供了对社会现实的真实认识，还关注它是否构建了现实社会和个体需求之间的联系。同时，考虑到道德在整个社会体系中的普遍存在，它是社会、社会群体、社会组织和社会成员实践的内在元素。因此，道德认知的主体就是社会中的各种主体，包括个人、群体、组织等。道德认知在许多方面反映了社会现实状况，这正是它认知功能的核心体现。尽管这种认知具有预测性、征兆性和轮廓性的特点，但它仍然为科学理论提供了宝贵的信息和线索。

2. 调节功能

道德的调节功能在社会中发挥着至关重要的作用，它通过善恶评价的方式来引导和规范个体的思想和行为，以协调和化解人际关系中的矛盾和冲突。这种功能分为外部调节和内部调节两种方式，它们共同构建了社会道德的框架，影响着人们的价值观和行为选择。外部调节功能是通过社会舆论、传统习俗等外部因素对个体和事件进行评价，从而形成一种可以指导行为的无形压力。这种压力可以来自社会对某种行为的普遍认可或者谴责，它在一定程度上约束了个体的行为。举例来说，社会对慈善行为的赞誉可以鼓励更多人参与慈善活动，而对犯罪行为的谴责则可以起到威慑作用，减少犯罪行为的发生。内部调节功能则是通过个体内在的价值观、道德情感和信仰来引导行为选择。这种方式更加深入和持久，它不仅影响着人们的外在行为，还塑造了他们的性格和人格。内部调节功能使个体能够自觉自愿地去做某种事情，因为他们认为这是正确的或符合自己的价值观的。比如，一个人可能因为内心的善良和同情心而选择帮助他人，即使没有外部压力也会主动去做好事。总言之，道德的调节功能在社会中扮演着平衡和稳定的角色。外部调节通过社会规范和舆论引导人们遵守共同的道德准则，从而维护社会秩序。内部调节则是个体道德素养的体现，它使人们能够在没有外部监督的情况下也能做出道德正确的选择。这两种方式相互作用，共同构建了一个和谐稳定的社会道德框架，推动社会向着更加公正和文明的方向发展。

从道德调节功能的角度来看，它具有广泛的应用范围，可以分为三个主要层面，每个层面都在不同方面起着重要的作用。首先，道德调节涵盖了人与自然之间的关系，它旨在调和个体的自由意志与自然规律之间的关系。这一层面的关键在于确保人们在尊重自然的基础上，充分发挥主观能动性，从而实现人与自然之间的和谐共存。其次，道德调节也包括了人与社会之间的关系。这一层面实际上涉及对个体价值观与社会价值观之间关系的权衡，其目的在于避免将社会价值抽象化或变得空洞，同时也要避免个人价值凌驾于社会价值之上。只有通过平衡这两者之间的关系，才能实现个体与社会之间的和谐互动。最后，道德调节还包括了个人与他人之间的关系。这一层面涉及平衡个体的权利和义务关系，旨在确保个体在享受权利的同时，也要承担起相应的义务。只有通过这种平衡，才能实现个人与他人之间的和谐共处。值得注意的是，道德调节通常不是独立进行的，它往往与法律和纪律共同发挥作用。道德、法律和纪律相互协调，以实现社会秩序的有效维护和个体权益的平衡。然而，与法律和纪律相比，道德调节更多地依赖于个体内在的道德观念和价值观，它强调的是自律和自愿遵守道德规范。与法律相比，道德调节更加灵活，更能够适应不同情境和文化背景下的需求。总之，道德调节在不同层面发挥着重要的作用，它有助于促进人际关系的和谐、社会价值的传递和个体行为的自我规范。它与法律和纪律一起构成了社会规范体系的重要组成部分，共同维护了社会的正常运行和发展。当然，虽然道德调节与法律和纪律有着相似之处，但它们在范围、方式和效力等方面存在显著差异，各有各的优势和适用场景。

3. 教化功能

道德的教化功能是一个多方面、多层次的渐进过程，它不仅仅在个体层面发挥着作用，也在社会层面产生深远的影响。在这个过程中，道德扮演了引导和塑造个体行为以及社会风气的重要角色。首先，道德的教化功能源于社会的客观需要。任何社会都需要一定的道德规范来维护社会秩序和稳定，这些规范不仅是社会发展的必然产物，也是社会繁荣的基础。然而，这些规范的实践需要道德人的存在，道德人是那些愿意遵守道德规范并将其内化为行为准则的人。社会需要通过传播道德规范、营造社会舆论氛围以及塑造良好的社会道德风尚来培养和形成这些道德人。因此，道德的教化功能是满足社会需求的必然选择。其次，道德教化也满足了个体的现实需求。个体需要社会化，需要与社会相互适应，这要求他们认同社会主流的价值观和道德观，并将其融入自己的行为中。只有这样，个体才能真正成为社会的一部分，实现自身的社会化，从而在社会中立足，发挥自身的作用，实现个人的价值。在这个过程中，道德教化起到了至关重要的作用。此外，道德教化功能需要借助一定的载体和途径来实现。社会道德规范、社会道德评价和个体道德实践分别构成了实现道德教化功能的重要载体。社会的道德规范提供了行为准则，为个体提供了道德的参照系。社会的道德评价则反映了社会对于道德行为的认可与否，它对于引导个体的道德选择至关重要。个体的道德实践是将道德观念内化为实际行为的过程，它是道德教化最终的体现。此外，家庭、学校和社会都是实现道德教化功能的途径。家庭是个体最早接触到的社会单位，它承担了培养个体最初道德观念的任务。学校则通过课程和教育活动来传授道德知识，引导学生形成正确的价值观。社会通过各种社会机构和媒体来传播和弘扬道德观念，塑造社会道德风尚。

4. 辩护功能

道德的辩护功能是指道德在社会中的独特地位，它可以用来论证和维护经济基础和上层建筑的合理性、合法性和正当性，这一功能在社会理论中被广泛讨论和认可。下面我们将深入探讨道德的辩护功能，以及它对社会和个体的影响。首先，道德的辩护功能源于道德在社会生活中的独特地位。正如马克思所指出的："一个阶级是社会上占统治地位的物质力量，同时也是社会上占统治地位的精神力量。"这意味着占统治地位的思想和道德观念不仅仅是由经济基础所决定的，它们也反过来对经济基础具有重要的影响。因此，道德作为一种社会意识形态，具有能动的反作用，它可以用来论证和辩护占统治地位的经济基础和上层建筑的正当性。另一方面，道德也受到特定的上层建筑，如政治和法律的制约。然而，道德同样也具有能动的反作用，它可以对这些特定的上层建筑产生影响。这就是道德对经济基础和上层建筑所具有的反作用，也就是道德的辩护功能。道德的辩护功能可以分为正向辩护和负向辩护两个方面。正向辩护是指道德对经济基础和上层建筑的肯定，也就是肯定功能。在这个方面，道德可以将经济基础和上层建筑视为善和优良，鼓励人们支持和维护它们。这种正向辩护可以加强社会对经济基础和上层建筑的认同，促进社会的稳定和发展。负向辩护是指道德对经济基础和上层建筑的否定，也就是否定功能。在这个方面，道德可以将经济基础和上层建筑视为恶和不良，要求人们反对和改变它们。这种负向辩护可以激发社会对不公平和不正义的抵抗，推动社会的变革和进步。总的来说，道德的辩护功能是一个复杂而重要的社会现象，它影响着社会的发展和个体的行为。通过深入研究和理解道德的辩护功能，我们可以更好地把握社会变革的动力和方向，为构建更加公正、和谐和稳定的社会秩序提供重要参考。

5. 整合功能

道德的整合功能是一项重要的社会功能，它通过情感信念、价值原则和规范体系，将社会成员凝聚在一起，共同追求社会理想和目标。这个功能在政治、经济、家庭等各个领域都有着广泛的应用，它的作用机制在于为人们提供了一种道德价值体系，通过认知和认同这些价值体系，形成一种柔性但非强制性的共识和实践动力。在道德整合功能中，有两种重要的方式来发挥作用，即思想观念整合和利益整合。思想观念整合是指道德通过教育和传播等方式，对人们的思想和价值观念进行塑造和引导，使他们形成统一的价值取向和行为标准。这种方式的作用在于为社会成员提供了一种共同的思想基础，使他们能够更容易地达成共识，形成一致的行动。另一方面，利益整合是指道德将个体的正当利益与共同利益相结合，推动二者朝着同一方向发展。这种方式的作用在于将个体的正当利益与社会的共同利益相统一，使社会成员更有动力来追求共同的目标。通过形成共同利益与个人正当利益的最佳结合点，道德整合功能可以更好地推动社会的发展和进步。道德的整合功能在社会中具有重要的作用，它通过思想观念整合和利益整合两种方式，凝聚和激励社会成员，推动社会的发展和进步。这种功能在各个领域都有着广泛的应用，对于维护社会的和谐稳定和促进社会的发展具有重要意义。

二、治理的内涵及相关概念辨析

（一）治理的内涵

治理并非一个新词，它在中西方文化语境中都有着悠久的历史。在中华文化的语境中，治理这个合成词由两个核心概念组成：一个是"治"，它包含了统治、控制、整治和医治等含义，强调了秩序和法治的重要性；另一个是"理"，它包含了管理、办理、梳理和处理等含义，强调了机理和运转的重要性。这两个概念的结合，旨在说明统治与管理的统一，以及客观规律性与主观目的性的统一。在中国文化中，治理的概念根植于古代的政治哲学和社会思想中。古代文化经典如《尚书》《礼记》《大学》等均包含了关于治理的思考，强调了统治者应该遵循道德、以人民为中心的原则来管理国家和社会。这些思想在中国的历史中产生了深远的影响，并贯穿于中国政治体系的演变中。然而，在西方文化中，治理的概念在古希腊和古罗马时代就已经存在。古希腊哲学家亚里士多德提出了政治学的概念，强调了良好治理的重要性，并提出了不同政体的对比。罗马帝国的法律体系和行政管理也为治理理论的发展提供了基础，这些西方思想家的贡献对现代政治学和治理理论产生了深远的影响。因此，治理这一概念在中西方文化中都有着深厚的渊源，它不仅强调秩序和法治，还注重管理和运转的机理。在当代，治理的概念已经超越了国界，成为全球性的关注点，不仅应用于国家政府的管理，还应用于各种组织、社会问题和全球事务的解决中。治理不仅是一门学科，更是一项重要的社会实践，它旨在实现社会的可持续发展和公平正义。因此，关于治理理论的研究和实践探索具有重要意义，它将继续引领国家和社会的发展方向。

《汉语大词典》从四个方面对治理的含义进行了解读：第一，指管理、统治，得到管理、统治；第二，指理政的成绩；第三，指治理政务的道理；第四，指处理、整修。在西方文化的语境中，治理一词最早来源于拉丁文和古希腊语，也有人认为其使用时间是从 14 世纪或者 16 世纪开始的。在西方，治理长期与"统治"交叉使用，意为控制、操纵和引导，主要用于与国家公共事务相关的管理和政治活动。治理概念的兴起是从 20 世纪 30 年代开始的，是指"统治者或管理者通过公共权力的配置和运作，管理公共事务，以支配影响和调控社会"。治理一词在现代的意义上最早出现于 1976 年，由詹姆斯·马奇和约翰·奥尔森合著的《组织中的二重性与选择》一书中，其中的一篇文章题为《大学治理》。从那时起，治理一词逐渐开始在学术界获得青睐。1989 年，世界银行发布了一份重要研究报告，题为《撒哈拉以南非洲：从危机到可持续增长》。这份报告指出，国家的"治理危机"是非洲国家在发展过程中出现问题的根本原因。这一观点进一步凸显了治理在国家发展中的关键性作用，使其成为后殖民国家和发展中国家政治发展研究的焦点。进入 20 世纪 90 年代，经济全球化推动了世界各国在经济、政治等多领域的交流与合作。然而，全球性问题也随之而来，西方国家政府和市场在资源配置中出现失灵现象，官僚体制的弊端暴露无遗，同时公民社会力量逐渐壮大。此外，科技特别是信息网络技术的迅速发展也加速了治理理论的发展与演进。这些历史条件和社会因素共同推动了治理理论的发展，使其成为西方学术界广泛关注的热点问题。因此，治理的内涵在现代逐渐演变，超越了其传统经典意义，广泛应用于西方国家社会生活的各个领域。这一演进不仅反映了全球化背景下治理的复杂性，也凸显了治理在塑造社会和政治结构中的重要地位。

治理是统治阶级通过国家等公共权力组织缓和社会冲突，维护社会秩序，实现特定阶级利益和社会利益的政治活动。治理的含义包括阶级统治和社会管理两个方面。剥削阶级国家，治理主要表现为阶级统治，是以社会管理为条件的阶级统治；在社会主义建设时期，伴随着剥削阶级不复存在，社会冲突不再是敌对阶级之间的不可调和的冲突，而大量是人民内部矛盾。人民民主专政国家的治理活动主要表现为社会管理，是解放社会生产力，发展社会生产力，消灭剥削，消除两极分化，最终达到共同富裕。治理是公共权力调控社会群体冲突，维护社会秩序的活动，其根本指向是实现统治阶利益。由于掌握公共权力阶级属性的不同，国家性质也就不同。国家性质不同，公共权力治理活动的最终目标就各异。明确国家治理活动侧重方面的变迁特点对于我们理解人类社会发展不同阶段上治理活动的本质，把握社会主义初级阶段全面建成小康社会过程当中我国人民民主专政国家政权的职能有着十分重要的理论意义和实践意义。

（二）治理与管理、整治的关系辨析

1. 治理与管理

在现代社会，治理与管理是既有区别又有联系的两个关键的概念，它们在政府、组织和社会中发挥着重要作用。虽然这两个词经常被交替使用，但它们具有不同的含义和侧重点。本研究尝试通过辨析治理与管理的概念，探讨它们的异同以及在不同领域的应用。

治理是一个较为宽泛的概念，通常用来描述政府、社会和组织如何协调和管理各种资源、权力和利益以实现共同的目标。治理涉及多个参与者，包括政府、民间组织、企业和社会成员，这些参与者在制定政策、实施计划和解决问题时共同合作。治理超越了传统的政府辖区，它可以在不同的地理区域和领域中发生。例如，全球治理涉及多个国家合作解决跨国问题。治理通常包括民主决策和参与的元素，公众和利益相关者被鼓励参与政策制定和监督过程。治理的核心是实现共同的目标，如提高生活质量、减少不平等、保护环境等，治理强调根据不同情境和需求采取灵活的方法和策略。

管理是一个更加具体和狭窄的概念，通常用来描述组织内部如何规划、组织、领导和控制资源以实现特定目标。管理通常在组织内的层级结构中发生，包括高级管理人员、中层管理人员和基层管理人员。管理主要关注组织内部的事务，如人员管理、财务管理、运营管理等。管理的核心是实现组织的特定目标和任务，如提高生产效率、降低成本、提高产品质量等。管理通常涉及规则、程序和标准，以确保组织的有效运行和达到预期的结果。管理通常需要专业知识和技能，管理人员通常需要接受相关培训和教育。

治理与管理之间存在一些明显的不同点。治理强调了广泛的参与和合作，旨在实现共同的社会目标，而管理更专注于组织内部的资源和过程，以实现特定的组织目标。治理通常跨越不同领域和组织，包括政府、非政府组织、企业和社会成员，而管理通常在特定的组织内部发生。治理更关注公共政策、社会问题和公共利益，管理更关注组织的内部效率和目标实现。治理强调多元参与和民主决策，管理通常由组织内部的管理人员和工作人员负责。治理和管理在不同领域都有广泛的应用，治理通常用于公共政策制定、国际关系、全球问题解决等领域，以促进跨界合作和共同决策。管理则在组织、企业和政府内部用于资源分配、业务流程管理、人员管理等领域，以提高效率和实现组织目标。

治理与管理是两个相关但不同的概念，它们在现代社会中发挥着不可或缺的作用。治理强调多元参与、公共利益和共同决策，管理强调组织内部的资源和效率，理解这两个概念的异同有助于更好地应用它们来解决各种社会和组织的挑战。在实践中，治理和管理通常是相辅相成的，共同推动着社会和组织的发展。

2. 治理与整治

整治是一个相对更加具体的概念，通常用来描述如何有目的地改善、修复或管理特定问题或情况。整治通常是针对特定问题或情况的，如环境整治、扫黑除恶整治等。整治的目标通常是清晰和具体的，如减少污染、打击犯罪等。整治通常需要投入大量的资源，包括资金、人力和技术。整治通常包括一系列步骤和阶段，从问题诊断到实施措施，再到监督和评估。整治通常有一个明确的时间表和期限，以确保问题能够得到及时解决。

结合治理与整治来看，治理强调了广泛的参与和合作，旨在实现共同的社会目标，而整治更专注于解决特定问题或情况。治理通常跨越不同领域和组织，包括政府、非政府组织、企业和社会成员，而整治通常集中在特定问题或情况上。治理更关注公共政策、社会问题和公共利益，整治更关注问题的解决和状况的管理。治理强调多元参与和民主决策，整治通常由专业的机构或部门负责实施。治理与整治的应用领域不同。治理通常用于公共政策制定、国际关系、全球问题解决等领域，以促进跨界合作和共同决策。整治通常应用于环境保护、社会安全、城市规划等领域，以解决特定问题和具体情况。

第二节　道德治理的理论基础

马克思主义理论认为，道德和政治都属于上层建筑，受到经济基础的支配，但也具有一定独立性，能够对经济基础产生一定的影响。在道德和政治之间，政治作为上层建筑的核心，对道德产生重要制约，尤其是国家权力等政治要素，这正是道德治理的基本依据，这些思想为我们深入探讨道德治理问题提供了理论基础。历史发展图景和脉络显示，道德治理活动在思想理论和政治实践中有着悠久的历史，有必要研究国内外相关经典理论和思想，以丰富对道德治理的科学认识。

一、马克思主义道德治理理论

马克思主义道德治理理论是马克思主义政治经济学的重要组成部分，它深刻地揭示了社会道德与经济基础之间的内在联系，以及道德在阶级社会中的作用和影响。这一理论体系在理论上和实践上都对社会主义建设和共产主义社会的构建具有重要的指导意义。下面，将对马克思主义道德治理理论进行论述，以期更好地理解其核心观点并指导实践应用。

（一）马克思主义道德观

马克思主义道德观是马克思主义关于道德问题的根本观点。它科学地回答了什么是道德，怎样发展道德以及如何处理个人与集体、自由与必然等伦理问题。马克思主义认为，道德是一种反映社会阶级状况和经济基础的意识形态，它不是超越阶级存在的，而是受到经济基础的支配和决定的。马克思和恩格斯在《共产党宣言》中明确指出："道德、宗教、哲学和其他一切意识形态，以及这些意识形态的表现形态，都可以从社会生产方式和社会关系中解释出来。"换句话说，道德是经济基础的产物，它反映了社会关系和阶级矛盾。马克思主义认为，社会生活在本质上是实践的，而道德作为一种社会现象和社会意识形态，它的产生和发展离不开人的实践活动。在阶级社会中，道德具有鲜明的阶级性。不同的道德观归根到底都是社会经济关系的反映。马克思主义认为，人是一种社会存在物，人的本质在其现实性上是一切社会关系的总和。因此，每一个社会成员都负有一定的社会责任和义务。这些责任和义务包括对社会对他人的责任和义务，也包括对自己个人的责任和义务。马克思主义认为，社会主义道德和共产主义道德是以无产阶级利益为出发点和最高准则的，它要求人们在实践中把党和人民的利益放在第一位，树立为人民服务的思想，正确处理国家、集体和个人之间的关系。马克思主义认为，道德建设是一个长期的历史过程，需要多方面的努力和实践。要建设社会主义道德和共产主义道德，必须坚持正确的方向和道路，采取科学的方法和措施。马克思主义道德观是一种科学的道德理论体系，它不仅揭示了道德的本质、特点和规律，而且提供了解决实际道德问题的思路和方法。

（二）道德的社会功能

马克思强调了道德的社会作用。他认为，只有反映先进生产力的要求和进步阶级利益的道德，才会对社会的发展和人的素质的提高产生积极的推动作用。否则，就不利于甚至阻碍社会的发展和人的素质的提高。马克思认为，道德作为一种社会意识形态，具有多方面的社会功能。其中，道德的调节功能和认识功能是占主导地位的。调节功能是指道德通过评价等方式，指导和纠正人们的实践活动，协调人们之间关系的功效与能力。马克思认为，道德是社会矛盾的调节器，通过道德的调节作用，可以缓解社会矛盾，维护社会秩序，促进社会和谐。认识功能是指道德反映社会现实特别是反映社会经济关系的功效与能力。马克思认为，道德的认识功能可以帮助人们更好地认识社会现实，理解社会现象，从而更好地适应和改造社会。

此外，马克思主义认为，道德还具有导向功能、评价功能、激励功能、教育功能、辩护功能、沟通功能等。比如，道德的导向功能是指道德能够引导人们的行为和思想朝着正确的方向发展。通过道德的规范和价值判断，人们可以明确自己的行为和思想的方向和目标，从而在实践中不断调整和改进自己的行为和思想。马克思认为，道德的评价功能是指道德能够评价人们的行为和思想的价值和意义。通过道德的评价，人们可以判断自己和他人的行为和思想是否符合社会的道德规范和价值标准，从而采取正确的行为。马克思认为，道德的激励功能是指道德能够激励人们的行为和思想朝着正确的方向发展。通过道德的规范和价值判断，人们可以明确自己的行为和思想的意义和价值，从而获得内生动力的激励，激发自身的积极性和创造性，为实现社会的进步和发展做出贡献。

道德可以起到社会规范和约束作用，社会中的道德准则可以规范人们的行为，维护社会秩序。马克思主义认为，国家是阶级统治的工具。国家权力属于统治阶级，统治阶级是通过少数代表行使国家权力，实现阶级利益的。所以，终极意义上的道德治理活动主体，就是在物质生产活动中，掌握国家政权的阶级；道德治理的直接主体是代表统治阶级行使国家权力的那部分人，即国家公职人员。统治阶级利益是国家权力保护的对象，任何破坏社会秩序，继而危害统治阶级利益的行为，国家权力都有加以干预、控制的责任道德。在社会生活中，人们需要遵循一定的道德规范，才能协作完成各种任务。同时，道德有助于社会团结和凝聚力的形成。共享相同的道德价值观可以增进人们的归属感，促使他们为社会的利益而努力。这些功能共同作用，使道德成为影响社会生产力发展的一种重要精神力量，维护社会生活的稳定，保障人们正常的生活和交往。

然而，马克思也指出，道德并不是一成不变的，它会随着社会经济结构的变化而发展演变。不同社会阶级、不同历史时期的道德观念和价值体系都存在差异。在资本主义社会中，道德常常被用来维护统治阶级的利益，例如，通过强调个人主义和竞争来合理化剥削，这就引出了马克思主义道德治理理论的核心问题。

（三）马克思主义道德治理理论的核心观点

1. 道德与经济基础的关系

道德与经济基础之间存在密切的关系。经济基础是指一定社会生产方式下的生产关系和生产力水平，是社会发展的基础和前提。而道德则是在此基础上形成的社会意识形态，是一定社会经济关系的反映和价值判断。马克思主义道德治理理论强调，道德是受经济基础支配的，资本主义社会的道德体系是为了维护资本家阶级的统治地位而设计的。社会道德终究要依附于现实的经济关系和经济活动，人与人之间的利益关系是伦理道德得以存在和发展的基础和必要条件，内化为个人主观世界的道德秩序必须与现实生活中制度安排的社会经济、政治和文化生活秩序相统一。如果个人主观的道德理想和价值判断得不到现实社会生活的制度支持，与现实生活的社会秩序是不协调的，甚至存在严重的冲突，那么原本崇高的理想信念和价值追求就会在不讲道义的利益纷争中消解。因此，要实现真正的道德治理，必须改变社会的经济基础，逐步消除阶级差距和社会不平等。

道德与经济基础之间存在密切的关系，经济基础决定着道德的起源、性质和作用，而道德则通过自身的功能和作用，维护和促进经济的发展。同时，道德也具有一定的独立性和能动性，能够反作用于经济基础，推动社会的进步和发展。道德是由一定社会的经济基础所决定的社会意识形态。经济基础决定着社会的性质、形态和发展方向。在阶级社会中，道德具有鲜明的阶级性，不同阶级的道德观归根到底都是社会经济关系的反映。道德作为精神层面的东西，是对经济的反映。道德通过社会舆论、传统风俗和道德榜样等方式，指导人们按照一定的善恶标准来选择自己的行为。这种指导作用不仅体现在个人行为的选择上，还体现在社会关系的调整上。道德的作用重大，它具有政治、法律起不到的重要作用。道德与经济基础具有不同步性，道德作为上层建筑的一部分，是由经济基础决定的，但并不意味着道德的发展与经济基础完全同步。道德具有一定的能动性和独立性，它不仅能够反映当前的经济基础状况，也能够预见和引领未来的经济发展趋势。

2. 道德与阶级斗争的关系

马克思主义认为，阶级斗争是社会发展的动力，也是道德变革的动力。在阶级社会中，道德与阶级斗争之间存在着密切的关系。不同阶级的道德观念和规范是不同的，这是由于不同阶级的利益和价值观不同所导致的。在阶级社会中，道德往往被用来论证和维护本阶级的利益，同时也会对其他阶级的利益进行批判和否定。因此，不同阶级的道德观念和规范之间存在着斗争和冲突。道德也是阶级斗争的一种手段，在阶级斗争中，道德可以被用来加强本阶级的团结和凝聚力，同时也可以被用来批判和否定其他阶级的道德观念和规范。不同阶级之间的道德斗争是阶级斗争在道德领域的一种表现，在资本主义社会中，无产阶级和劳动人民常常受到剥削和压迫，因此，他们会提出道德要求，要求社会更加公平和正义。这种阶级斗争的道德要求可以推动社会的道德进步和改革。道德与阶级斗争之间还存在着作用与反作用关系。道德作为上层建筑的一部分，可以反作用于经济基础和阶级斗争，在某些情况下，道德可以成为推动社会进步和发展的重要力量。例如，一些进步的道德观念和规范可以促进社会公正和平等，从而缓解阶级矛盾和冲突。

3. 社会主义社会中的道德建设

在社会主义社会中，道德建设包括培养社会主义核心价值观，加强公民道德教育，建立社会主义的法治体系，推动社会的道德进步。社会主义社会中，道德不再是维护资本家统治的工具，而是为了全体人民的共同利益而存在的。在社会主义社会，实现人的全面而自由的发展是最终目的，民主政治是社会主义政治的表现形态。社会主义社会的道德治理，在一定意义上，就是在民主法制的政治保障之下，促进人的全面发展目标逐步实现的活动。在社会主义民主政治条件下，道德治理更是公共权力体现其本质、实现其职能、促进人的全面发展的必要选择。在社会主义社会，社会制度道德性建设要以工人阶级和广大劳动人民利益的实现为出发点和落脚点。所以，要努力促成社会成员积极参与社会制度道德建设，从道德治理的角度来看，加强社会制度的道德建设是中国特色社会主义建设的重要内容。

在社会主义社会里，伴随着剥削阶级的不复存在，社会冲突不再是敌对阶级之间不可调和的冲突，而是人民内部的矛盾，因此，人民民主专政的社会主义国家的治理活动主要表现为社会管理。在建设社会主义政治文明的进程中，政治道德建设应当秉承民主的根本理念，充分保障人民的尊严和各项权利，优化人民的生存环境，提高人民的生活质量，提供人们全面、健康发展的空间，实现社会公平正义。在社会主义社会里，道德治理与道德建设成功与否，归根结底取决于人民群众积极性、自觉性能否得到充分发挥。

道德治理的终极主体是统治阶级，那么，我国道德治理的终极主体就是我国国家权力的终极所有者，即工人阶级和广大劳动人民，而不只是少数国家机关的领导者和工作人员。从根本上讲，在社会主义国家这一人类历史最高类型的国家形态当中，道德治理是占人口绝大多数的人民群众的自我管理，以及自觉进行的政治人格修养活动。人民群众是社会主义国家道德治理和道德建设的实践者，是社会主义国家道德治理和道德建设成果的受益者和维护者。社会主义社会中的道德建设过程，是教育和实践相结合的过程。以活动为载体，吸引群众普遍参与，是新形势下加强公民道德建设的重要途径。每个公民既是道德建设过程的参与者，也是道德建设成果的受益者，因此，要坚持在各种类型的群众性精神文明创建活动中突出思想内涵，强化道德要求，使人们在自觉参与中思想感情得到熏陶，精神生活得到充实，道德境界得到升华。

（四）实践应用

在实践中，马克思主义道德治理理论可以指导社会主义建设和改革，推进国家治理体系和治理能力现代化。通过强调社会主义核心价值观，加强法治建设，提高公民道德素质，可以推动社会向更加公平、正义、和谐的方向发展。马克思主义道德治理理论也可以指导国家领导人制定政策和法律，确保社会的道德规范与社会主义的基本理念相一致。国家治理体系中的道德制度是由支配人类政治生活或政治活动的伦理思想、伦理规范、伦理精神和伦理行为整合而成的伦理价值体系，目前已成为配合国家法治建设的重要工具。国家治理作为扬弃国家统治和国家管理的概念，需要道德价值观念的深度介入，它连接着公民价值精神与国家公共理性，在将人类社会的规范、俗约、准则整合成普遍伦理体系的过程中，发挥着纾解矛盾、稳定社会心态的文化导育作用。

道德的深层内涵就是利益的分配，而以道德价值为内核的社会制度，是阶级利益实现的可靠保障。面对当前道德领域中现代性的人类精神状态、悖论式的实践价值取向、矛盾性的文化存在结构，道德治理将协同法律制度的规范力量、意识形态的引导力量，兼顾社会道德秩序的维持与道德主体意识的确立，使市场经济体制中的人类行为有明确标准可依，为国家健康发展创造和谐环境与良好生态。总体来看，马克思主义道德治理理论深刻地揭示了道德与经济基础之间的内在联系，以及道德在社会中的作用和影响，这一理论为社会主义建设和改革提供了重要的理论指导，有助于实现社会的公平、正义、和谐发展。

二、儒家道德治理思想

自汉代以来，中国古代封建社会普遍奉行儒家治理原则。儒家思想在官方意识形态中占据主导地位，持续了从宋代到清代的长时间跨度。普遍认为，几千年来，儒家思想是对中华民族意识形态影响最为深远的思想之一。儒家治国理念构建了一个综合性的框架，包括哲学、伦理和政治思想，形成了具有特色的中国传统伦理政治观。其中，道德治理在整个儒家治国体系中扮演着核心角色。因此，为了全面理解儒家的道德治理思想，我们需要将其置于儒家治国学说的整体框架中审视。

（一）儒家道德治理思想的核心原则

儒家道德治理思想的核心原则可以概括为五个方面：仁爱、礼仪、忠诚、孝道和道德修养。仁爱是儒家治理的核心，它强调建立和谐的人际关系，培养个体的良好品德和道德感。儒家思想认为，政府应该以仁爱为基础，关心人民的需求，创造一个公平、公正和充满仁爱的社会。礼仪在儒家治理中有着重要地位，它不仅包括了正式的仪式和礼节，还涵盖了社会行为的规范和规则。礼仪有助于维护社会秩序，加强社会凝聚力，同时也强调了对他人的尊重和关怀。忠诚是指对国家和政府的忠诚，儒家思想认为，公民应该忠诚于国家，为国家的繁荣和稳定做出贡献。政府则应该以忠诚的态度对待人民，维护人民的权益。孝道是儒家治理思想中的又一核心概念，其核心要义是强调尊敬和孝顺父母，认为这是建立和谐家庭和社会的基础，政府也应该像父母一样关心和照顾人民。儒家强调个体的道德修养，认为只有具备高尚的品德和道德，才能够为社会做出积极的贡献，政府应该通过教育和培训来促进人民的道德修养。这些原则构成了儒家治理思想的核心，它们强调了人际关系、社会秩序和个体修养的重要性，为中国古代社会的稳定和繁荣做出了巨大贡献。

（二）儒家道德治理思想在传统社会的应用

儒家道德治理思想在中国的传统社会中得到了广泛应用。在这个时期，政府以儒家原则为指导思想，通过实行礼仪、强调孝道、培养仁爱等方式来管理社会。这些措施有助于维护社会的和谐与秩序，促进了文化的繁荣。礼仪在传统社会中扮演了重要的角色，各种仪式和礼节被用来规范人们的行为，确保社会的稳定。例如，婚礼、葬礼和宴会等都需要遵循特定的礼仪，这有助于维护社会的规矩和秩序。孝道被视为传统社会中的核心价值观，人们被教导要尊敬和照顾年长的家庭成员，特别是父母。这种尊敬家长的态度有助于建立和谐的家庭关系，同时也有益于社会的稳定。同时，政府以仁爱和忠诚为指导原则，关心人民的需求，维护社会的公平和正义，这些原则有助于建立政府与人民之间的信任，促进了社会的和谐发展。

（三）儒家道德治理思想在现代社会的融合

儒家道德治理思想并没有因为时代的变迁而被淘汰，相反，它在现代社会中仍然具有重要的意义。儒家思想的核心原则可以为解决当代社会问题提供有益的启示，仁爱和社会和谐仍然是当代社会所追求的价值目标。在一个日益多元化和全球化的社会中，人际关系和社会凝聚力变得尤为重要。儒家的仁爱原则提供了构建和谐社会的有力指导。忠诚和公共服务是现代政府的核心职责，政府应该关心人民的需求，忠诚于国家和社会的利益，以确保社会的公平和正义，这与儒家思想中的忠诚原则相契合。道德修养仍然是个体成长和发展的重要组成部分，现代社会需要具备高尚品德的公民，以建设更加和谐和持久的社会。

儒家道德治理思想源远流长，扎根于中国古代社会，经历了千百年的演变和发展。这一思想体系在中国历史上扮演了至关重要的角色，不仅深刻影响了中国社会和文化，而且在一定程度上也影响了周边国家的发展。儒家道德治理思想虽然有着悠久的历史，但其核心原则在现代社会中仍然具有重要的意义。这一思想体系强调了人际关系、社会秩序和个体修养的重要性，为解决当代社会问题提供了有益的启示。在传统与现代的融合中，儒家思想仍然闪耀着智慧的光芒。

三、西方道德治理思想

西方道德治理思想源远流长，经历了漫长的历史发展，形成了多元且丰富的体系。这一思想体系在西方国家的政治、社会和文化中扮演着至关重要的角色。西方自由主义道德观的逻辑结论是人性恶的逻辑设定，在政治制度上的表现就是把政治理解为必要的恶，并否定了国家承担道德职能的可能性。从本质上看，以这种价值理念为基础的制度设计，适应了自由竞争的市场经济体制的要求，满足了资本主义生产关系发展的需要，符合资产阶级的利益诉求。西方社会道德迷失的社会现实境况就是这种制度方面的道德治理活动产生的必然结果。相比于我国古代道德治理实践活动，总体上西方资本主义国家不大重视对社会成员进行系统的道德人格的培养，而其对制度的道德治理活动，则完全是从资产阶级的利益出发制定社会道德的要求。

中西方国家都拥有道德治理的思想资源，中国古代的道德思想和政治实践发展水平相对于当时的西方更为全面和成熟，既关注社会制度道义精神的建设，也强调对个体进行道德修养和教化；而西方道德治理思想则主要强调社会制度的伦理价值，尽管也有对道德教育的论述，但相比之下其突出成就主要体现在社会制度。接下来，本研究试图探讨西方道德治理思想的演变历程、核心理论和实践应用，以深入理解其对现代社会的影响。

（一）历史演变

1. 古希腊萌芽时期

西方道德治理思想的起源可以追溯到古希腊，古希腊哲学家如柏拉图、亚里士多德等提出了伦理学的基本原则。柏拉图在《理想国》中探讨了公义、道德和政治的关系，提出了"哲人王"的观念，强调智慧和道德的重要性。柏拉图提出的"哲人王"概念是一个深具哲学意味和政治理想的概念，具体含义是主张由一位具有卓越智慧和道德素养的哲人来担任国家的领袖，以实现政治和哲学的完美结合，从而引领国家走向公正、民主和繁荣。在柏拉图看来，"哲人王"是具有全面的哲学修养和卓越的领导才能的人，他能够超越普通的政治和道德观念，以一种更宽广、更深刻的视角来审视世界和人类的存在。"哲人王"不仅拥有对人类本质和存在状态的深刻理解，还具备对现实世界的批判性和反思能力，他能洞悉人类社会的各种矛盾和问题，并寻求最合理、最公正的解决方案。同时，"哲人王"也是一位具有高尚道德品质的人，他以身作则，引领社会风尚，推动国家走向更高的文明阶段，不仅关注个体的利益，更关注整个社会的福祉，他能够把个人的智慧和道德力量转化为国家和民族的力量，推动社会不断进步和发展。"哲人王"概念的提出，体现了柏拉图对人类社会和政治制度的深刻思考和理想追求。它强调了智慧和道德在政治中的核心地位，呼吁人们超越传统的政治观念，以一种更高尚、更公正、更文明的视角来看待政治和社会问题。同时，"哲人王"概念也启示我们，政治领袖不仅需要具备专业的技能和领导才能，更需要有深厚的哲学素养和道德品质，只有这样的人才能真正引领一个国家走向繁荣和进步。

亚里士多德主张，由于人性本恶，每个人都具有自我堕落的天性，基于此，人只有受法律约束，才能成为最先进的动物，从而达到善或优良的生活境界。人一旦离开法律，则必堕落成最恶劣的动物。亚里士多德提出了"中道"的思想，主张道德是一种平衡和中庸的状态，而不是趋向极端。亚里士多德的"中道"思想作为他在伦理学中的一个核心概念，主张在两个相反的极端之间寻找一个中间点，以达到平衡和适度的状态。他认为，过度地追求某种东西会导致恶果，而完全避免某种东西也会导致不适。因此，他提倡在追求目标时应该寻求中间路线，避免过度和不及。亚里士多德的"中道"思想体现在他的伦理学理论中，他认为，人类应该追求一种适度的生活方式，既不过度放纵，也不至于过于节制，适度的生活是最有益于人类健康的，也是最符合人类本性的。同时，亚里士多德也强调在处理人际关系时应该采取中庸之道，不要过于偏激或极端，而是要在公正和公平的基础上寻求妥协和平衡。亚里士多德的"中道"思想也体现在他的政治学理论中，他认为政治家应该采取中庸之道，既不过度集权，也不过度放任。他强调，政治家应该根据国家利益和社会需求来制定政策，并在权力分配和权力监督方面采取适当的措施，以达到平衡和稳定的状态。亚里士多德的"中道"思想是一种在两个相反的极端之间寻找平衡和适度的哲学思想，主张在追求目标时应该采取中庸之道，避免过度和不及，这种思想对西方伦理学、政治学、哲学等多个领域都产生了深远的影响。

2. 基督教兴起带来的道德治理

基督教在西方道德治理思想中具有深远的影响，基督教教义强调了爱、仁慈、慈善和道德责任。十诫是基督教道德准则的重要组成部分，具体内容包括：不可杀人；不可对他人进行暴力或伤害；不可偷窃或盗窃；不可违背婚姻关系；不可背叛他人或背叛家庭；不可伤害动物或虐待动物；不可传播邪教或迷信；不可使用不道德或非法的药物；不可参与赌博或非法活动；不可违反法律或社会秩序。这些道德准则强调了人类应该遵守的基本原则，如尊重他人、遵守法律、维护道德和公正等。这些准则不仅适用于基督教徒，也适用于所有人，包括非基督教徒。这些道德准则旨在帮助人们建立更加和谐、公正的社会，以促进人类的进步和幸福。基督教伦理学家如奥古斯丁和托马斯·阿奎那进一步探讨了信仰、道德和政治的关系，为基督教伦理学的发展奠定了基础。

基督教兴起对道德治理的意义主要体现在以下四个方面。首先，是道德教育方面，基督教强调道德教育，认为道德是个人和社会的基石。基督教通过信仰、教义、道德规范和榜样等方面，向人们传递道德价值观，如诚实、正义、慈善、忍耐等，这些价值观对于建立和维护良好的社会道德风尚具有重要意义。其次，是道德规范方面，基督教提倡遵守道德规范，如禁止偷盗、禁止淫乱、禁止赌博等，这些规范有助于维护社会秩序和公正，促进社会和谐。再次，是道德实践方面，基督教强调道德实践，即通过行动来体现道德价值观。基督教徒在日常生活中，注重自我修养和行为举止，遵守道德规范，并以身作则，为社会树立道德榜样。最后，是道德治理实践方面，基督教在历史上扮演着重要的角色，对于欧洲的道德治理产生了深远的影响。例如，基督教教义中的博爱和平等等理念，对于现代社会中的慈善事业和公益事业的发展具有重要的指导意义。基督教兴起对西方道德治理的意义在于它通过信仰、教义、道德规范和榜样等方面，向西方社会的人们传递道德价值观，并提倡遵守道德规范，以促进社会和谐、稳定和繁荣。

3. 启蒙时代的理性与自由

西方的启蒙时代是西方道德治理思想的重要时期，是一个以理性、科学、自由和民主为特征的思想和文化运动，对于现代西方文明的形成和演变产生了深远的影响，提供了对于现代化进程和民主化改革的深入思考和探索。启蒙哲学家如休谟、卢梭和康德强调了理性、自由和个体权利的重要性，他们反对专制统治和追求普遍的道德原则。

休谟的道德理念主要体现在他的伦理学研究中，他认为，道德判断是知觉的结果，特别是对于行为及其性质的知觉，主张道德并不是理性推理的产物，而是源于人类的情感和经验。休谟将道德分为"自然的德"和"人为的德"。"自然的德"是指那些直接取悦人类本性的品质，例如诚实、公正和仁爱等，这些品质能够直接引发人们的积极情感和赞扬。相反，"人为的德"是指那些通过习俗和教育获得的品质，例如谦虚、忍耐和节俭等，这些品质虽然也可以取悦人类本性，但它们需要一定的文化和社会条件来维持。在休谟看来，道德并不是绝对的或普遍的，而是相对的或特殊的。他认为道德判断是基于人类的情感和经验，而不是基于理性推理或先验原则。因此，不同的社会和文化背景可能会产生不同的道德标准和行为规范。此外，休谟还强调了道德教育和道德榜样的重要性。他认为，通过教育和榜样的力量，人们可以培养出良好的道德品质和行为习惯。同时，他也主张政府应该发挥积极作用，通过法律和教育手段来促进道德发展和维护社会秩序。休谟的道德理念强调了人类的情感和经验在道德判断中的重要性，同时也指出了道德的相对性和可变性，他的思想对于现代伦理学和道德哲学的发展产生了重要影响。

卢梭的道德治理理念主要体现在他的《社会契约论》中，他认为，一个合理的社会秩序只能是基于道德和理性的原则，而非自私、自保的原则。他认为，道德政治的建立必须以彻底变革人性为前提，必须以作为全体一部分的有道德的生命来代替我们人人得之于自然界的生理上独立的生命，属于自然的力量消灭得越多，维持社会的力量同时也是需要人们相互帮助才能运用的力量也就越大、越持久，制度也就越巩固、越完美。这就是卢梭在《社会契约论》中关于"道德政治"的核心表述，卢梭也以此第一次为现代社会树立了道德政治的"古典理想"。同时，卢梭在教育方面也有独特的道德治理理念。他认为，教育应该以培养人的善良天性和全面发展为目标，而不是仅仅追求功利和实用。他主张通过实践和体验来培养人的道德品质，认为道德实践给人们的心中带来了人类的爱。人们通过实践和体验来获得真正的道德知识，只有付诸实践，转化为行为养成，才能使有关道德的观念成为活生生的现实。此外，卢梭也强调了道德情感的培养。他认为情感教育可以培养人的道德感和正义感，对于塑造个人的品格起着重要的作用。他主张通过社会实践和手工劳动来培养人们的道德情感，认为只有在实践中亲身感受道德的善恶、真假、美丑等情感，才能真正理解和体验道德的真谛。卢梭的道德治理理念强调了道德和理性的结合，主张通过彻底变革人性来建立合理的社会秩序。同时，他也强调了情感教育和实践活动在培养人性和塑造品格中的重要性，这些理念对于现代社会的发展和治理具有重要的启示意义。

康德的"普遍化原则"提出了一种普遍的道德规范，强调个体的自由和尊重。康德的"普遍化原则"是道德哲学中的一个重要概念，它涉及道德判断和道德行为的普遍性和客观性。这个原则主张道德准则应该具有普遍性和客观性，即它们应该适用于所有人和所有情况，而不是仅仅适用于特定的人或特定的情况。康德认为，道德判断应该基于普遍化的原则，即如果一个行为准则能够适用于所有人和所有情况，那么它就是道德的。例如，如果一个人做出承诺并遵守了承诺，那么他的行为就是道德的。如果所有人都能够做出承诺并遵守承诺，这个行为准则就具有普遍性。道德准则应该具有客观性，即它们应该基于客观的理性原则，而不是主观的情感或偏见。只有基于客观的理性原则，我们才能够做出正确的道德判断和道德行为。康德的"普遍化原则"对于现代伦理学和道德哲学产生了深远的影响，它强调了道德判断和道德行为的普遍性和客观性，为我们提供了一个判断道德行为和道德准则的标准。同时，这个原则也启发我们，道德判断和道德行为应该基于普遍的、客观的原则，而不是个人的主观情感或偏见。

4. 当代道德治理的多元化与挑战

当代西方道德治理思想面临着多元化的挑战，伦理学家和政治哲学家在讨论人工智能伦理、环境伦理、社会正义等问题时提出了新的观点和理论。同时，全球化和文化多样性也对西方传统伦理观念提出了挑战，要求更加包容和多元的道德治理。具体而言，主要包括五个方面传统意义上的挑战。其一，文化多元化的挑战。随着全球化的加速和文化的多元化，西方社会面临着来自不同文化背景的价值观和道德观念的冲击。这使得道德治理变得更为复杂和困难，其原因在于需要在尊重多元文化的同时，维护社会秩序和公正。其二，道德相对主义的挑战。一些西方思想家和哲学家认为，道德是相对的，没有绝对的标准和依据。这种道德相对主义的理念导致了一些人在道德选择和行为上的模糊性和不确定性，对于道德治理的实施构成了挑战。其三，政治正确性的挑战。在一些西方社会中，政治正确性成为一种价值标准，要求在言论和行为中避免使用或传达被视为歧视、侮辱或偏见的言论或信息。这种政治正确性在一定程度上限制了道德治理的自由度和灵活性，也引发了一些争议和批评。其四，社会问题复杂化的挑战。随着社会问题的复杂化，西方道德治理思想面临着越来越多的挑战。例如，如何处理种族、性别、贫困等问题，如何平衡个人自由和社会责任等，都需要在道德治理中加以考虑和解决。其五，科技发展带来的伦理挑战。随着科技的快速发展，一些新的伦理问题如人工智能、基因编辑、生物技术等不断涌现，这些问题的解决需要全新的道德治理思想和原则，对于西方道德治理思想提出了新的挑战。当代西方道德治理思想面临着来自文化多元化、道德相对主义、政治正确性、社会问题复杂化和科技发展带来的伦理挑战等多方面的挑战。

除了上述提到的主要挑战，当代西方道德治理思想还面临着其他一些新的挑战。例如，随着社交媒体和其他数字技术的普及，公共和私人领域的界限逐渐模糊，这给道德治理带来了新的挑战，也就是说，如何在保护个人隐私的同时，确保公共利益和道德标准得到遵守和执行。在一些西方社会中，道德恐慌和身份政治的问题日益突出。这导致了在道德治理中难以达成共识和团结，也使得一些社会问题难以得到有效解决。随着全球化的加速，跨国公司在经济和社会领域中的影响力不断扩大。然而，这些公司在经营活动中有时会面临道德和伦理的挑战，如人权、环境等问题。如何在确保跨国公司遵守道德规范的同时，促进其可持续发展和承担社会责任，是当代西方道德治理思想需要解决的问题之一。人工智能新兴技术的快速发展带来了巨大的机遇，但同时也引发了诸多伦理问题。例如，如何确保算法的公正性和透明度，如何防止歧视和偏见等问题。这些问题的解决需要全新的道德治理思想和原则。随着全球化和文化交流的加速，西方道德治理思想需要与其他文化和价值观进行对话和交流，建立更加开放、包容和灵活的道德治理体系，以促进不同文化之间的理解和合作。

（二）核心理论

1. 伦理学的道德原则与价值观

西方道德治理思想的核心是伦理学，它研究道德原则和价值观。伦理学是研究道德现象、道德关系、道德规律的科学，它关注的是人类行为和决策的道德性，以及如何通过规范和原则来引导和评价人类行为。在西方道德治理思想中，伦理学为制定和实施道德规范、评价和引导人们的行为提供了理论依据和指导。在西方伦理学中，有几种主要的伦理理论，包括义务论、功利主义、美德论等。其中，义务论强调道德行为的内在动机和义务，认为道德行为是基于对道德原则的尊重和履行；功利主义则强调道德行为的后果和利益，认为道德行为应该是能够带来最大总体好处的行为；美德论则关注道德品质和美德的培养，认为美德是实现人类幸福的必要条件。在西方道德治理中，这些伦理理论为制定和实施道德规范提供了不同的思路和方法。例如，义务论可以提供指导人们如何履行道德义务的原则和方法，功利主义可以提供评价和引导人们行为的后果主义原则，美德论则可以提供培养个人美德和品格的途径和方法。

作为西方道德治理思想的核心，伦理学为制定和实施道德规范、评价和引导人们的行为提供了重要的理论支持和指导。伦理学分为不同的流派，如德性伦理学、后康德伦理学、实用主义伦理学等，这些流派关注个体行为的道德性质，探讨道德决策的基础。

德性伦理学的道德原则和价值观重视善良、正义、诚实等优良品质的追求和实践，强调尊重他人权利、公正平等、诚实守信、责任与担当等原则的实现，并追求智慧与真理的境界。这些原则和价值观对于建立和谐的人际关系、维护社会秩序、推动人类文明进步具有重要意义。德性伦理学认为，道德行为应该追求善良、正义、诚实等优良品质，并以此为原则指导行为。德性伦理学主张在处理个人与他人、社会的利益关系时，应兼顾个人利益和公共利益，寻求二者的平衡。德性伦理学要求尊重他人的权利和尊严，不侵犯他人的自由和利益。德性伦理学主张在处理人际关系时遵循公正和平等原则，不偏袒、不歧视任何人。德性伦理学认为诚实守信是道德行为的基本要求，言行一致，信守承诺，建立起可靠的信任关系。德性伦理学要求个体对自己的行为负责，并勇于承担责任，同时也要对他人和社会承担责任。德性伦理学认为尊重生命是道德行为的重要原则之一，不伤害生命，珍视生命价值。德性伦理学主张追求智慧和真理，通过思考和实践来提升自身的道德境界和人生价值。

后康德伦理学是对康德伦理学的批判和超越，其道德原则和价值观具有更加广泛和深入的探讨。后康德伦理学认为，道德不仅依赖于客观的准则和规律，还与主观的价值判断有关。这意味着道德判断不仅基于理性分析和普遍法则，还涉及个人的情感、信仰和价值观。康德伦理学强调个体在道德生活中的责任和自由，个体被视为具有自主性和创造性，能够自主选择和承担责任。同时，个体也享有自由权利，可以追求自己的理想和价值。后康德伦理学关注历史和文化传承，认为道德观念和价值标准在历史和文化中得到传承和发展。不同文化和社会背景下，道德标准和价值观可能存在差异，但都与人类经验和理性有关。后康德伦理学强调社会与自然的和谐发展，在处理人与自然的关系时，道德不仅要求保护自然环境和生态平衡，也要求实现人与自然的和谐共生。同时，在处理人与社会的关系时，道德要求尊重社会规则、维护社会公正和促进社会和谐。后康德伦理学认为，道德价值既包括内在价值也包括外在价值。内在价值是指行为本身的善恶和质量，而外在价值则是指行为对他人和社会的影响和贡献。在道德评价中，应将内在价值和外在价值统一起来考虑。

后康德伦理学认为，人格与道德之间存在内在关联。人格是指个体的性格、价值观和道德品质等方面，道德则是指个体在行为和决策中遵循的规范和原则。人格与道德相互影响和塑造，良好的人格能够促进道德行为的实践，而道德规范也能够塑造个体的品格。后康德伦理学认为，道德与审美之间存在交融关系。审美体验可以激发个体的道德情感和价值判断，促进道德行为的实践。同时，道德行为也可以被视为一种审美对象，具有独特的价值和意义。后康德伦理学的道德原则和价值观强调主观性与客观性的融合、责任与自由的并重、历史与文化的传承、社会与自然的和谐、内在价值与外在价值的统一、人格与道德的内在关联以及道德与审美的交融等方面。这些原则和价值观提供了更加全面和深入的视角来审视道德问题，并指导在生活中做出合理的道德判断和决策。

实用主义伦理学是一种以实际效用为道德准则的伦理学派别，认为道德行为应该注重实际效果，即一个行为是否对人类有利，是否能够实现预期的目的。这种效果可以是短期的也可以是长期的，可以是局部的也可以是整体的。实用主义者反对空洞的道德理论，强调只有在实现实际效果的情况下，道德行为才具有真正的价值。人的价值是道德行为的核心，一个行为是否道德，取决于它是否有利于人的生存和发展。这种以人为中心的价值观，使实用主义伦理学具有强烈的人文关怀和社会责任感。实用主义伦理学反对传统的以先验理性为基础的道德理论，强调实践理性在道德行为中的重要性。实践理性是指人在具体实践中所表现出的理性，它能够使人根据实际情况做出合理的决策和行动。实用主义者认为，只有在实践中经过验证的道德理论才是真正有价值的。

实用主义伦理学强调个人对社会的责任和义务，在面对社会问题时，实用主义者认为个人应该积极参与到社会变革中，为社会进步做出自己的贡献。同时，实用主义者也强调社会对个体的责任和义务，认为社会应该为个体的生存和发展提供必要的保障和支持。实用主义伦理学反对封闭和僵化的道德观念，强调开放和包容的态度。在面对不同文化、不同信仰和不同价值观时，实用主义者认为应该尊重差异、理解包容，寻找共同点和合作的可能性。这种开放和包容的态度，使实用主义伦理学具有广阔的视野和多元的文化观。实用主义伦理学的道德原则和价值观强调实际效果、人的价值、实践理性、社会责任和开放包容等方面。这些原则和价值观为我们提供了更加实用和灵活的视角来审视道德问题，并指导我们在生活中做出合理的道德判断和决策。

2. 社会契约论的政治与道德

社会契约论是一种政治哲学理论，是西方道德治理思想的另一支重要分支，它认为政治制度是通过人们的自愿行为达成一致形成的契约，政治系统必须以人民的利益为本位。同时，它认为政府的目的是推行社会公正，保障最广泛的人民利益。霍布斯、洛克、卢梭等哲学家提出了社会契约的理论，强调政府权力的合法性源自人民的共识。这一理论强调政治与道德的关系，探讨了政府与人民之间的权利和义务。在道德方面，社会契约论认为，每个人都必须遵守一定的道德规范和行为准则，这些规范和准则是在社会中约定俗成的，目的是维护社会秩序和公共利益。社会契约论强调每个人都需要承担一定的责任和义务，以帮助维护社会的稳定和发展。这意味着，每个人都应该为社会做出贡献，而不是只考虑自己的利益。社会契约论认为，每个人都应该尊重彼此的权利和自由，包括生命权、财产权、言论自由等。同时，也应该尊重社会的法律和规则。社会契约论强调社会公正和平等，认为每个人都应该享有平等的机会和待遇。政府应该采取措施来保障最广泛的人民利益，而不是服务于特定群体或阶级。社会契约论认为，每个人都是社会的一分子，应该共同追求公共利益和共同目标。这意味着，个人利益应该服从于公共利益，而不是与之相冲突。社会契约论主张遵守道德规范和行为准则、承担个人责任和义务、尊重权利和自由、追求社会公正和平等、关注公共利益和共同目标。

3. 公民道德与社会正义

公民道德和社会正义是现代西方道德治理思想的核心议题。约翰·罗尔斯提出的"差别原则"强调社会不平等的道德问题，主张追求更加公正的社会分配和机会，这一理论对社会政策和法律产生了深远影响。约翰·罗尔斯提出的"差别原则"是他的正义理论中的一个重要组成部分，这个原则的基本含义是，在无法保证平等分配的前提下，所制定的规则要使得最不利者获得最大的利益。约翰·罗尔斯认为，在差别原则下，应该选择那种最有利于最不利者的方案，这也被称为"最大最小值原则"。"差别原则"体现了约翰·罗尔斯的公平正义观念，他认为，社会和经济的不平等应该这样安排，一方面应当有利于最少受惠者的最大利益；另一方面，职务和地位应当向所有人开放。这种原则的出发点是关注社会中的弱势群体，通过调整资源和机会的分配，确保他们的权益得到最大程度的保障。"差别原则"的应用范围可以涵盖社会各个方面，例如经济政策、教育资源分配、医疗保障等。在制定这些政策时，应考虑如何通过"差别原则"来提高最不利者的利益。例如，在经济政策中，可以通过税收和补贴等手段来调节资源和收入的分配，确保弱势群体能够获得更大的份额。约翰·罗尔斯的"差别原则"强调在社会资源和机会的分配中，应该关注最不利者的利益，通过政策和制度的调整，实现公平和正义的目标，这种原则对于我们理解和构建公平的社会具有重要的启示意义。

（三）实践应用

1. 法律与制度

西方道德治理思想在法律和制度中得以具体应用，宪法、法律法规和政府机构的建立都反映了道德原则和政治理念。例如，美国宪法强调了个体权利和自由，反映了启蒙时代思想的影响。在制定和解释法律时，西方道德治理思想强调法律的公正性和合理性。法官在解释法律时，会结合道德原则和价值观来确保法律条文的公正解释。同时，西方道德治理思想也强调法律的普遍性和平等性，即法律应该适用于所有人，不分种族、性别、社会地位等差异。在司法审判中，西方道德治理思想强调法官的独立性和公正性，强调法官应该根据事实和法律进行审判，而不受任何非法律因素的影响。同时，西方道德治理思想也强调审判的公正性和合理性，即审判应该基于事实和证据，而不是主观臆断或偏见。

西方道德治理思想认为，陪审团制度是保障司法公正的重要手段。陪审团成员应该是普通民众，能够代表社会的不同阶层和背景，以确保审判结果的公正和合理。陪审团制度的实施可以增强公众对司法的信任和参与度。在律师制度的运作中，西方道德治理思想强调律师的职业操守和道德规范。律师应该为当事人提供法律援助，维护其合法权益，同时也要遵守职业道德规范，不进行违法或不道德的行为。西方道德治理思想认为，矫正和矫正社会工作是保障社会公正和道德行为的重要手段。通过矫正和矫正社会工作，可以帮助犯罪者改过自新，重返社会。在矫正和矫正社会工作中，道德治理的思想贯穿始终，帮助犯罪者认识到自己的错误，树立正确的价值观和人生观。西方道德治理思想在司法实践中的应用体现在法律制定与解释、司法审判、陪审团制度、律师制度和矫正与矫正社会工作等方面。这些应用旨在保障司法公正和社会公正，促进社会的和谐发展。

2. 教育与社会机构

教育体系和社会机构在传播和弘扬西方道德治理思想方面发挥着重要作用，学校教育和宗教团体通过道德教育培养公民的道德意识和伦理价值观，社会组织和非营利机构也在推动社会正义和慈善事业方面发挥了积极作用。西方国家的学校教育体系普遍重视道德教育，将其贯穿于整个教育过程中。道德教育的内容包括个人道德、社会责任、公民意识等，旨在培养学生的道德观念和价值观。此外，西方国家还通过课外活动、社区服务等方式，让学生在实践中体验和学习道德治理思想。社会机构如慈善组织、社区中心和非政府组织等，在传播和弘扬西方道德治理思想方面也扮演着重要角色。这些机构通常会组织各种活动，如讲座、研讨会和培训课程等，向公众普及道德治理的思想和价值观。此外，这些机构还会通过自身的行动和形象，向公众展示道德治理的实践和效果。

媒体是传播和弘扬西方道德治理思想的重要渠道，通过电影、电视、广播和互联网等媒体，可以向广大受众传递道德治理的思想和价值观。媒体不仅可以通过报道新闻事件来强调道德治理的重要性，还可以通过制作和播放相关的节目来普及道德治理的知识和价值观。在西方社会中，宗教机构通常是道德治理思想的重要载体。宗教机构通过宗教教育和宗教活动，向信徒传播道德治理的思想和价值观。这些宗教机构通常会强调个人的责任和义务，以及尊重他人、关爱他人等价值观。教育体系和社会机构在传播和弘扬西方道德治理思想方面发挥着重要作用，通过各种方式和渠道，向公众传递道德治理的思想和价值观，以促进社会的和谐发展。

3. 全球伦理与挑战

西方道德治理思想在全球伦理和国际关系中发挥着影响力，全球化使道德问题跨越国界，以气候变化为例，这个问题需要全球范围内的合作来解决。在全球化背景下，各个国家和地区之间的经济、政治、文化等方面的联系越来越紧密，气候变化成为一个全球性的问题。在应对气候变化方面，需要全球各国制定共同的减排目标和政策，并加强国际合作，共同采取行动。这涉及各个国家和地区之间的利益和责任分配，需要进行国际谈判和协商。在这个过程中，需要考虑各种道德因素，如公平、责任、权利和义务等。在制定减排目标和政策时，需要考虑各个国家和地区的不同情况和需求。这需要遵循公平和公正的原则，避免一些国家和地区承担过多的责任或损失，而另一些国家和地区则承担较少的责任或损失。同时，也需要考虑如何保障各个国家和地区的经济发展和民生福祉。在采取减排行动时，需要遵循共同但有区别的责任原则。发达国家应该承担更多的减排责任，因为这些国家在历史上排放了更多的温室气体，对气候变化的影响更大。而发展中国家则需要根据自身的情况和能力来采取减排行动，但也需要得到发达国家的资金和技术支持。在应对气候变化方面，还需要尊重人权和可持续发展。气候变化对人们的生命安全和生存环境都会产生影响，因此需要保障人们的权益和生活质量。同时，也需要实现可持续发展，保障经济和社会的长期稳定和繁荣。

　　西方国家在国际组织和国际政治中积极推动道德价值观，维护国际秩序。西方道德治理思想经历了漫长的历史演变过程，形成了多元而丰富的理论体系。其核心理论包括伦理学、社会契约论和社会正义理论，涵盖了个体行为、政治制度和社会机构等多个领域。从古希腊哲学家苏格拉底、柏拉图、亚里士多德，到近代的康德、休谟、边沁，以及现代的摩尔、罗斯等，这些哲学家都对道德治理思想的发展做出了重要贡献。在古希腊时期，哲学家们提出了许多关于道德治理的思想，如苏格拉底的"美德即知识"和"自知之明"，柏拉图的"理想国"和亚里士多德的"中道"。这些思想对后来的道德治理理论产生了深远影响。在近代，康德的绝对命令义务论和休谟的功利主义思想成为道德治理理论的重要基石。康德认为，人们应该按照道德法则行事，而这个法则就是绝对命令。休谟则认为，道德的目的是促进人类的幸福和利益，因此人们应该采取那些能够带来最大总体幸福的行动。在现代，摩尔的道德实在论和罗斯的义务论成为道德治理理论的重要组成部分。摩尔认为，道德是一种客观存在，人们应该按照道德法则行事。罗斯则认为，人们应该遵循一种基于普遍性原则的义务论，即每个人都应该尽自己的义务，为社会做出贡献。这些思想在法律、教育、国际关系等方面具有广泛的应用，塑造了现代西方社会的道德基础。同时，西方道德治理思想也在面对全球性挑战时继续发展和演进，为构建更加公正、和谐的社会提供了有益的启示。

第三节　道德治理的实现方式

现代化的核心是人的现代化，这里的人不是抽象的人，而是生活世界中一个个具体的行为人。从道德发生学的角度看，行为人基于道德关系和道德规范，产生道德认知并形成道德判断，从而产生道德行为。在道德认知产生的过程中会形成一定的道德情感，这种情感是行为主体形成道德认知、产生道德意志的重要催化剂。因此，道德治理需要把握道德发生的相关规律，围绕德润人心，做到以理服人、以情感人、以德化人。唯有持续加强道德治理和道德建设，才能实现人们道德境界和精神境界的不断提升，促进人的全面发展，促进良好社会风尚形成。

一、道德教育与宣传

道德的基础是人类精神的自律。道德治理的一大功能就是调动国民认同、接受社会秩序的自觉性。道德教育与宣传在社会治理中扮演着重要的角色，不仅有助于培养公民的道德意识和价值观，帮助人们理解并接受社会规范和公共价值，强化公民意识，引导人们的行为符合社会规范和公共价值，形成良好的社会风气，还能够加强人们对社会规范和公共价值的认同，提高社会的自我管理和自我约束能力，塑造社会的文化风貌，维护社会秩序，推动社会的和谐与发展。

（一）道德教育与宣传的本质和内涵

道德教育是依据一定目的，在遵循教育规律的基础上，对人们进行有组织、有目的的施加系统道德影响的活动，是指社会有意识地将一定的价值理念和道德规范，通过道德知识教育、榜样示范和情景熏陶等方式，培养公民优良道德品质和实践能力的活动和过程。人，是以人格的形态存在于世界上的，并以人格与社会和他人交往。人格的素质结构包括人格思想道德素质、人格心理素质、人格智能素质、人格需要素质和人格身体素质。道德教育的本质可以理解为个体社会人格的塑造或对个体道德人格发展方向所起的推动力，旨在使个人完成道德上的社会化，成为具有健康、积极的社会人格的个体。把握道德教育的本质，必须全面分析道德教育内容的意识形态性和非意识形态性，即道德教育的内容具有两重性。统治阶级利用自己所处地位，在道德教育的内容中注入反映其利益的、为其服务的政治意识和阶级意识，即道德教育的意识形态性。同时，人总是生活在一定社会的共同体之中的，反映社会共同利益，非阶级性的意识就是道德教育的非意识形态性。道德教育是塑造人的行为的重要手段，它通过对人的行为进行引导和规范，使其符合社会道德规范和准则，从而达到提高人的道德水平、促进社会和谐稳定的目的。道德教育的内容是意识形态性和非意识形态性的统一，在一般情况下，意识形态性占主导地位。

道德宣传是通过各种媒体、文化载体和社会渠道，传播道德理念、宣扬社会价值观，以影响人们的行为和决策，旨在唤起公众对道德问题的关注，塑造社会的道德氛围。道德宣传的本质是传播和普及道德观念，引导人们的行为符合社会规范和公共价值，以促进社会的和谐与稳定。从认知心理学角度来看，道德宣传的本质是影响和改变人们的道德认知。道德宣传通过各种手段和渠道，如媒体、宣传渠道、文艺作品等，向人们传递正确的道德观念和行为准则，引导人们认识到什么是好的、什么是坏的，不断调整和修正人们的道德观念，使人们的道德认知更加符合社会公共价值和道德规范，从而在行为上做出正确的选择。同时，道德宣传还可以表彰先进、批评不良风气，鼓励人们积极向上，形成良好的社会风气。

（二）道德教育与宣传的重要性

道德教育是道德治理体系中的重要一环，它以多种渠道如教育机构、家庭和社会为媒介，向社会成员传递道德知识、培养道德观念，以引导他们树立正确的道德观念和价值观念。这一教育形式在塑造社会的道德风貌和促进公民良好行为方面发挥着不可或缺的作用。道德教育在教育机构中具有显著作用。学校是道德教育的重要场所，它不仅向学生传授学科知识，也负有培养学生道德品质的任务。通过开设道德伦理课程、组织道德教育活动，学校能够引导学生树立正确的道德观念，培养他们的社会责任感和公民意识。学校也通过师德师风建设，为学生树立榜样，促使他们在道德上更好地成长。

家庭也是道德教育的重要阵地，家庭是孩子成长的第一课堂，父母是孩子的第一任道德导师。在家庭中，父母可以通过言传身教的方式，向孩子灌输道德价值观念，培养他们的品德。父母的言行举止对孩子的道德养成有着深远的影响，一个和睦、有爱的家庭环境有助于培养孩子的道德素养。

社会也扮演着重要的角色，社会通过各种渠道如媒体、社交网络等，向公众传播道德信息。社会舆论和文化传媒对于引导社会价值观和行为规范的形成具有重要作用。通过批评道德败坏的行为、表彰道德典范，社会能够树立正确的榜样，引导公众朝着正义和善良的方向发展。习近平总书记指出，"我们的传统文化中包含了丰富的廉政文化理念。要修炼道德操守，提升从政道德境界，最好的途径就是加强学习，读书修德，并知行合一，付诸实践。广大党员干部要养成多读书、读好书的习惯，使读书学习成为改造思想、加强修养的重要途径，成为净化灵魂、培养高尚情操的有效手段。要真正把读书当成一种生活态度、一种工作责任、一种精神追求、一种境界要求。"① 道德教育是道德治理不可或缺的一部分，它通过教育机构、家庭和社会等多个渠道，向社会成员传递道德知识，培养道德观念，引导他们树立正确的道德观念和价值观念。这有助于塑造社会的道德风貌，促进公民的良好行为，从而推动社会向更加和谐、稳定的方向发展。

道德宣传在社会治理和文明建设中具有非常重要的地位，其作用无法被低估。下面我们进一步详细探讨道德宣传的重要性，并分析它在不同领域中的作用。首先，道德宣传有助于塑造社会的核心价值观念。通过广泛传播正确的道德观念和伦理原则，可以引导公众形成共同的价值观，促使人们认同并遵守这些价值观念。这有助于社会形成更加团结、和谐的共识。例如，通过强调尊重他人和互助精神，道德宣传可以促使人们更加注重社

---

① 习近平．之江新语［M］．杭州：浙江人民出版社，2007：175．

会责任感，形成共同关心弱势群体的价值观，从而推动社会的团结和谐。

其次，道德宣传可以促使人们理解何为善、何为恶，并激励他们采取积极的、有益的行为。它可以提供行为准则和榜样，鼓励人们在社会互动中遵循道德原则，从而促进社会的公平和正义。例如，通过强调诚实、守信和公平竞争的重要性，道德宣传可以激发人们采取诚实守信的行为，推动社会的公平和正义。此外，道德宣传有助于培养公民的社会责任感和公共意识，它可以教育人们，每个人都有责任为社会做出贡献、维护社会秩序、关心弱势群体以及履行公民义务。通过传达这些价值观，道德宣传可以激励人们积极参与社会活动，为社会的繁荣和发展做出贡献。道德宣传还有助于预防和减少道德败坏行为的发生。通过强调不道德行为的后果，可以提醒人们远离不良行为，从而减少社会不稳定因素。例如，通过宣传贪污腐败的危害性，道德宣传可以降低腐败行为的发生率，维护社会的稳定和公平。

此外，道德宣传有助于建立社会信任，当人们相信社会充满了正直和诚实的人，他们更愿意与他人合作，共同为社会的繁荣和发展做出贡献。通过强调信任和合作的价值，道德宣传可以促使人们更加信任社会其他成员，从而推动社会的发展和进步。

最后，道德宣传有助于提升国家和社会的形象。一个充满正义、善良和道德的社会更容易受到国际社会的尊重和认可。通过弘扬社会的道德价值观，道德宣传可以提升国家的软实力，为国家在国际舞台上赢得良好的声誉提供支持。因此，政府、教育机构、媒体和社会各界都应高度重视并积极参与道德宣传工作，这将有助于构建更加和谐、公正和稳定的社会，促进社会的发展和进步。

（三）道德教育与宣传的基本特征

道德教育具有多个基本特征。第一，道德教育是有价值取向的，旨在传递和培养社会认可的道德价值观念，如诚实、正义、公平、友善和责任感。这些价值观念构成了社会共识的一部分，有助于个体塑造道德品格。第二，道德教育是社会性的，发生在社会和文化的背景下，包括社会、家庭、学校和宗教机构等。社会的道德期望和规范在这些场所中传递和传承。

第三，道德教育是系统性的，包括有计划的、有组织的教育活动，既可以是正式的，如学校的道德教育课程，也可以是非正式的，如家庭中的道德教育。第四，道德教育是发展性的，伴随个体的成长和发展而不断演化。不同年龄阶段的个体对道德问题的理解和反应都会发生变化，因此，道德教育需要根据个体的成长来进行调整和更新。第五，道德教育是反思性的，鼓励个体对自己的行为和价值观进行反思和审视，培养个体的道德判断能力。第六，道德教育是综合性的，涵盖多个领域和层面，包括个体的行为、态度、价值观念、社会责任感等。道德教育采用多种形式和途径，如言传、身教、互动、故事、案例分析等。第七，道德教育是一个长期的过程，贯穿于个体一生的各个阶段，旨在培养终身受益的道德素养。它的目标不仅是应付特定任务或场合的道德规则，更是培养整体道德品格。总之，道德教育在培养社会、家庭和个体的道德意识、判断力和行为方面发挥着至关重要的作用。

道德宣传具有多个特征，这些特征有助于实现其宗旨和效果。首先，道德宣传是价值导向性的，旨在传递特定的道德价值观和伦理原则，如诚实、正义、公平、友善、尊重和责任感等。这些价值观构成了社会共识的一部分，通过宣传得以传递和传承。其次，道德宣传是社会性的，它发生在社会和文化的背景下，包括社会组织、家庭、学校、宗教机构和媒体等各个层面。宣传的对象通常是社会中的个体或群体，旨在影响他们的行为和态度，从而塑造整个社会的道德风貌。此外，道德宣传具有教育性质，它不仅仅是简单地灌输价值观念，还通过教育和启发的方式来促使人们理解和接受这些价值观。道德宣传通常包括教育活动、课程、讲座和文化活动，以便更深入地传达道德信息。道德宣传还具有正面的导向性，它鼓励人们采取积极的、有益的行为，提供行为准则和榜样，以鼓励人们在社会互动中遵循道德原则，从而促进社会的公平和正义。最后，道德宣传是社会建设的一部分。它有助于维护社会稳定、和谐，预防道德败坏行为的发生，传承文化传统，提升国家和社会的形象。因此，政府、教育机构、媒体和社会各界都应高度重视并积极参与道德宣传工作，以构建更加和谐、公正和稳定的社会。

二、道德规范与氛围

(一) 道德规范与氛围的本质和内涵

道德是人们共同生活或社会关系的产物,有了人与人、人与社会的相互关系,才有了相互关系中的秩序和规范,也才有了道德及其实践。人与人之间是社会关系,终归到底,都是劳动的产物,是在共同劳动中形成的社会关系。随着社会生产力的不断发展,人们的社会生活日益复杂化,道德也在发展中不断规范和完善。道德规范是一系列明确的、可行的道德准则和规则,它们被用来引导个体和群体的行为,以确保他们的行为符合社会的道德期望。这些规范可以涵盖社会各个领域,包括个人行为、职业道德、家庭伦理等。通过制定和遵守这些规范,社会可以建立起一套共同认可的价值观,从而推动人们在日常生活中做出道德正确的选择。道德规范的存在可以有效地规范行为,预防不道德行为的发生,对于维护社会秩序至关重要。而道德氛围是指社会上的一种道德文化和价值体系,它是由社会中的各种要素共同构建而成的。这种氛围影响着个体的道德判断和行为,因为它塑造了人们对道德的认知和态度。一个积极的道德氛围可以促使人们更加关注道德价值,愿意遵守道德规范,从而减少不道德行为的发生。建立积极的道德氛围,社会需要通过教育、宣传、文化等方面的努力来传播和弘扬道德价值观,使之深入人心。道德规范和道德氛围是道德治理的两个关键组成部分,它们对于构建社会道德秩序和维护社会和谐起着至关重要的作用。

(二) 道德规范与氛围的重要性

道德规范在道德治理中扮演着不可或缺的角色,它们引导和规范个体和集体的行为,维护社会秩序,建立信任,培养社会责任感,同时也为法律和制度的建设提供了重要支持。因此,道德规范的重要性不容忽视,应当得到高度重视和传承,只有建立在良好道德基础上的社会才能更好地实现和谐、公平、可持续的发展。

首先,道德规范为社会成员提供了行为的准则和规范。它们定义了什么是道德的行为、什么是不道德的行为,为个体和集体行为提供了方向和界限。例如,尊重他人的隐私、诚实守信、互助合作等都是广泛认可的道德规范，引导着人们在社会互动中如何行事，这种行为引导和规范的作用对于社会的和谐和稳定至关重要。当大家都能够遵循相似的道德规范时，社会将更容易达成共识，减少冲突和不确定性，从而更好地维护社会秩序。其次，道德规范有助于建立信任和凝聚社会。在一个充满信任的社会中，人们更容易合作，努力追求共同利益，这有助于社会的发展和繁荣。例如，商业领域的道德规范，如守信用、提供优质产品和服务，有助于建立顾客和企业之间的信任关系。这种信任关系在商业交易中起着关键作用，促进了经济的繁荣。此外，道德规范还有助于培养公民意识和社会责任感。通过教育和社会化，人们学会遵守道德规范并对自己的行为负责，这有助于塑造积极的社会文化，鼓励人们为社会做出积极贡献、关心社会问题、参与社会公益活动。这种社会责任感有助于解决各种社会问题，推动社会向更加公正和可持续的方向发展。另外，道德规范还可以作为法律和制度的基础，许多法律和法规的制定都是基于社会的道德价值观和规范的。道德规范可以为法律提供支持和合法性，同时法律也可以强化道德规范的执行，这种法律与道德的互动有助于建立一个更加公正和有序的社会。

　　道德氛围同样在道德治理中扮演着不可或缺的角色。它影响着社会的和谐与稳定，是建立信任和合作的基础，能培养社会责任感和公民意识，同时也是教育和社会化的重要工具。因此，我们应当共同努力，营造积极的道德氛围，推动社会向更加公正、和谐和可持续的方向发展。家庭是道德氛围营造的重要载体，中华民族历来重视家庭，家庭是社会的细胞，家风是社会风气的重要组成部分。广大家庭都要重言传、重身教，教知识、育品德，身体力行、耳濡目染，帮助孩子扣好人生的第一粒扣子，迈好人生的第一个台阶。要在家庭中培育和践行社会主义核心价值观，引导家庭成员特别是下一代热爱党、热爱祖国、热爱人民、热爱中华民族。要积极传播中华民族传统美德，传递尊老爱幼、男女平等、夫妻和睦、勤俭持家、邻里团结的观念，倡导忠诚、责任、亲情、学习、公益的理念，推动人们在为家庭谋幸福、为他人送温暖、为社会作贡献的过程中提高精神境界、培育文明风尚。①

---

　　① 习近平. 习近平著作选读：第 1 卷［M］. 北京：人民出版社，2023：546.

道德氛围是社会文明和秩序的重要支撑。它代表了社会的价值观和道德标准，反映了社会成员的道德认知和行为习惯。一个积极的道德氛围意味着社会中的大多数人都遵循道德规范，尊重他人，遵守信用，诚实守法。这有助于减少犯罪和违法行为的发生，维护社会的安定和秩序。相反，如果道德氛围不良，容忍甚至鼓励不道德行为，社会将充斥冲突、不安全感和不确定性。道德氛围对于建立信任关系至关重要，在一个积极的道德氛围中，人们更容易信任他人，愿意与他人合作。这种信任关系是社会和经济互动的基础。例如，在商业领域，一个诚信和道德良好的企业更容易赢得客户的信任，从而获得客户较高的忠诚度。在政治领域，政府如果能够建立在公正和诚信的基础上，将更容易获取民众的支持和合作。

此外，道德氛围有助于培养社会责任感和公民意识。一个积极的道德氛围鼓励人们关心社会问题，参与社会公益活动，为社会做出积极贡献。这有助于解决各种社会问题，推动社会向更加公正和可持续的方向发展。道德氛围也有助于培养人们的社会责任感，让他们更多地考虑社会和集体的利益，而不仅仅是个人利益。道德氛围可以作为教育和社会化的重要渠道。通过教育和社会化过程，人们学习道德规范和价值观，从而塑造积极的道德氛围。学校、家庭、社会团体等都可以通过教育和宣传活动来传播正面的道德信息，强化社会的道德观念和标准。这有助于培养未来一代的良好道德素养，为社会的持续发展和进步培养有道德、负责任的公民。

（三）道德规范与氛围的作用路径

道德规范是通过制定法律、规章和制度来约束人们的行为，以确保他们遵守道德准则。这种方式强调了法律与道德之间的紧密关联。道德规范可以明确规定哪些行为是不道德的，为不道德行为设定惩罚措施，以防止和惩治违反道德的行为。例如，各种反腐败法律和法规旨在打击腐败行为，维护公共道德和社会公平正义。道德氛围是通过教育、宣传和社会文化的塑造来促使人们内化和遵守道德原则，这种方式强调了道德价值观的培养和传递。道德氛围鼓励人们理解何为善、何为恶，提倡积极的、有益的行为，并传达道德榜样。

通过各种教育和宣传活动，道德氛围可以激发个体的道德意识，提高他们的社会责任感，并培养积极的社会行为。例如，学校教育可以通过道德教育课程和活动来传递道德价值观，媒体可以通过报道正面的道德典范来塑造良好的社会氛围，社会文化可以通过弘扬传统的道德价值观来传承道德传统。道德规范和道德氛围在道德治理中相辅相成，道德规范为社会提供了法律框架和法律制度，明确了不道德行为的法律后果，起到了强制性的作用。然而，仅仅依靠法律制度是不够的，因为道德问题涉及更深层次的人类价值观和伦理原则。这就需要道德氛围的塑造，通过教育和宣传来培养人们的道德自觉和道德责任感，使他们内化道德价值观，愿意自觉遵守。道德规范和道德氛围作为道德治理的实现方式，需要相互配合，以构建更加和谐、公正和稳定的社会，它们共同推动了社会的道德建设，有助于维护社会秩序和提升国家形象。

三、道德激励与奖励

（一）道德激励与奖励的内涵和外延

道德激励是指通过各种手段，奖励那些遵守道德规范和价值观的行为和决策的个体。马克思认为，整个历史也无非是人类本性的不断改变而已。人的本性的改变过程，就是人不断地全面占有人的本质的过程，也就是迈向人的全面发展的过程。个体角度而言，公共权力的作用，要经过人格动力结构而发生作用。所谓人格动力结构，就是在环境刺激下，"人格需要"与"人格判断"相结合产生动机和行为的结构。人格需要是人最基本的物质和精神需求，人格判断是个体在社会生活中做出正常行为选择的能力。人格判断能力由个体的思想道德水平、认知能力、意志力量和自我反省力量所决定。道德人格不仅是一个系统的结构，其发展还是一个阶段性的过程。这个阶段性的过程依次表现为认知层面的自觉，情感层面的自愿，行为层面的自然。这也是一个从道德他律到自律的过程，这个过程中，道德激励与奖励的作用非常关键。

这种激励可以采取多种形式，包括荣誉表彰、社会声誉的提升、奖金的发放等。例如，在企业中，员工遵守职业道德规范和公司价值观的表现可以通过薪酬激励或晋升机会来奖励。这种正向激励机制可以激发个体的道德行为，提高他们的道德意识，并树立榜样，从而推动更多人遵守道德规范。其次，道德奖励也是道德治理的一种重要方式。与激励不同，奖励通常是一种具体的回报，它作为一种正向反馈，鼓励人们持续遵守道德准则。这些奖励可以是物质性的，如奖金、礼品或优惠待遇，也可以是非物质性的，如荣誉证书、颁奖仪式或社会认可。例如，在社区中，那些积极参与公益活动、捐助慈善事业的人们可能会获得社会或政府的表彰，这种奖励可以激发更多人参与道德行为，形成优良的道德风尚。

（二）道德激励与奖励的重要性

道德激励与奖励在道德治理中扮演着重要而不可或缺的角色，它们是促使个体和组织遵守道德规范和维护社会道德秩序的有力工具。道德激励与奖励有助于塑造和强化个体的道德行为。通过赞扬、认可、奖励等方式，个体被鼓励继续秉持道德原则，这有助于培养和巩固道德行为习惯。道德激励与奖励有助于维护社会稳定、和谐。在一个遵守道德规范的社会中，个体和组织更有可能建立信任和合作关系。奖励制度可以激发人们遵守规则和诚实守信，从而减少不道德行为的发生，提高社会的协同性。

道德激励与奖励也在组织和机构内部发挥重要作用，通过设立奖励机制，组织可以鼓励员工积极参与道德行为，提高整体道德水平。这不仅有助于组织的声誉和形象，还可以增强员工的满意度和忠诚度。道德激励与奖励有助于弘扬道德风尚和价值观，当社会和组织对道德行为给予积极回应时，它们传递了一种强烈的信号，即道德行为是受欢迎和鼓励的。这有助于在社会中形成更加积极的道德文化，推动社会朝着更加诚信、和谐的方向发展。因此，道德激励与奖励在道德治理中具有重要性，它们有助于塑造个体的道德行为、维护社会秩序、提高组织绩效和弘扬道德价值观。通过建立有效的激励与奖励机制，社会可以更好地实现道德治理的目标，促进社会的发展与进步。

（三）道德激励与奖励的作用边界

道德激励与奖励在道德治理中发挥着重要作用，但也存在一些边界条件需要考虑。过度的奖励可能会导致"道德漂移"，即个体过多地关注奖励而忽视了内在的道德动机。这可能导致人们仅仅出于奖励的考虑而采取道德行为，而非出于内心的坚守道德原则。因此，在设计奖励制度时，需要谨慎平衡奖励的力度，以避免"道德漂移"情况的发生。奖励机制的公平性和透明度也是关键因素，如果奖励分配不公平或不透明，可能会引发不满甚至不道德行为。个体需要相信奖励是公平、基于公正的标准分配的，否则他们可能会产生反感，甚至采取过激行为来抗议。

　　因此，建立公平的奖励机制是维护道德治理的关键。此外，奖励应该与道德行为的实际贡献相一致。如果奖励与行为之间没有明显的联系，个体同样可能会感到困惑和不满。这可能导致他们对道德行为失去信心，降低了维护社会道德秩序的效果。道德激励与奖励不应替代其他形式的道德治理手段，如道德教育和道德规范。虽然奖励可以提供外部激励，但培养内在的道德意识和价值观同样重要。因此，在道德治理中，需要综合运用多种手段，以达到更全面的效果。总之，道德激励与奖励在道德治理中是有益的工具，但需要在奖励力度、公平性、奖励与行为的一致性等方面考虑边界条件，以确保其有效性并避免潜在的负面影响。

第四章
失信行为道德治理的可能性及效果

道德是一组规范和原则，用以调控人际关系和行为，是人类核心价值的表达，亦是社会对行为规范的映射。在道德体系中，诚信占据着重要的位置。随着社会的发展和人际关系的日益复杂，诚信已经成为一种共同的"普世价值"，它源于社会的共同需求，也反映了人际关系的基本要求。优秀传统文化是人们日用而不觉的精神力量，通过优秀传统文化的传承与践行，强化对诚信的倡导、弘扬和教化，能够有效地规范并制约人们的失信行为。但是，传统文化中也潜藏着产生失信行为的可能，存在一定的失信隐患。现代社会结构的转型，传统与现代价值观的断裂，现代公民道德中对个体的强调、对理性的倡导，也可能诱导失信行为的产生。不同的社会形态对于失信行为的约束、存在的失信隐患也存在很大的差异。

诚信与失信的共存，导致道德与失信行为之间的相互作用，既存在道德对失信行为的制约，也存在失信行为对道德的败坏，两者同时并存于社会生活实践之中。正是由于各种情境中诚信精神和失信隐患并存，且失信行为与道德存在相关作用，使得失信行为的道德治理十分必要且存在可能。失信行为对于个体、群体和社会发展存在诸多危害，针对失信行为展开道德治理，能够促进社会稳定，弥合群际信任；能够促进经济增长，促使资源利用向节约型可持续方向发展；能够提升全社会的道德水平，促进社会程序公平、互动公平和结果公平。

第一节　失信行为的触发情境

　　行为的产生由多个要素组成，包括行为主体、行为目的、行为条件、行为方式以及价值规范。在这些要素中，价值规范在社会行动理论中扮演着核心角色，因为人的行为动机实质上是通过内化某种共享价值规范后的整合。类似地，分析情境需要同时考虑现实情境和文化情境。这意味着不仅要理解与行为直接相关的客观因素，还需要深入了解行为者所处的整体文化背景，以更好地理解行为背后的含义。信任、诚信行为很大程度上是由文化决定的，社会信任源于宗教、习俗、道德等文化资源。因此，作为一种特殊类型的人类行为，失信行为的产生自然也同时受到现实环境和共享价值规范（即文化）的共同影响和制约。因此，研究失信行为需要深入了解不同的价值规范体系、不同社会形态中失信行为的不同表现形式。

一、传统文化对诚信与失信的影响

（一）传统文化中的诚信精神

　　不同的传统文化承载着各国各社会的独特标志，为塑造不同的价值观念、价值评判标准以及行为取向提供了重要参照。中华优秀传统文化是中华民族的精神命脉，是涵养社会主义核心价值观的重要源泉，也是我们在世界文化激荡中站稳脚跟的坚实根基。在中国的传统礼仪和道德观念中，诚实守信一直被奉为基本的伦理准则。我国自古以"礼仪之邦"著称于世，重义轻利一直是中华民族的传统美德。"诚"字首见于《尚书》，作为实词使用最早见于《左传》"明允笃诚"，提出："诚者，实也。"又见于《易·文言》"闲邪存其诚""修辞立其诚"，提出："诚谓诚实。"又见于《礼记·乐记》"著诚去伪"，提出："诚谓诚信也。"两千多年前，孔子就主张"言必信，行必果"。此外，我国的语言体系里还有大量诸如"一言九鼎""一诺千金""一言既出，驷马难追"这样称赞诚信精神的成语。在几千年的历史长河中，许多诚信人物及故事广为传诵，比如展禽轻鼎、季札挂剑、魏斯冒雨、季布一诺、刘平期贼、郭伋亭候、朱晖许堪、张劭待式、韩康卖药、陈寔期行、卓恕辞恪、羊祜推诚、曹摅约囚、何远一缣、高允不妄、魏征妩媚、戴胄守法、宋璟责说、子仪见酋、道琮觅殡、曹彬激诚、宗道实言、蔡襄完愿、陈瓘自责等，这些传统文化中的诚信经典故事，灿若星河，影响极为深远。

在中国的传统文化中，诚信一直被认为是不可或缺的价值观，它在个体行为和社会互动中发挥着关键作用。这种观念的传承与推广有助于维护社会的和谐与稳定，构建一个更加公正、可靠、互信的社会。中国传统文化伦理认为"人皆可为圣贤"，即人具有"善"的道德本性，虽然人的气质禀赋有所差异，但"为仁由己""圣人与我同类""人皆可以为尧舜"。由此而衍生出"内圣"与"外王"的治国理念，也为"德治"提供了理论根据，即认为只要具有"内圣"就自然能施行王者之政，就能成为"仁人"，不需要施加外在行为规范的控制。甚至认为，对于"王者"来说，法律已不起任何作用了。深入考察中国的儒家思想，就会发现"信"是儒家强调的一个重要行为规范，"信"是五常（仁、义、礼、智、信）中的一个纲目。孔子曾说"人而无信，不知其可也"，强调了"信"的重要意义。他的弟子曾子在其"吾日三省吾身"时，说需要反思"为人谋而不忠乎？与朋友交而不信乎？传不习乎？"可见，"信"是一个重要的反省项目。在这里，"信"只是一种个体应有的道德本性，而不涉及怎么获得信任的问题。儒家对信任的理解是个体必须先提高自己的道德修养，自己先坚持守信，以自己的诚信来取得对方的信任。

中华民族有着悠久历史和灿烂文化，这是我们取之不尽、用之不竭的思想宝库，也是诚信精神植根的沃土。因此，基于传统文化的认知与解读，深刻反思中国文化、制度与历史对信任的影响，进而研究中国人的信任建立方式、运作模式、约束机制，有利于积极探讨重建信任的有效对策。

（二）传统文化中的失信隐患

中国传统文化注重诚信，认为它是"修身齐家治国平天下"的关键。然而，其中也存在一些文化因素和文化特征，可能导致失信行为。中国传统文化对信任建构的理解在很大程度上是建立在人人都是圣贤这个假设之上的。但是，儒家显然也认识到，在现实生活中人人都是贤人君子的理想是不符合实际的。于是，一方面教育普通人应该提高自身的道德修养，做到"守信""施恩不望报""重义轻利"。另一方面则用"礼"来引导人的行为，以期让每个人的道德都达到一个理想的境界。正因儒家所倡导的价值、规范、制度在现实生活中是难以实践的，中国人在发生信任行为时，所遵循的也只能是一种实践的逻辑。因此，我们需要对传统文化中的失信隐患进行深入剖析。

首先，中国传统文化中存在一种自私的小农文化心理，体现为更注重个体私利而忽视公共利益。小农意识是小农经济中农民身份和地位的体现，它充分反映了农民群体为生存而对自己利益的维护，但不包含对权利的捍卫与争取。它虽是与官文化对立的民文化，但并未从根本上否定官文化的统治，而是在如何适应集权官僚制的前提下，形成维护自己的生存和简单再生产的初级观念。小农意识是个体的，却是普遍的，它作用于农民，影响着全社会，包括小市民，乃至官僚，其传统至今依然对中国社会各阶层的人的观念有所制约。人们可能对他人的权益感到漠不关心，例如在目睹他人遭受损害时袖手旁观，不采取行动，这使得与陌生人建立信任变得困难。此外，小农文化心理也表现为对互动的短期目的性强，即期望在与他人的互动中迅速获益。如果在短时间内没有获益，人们可能会怀疑他人的诚实性，甚至采取失信行为。

其次，以家庭为中心的价值观导致人们将家庭成员视为亲人，而将外部人群视为潜在的竞争者。人们对家庭成员的信任度很高，但对陌生人则持有怀疑态度。为了家庭利益，一些人可能愿意牺牲他人的权益，甚至自己的利益。在传统礼俗道德中，强调"信"的同时也强调"孝"。因此，一些人可能宁可背信弃义，以保护家庭利益，这在社会上不被谴责，导致失信的代价相对较低。这也是一些官员受家族利益影响，从而涉足贪污受贿、违背职业道德、失信于民的原因之一。

再次，中国传统礼俗道德中存在强烈的防备观念，可能促使人们采取失信行为。人们常常谨慎对待他人，怀疑他们的意图。这在许多谚语和俗语中有所体现，如"害人之心不可有，防人之心不可无"等。这种防备观念可能导致人们更容易采取失信行为，以保护自己免受潜在风险。总之，中国传统文化中的一些文化特点和价值观可能潜在地导致失信行为。虽然诚信在其中始终占有重要地位，但了解这些文化因素有助于更好地理解失信现象，以及采取措施来预防和处理失信行为。

总体来看，中国传统文化具有深厚而复杂的内涵，传统礼俗道德凝聚了丰富的价值观念，已经渗透到人们的思想和行为准则中，成为中国文化心理的重要组成部分。在这一传统文化中，既包括强调诚信和制约失信的道德准则，如"一言既出，驷马难追"等；同时也存在着一些文化因素，例如关系本位、小圈子、家族利益等，这些因素成为导致失信行为频发的重要驱动力。这表明中国传统文化既强调了诚实守信的重要性，又为失信行为提供了土壤。诚信作为中华传统美德，是中华民族的精神基因，它深深地扎根于中华传统文化沃土，影响着我们的思想方式、价值取向、道德观念和行为方式。中华传统美德是中华文化精髓，蕴含着丰富的思想道德资源。

不忘本来才能开辟未来，善于继承才能更好创新。我们必须坚持马克思主义这个立党立国、兴党兴国之本不动摇，坚持植根本国、本民族历史文化沃土发展马克思主义不停步，坚定历史自信、文化自信，坚持古为今用、推陈出新，以马克思主义为指导对中华5000多年文明宝库进行全面挖掘，用马克思主义激活中华优秀传统文化中富有生命力的优秀因子并赋予新的时代内涵，将中华民族的伟大精神和丰富智慧更深层次地注入马克思主义，有效把马克思主义思想精髓同中华优秀传统文化精华贯通起来，聚变为新的理论优势，不断攀登新的思想高峰。当然，强调坚守好党的理论的魂和根，并不是要封闭、僵化和保守。必须有鉴别地加以对待，有扬弃地予以继承，处理好继承和创新性发展的关系，重点做好创造性转化和创新性发展。

二、公民生活中的诚信坚守与失信触发

（一）公民生活中的诚信坚守

诚信是中华优秀传统文化和美德的重要内容，也是中华民族几千年来推崇和坚守的为人原则。尽管在某一时期受到了侵蚀，但随着社会秩序的恢复，诚信仍然占据着中国社会公民道德的核心地位。从小学德育课中思想引导，到初中的道德与法治课程，再到高中和大学的思想政治课程，诚信教育一直是教育体系的重要组成部分。在中国共产党第十八次全国代表

大会上，倡导在个人层面践行爱国、敬业、诚信、友善的价值目标，以在全社会形成诚实守信的风尚。在现代社会，诚信是其他社会公德的基础，包括遵守公共秩序、助人为乐、见义勇为、团结友爱等，所有这些都需要人们秉持相互信任的态度来践行。此外，诚信也是践行职业道德的核心，包括忠于职守、团结协作、公平竞争等职业准则，这些都离不开诚信的支撑。正是对基于诚信的职业准则的忠实遵守，推动了同事之间、企业之间和行业之间的和谐发展。诚信同样是家庭伦理的关键准则，家庭成员之间的沟通、子女教育，以及家庭内部矛盾的解决，都需要基于诚实守信的原则。

西方社会高度重视公民道德，强调了坚守规则和守信用的道德规范。在 20 世纪 70 年代，美国社会提出了负责任的公民的理念，期望公民能够恪守规则，遵守承诺。20 世纪 80 年代，美国制定了包括自立、自尊、自律、自信、正直、勇敢、敢于承认错误、尊重他人权利、信守诺言、遵守职业道德等 21 项道德准则。日本社会也注重公民道德的教育，强调忠于国家、热爱集体、履行职责义务、遵守公德、恪守正义等原则。现代公民道德将诚信视为至关重要的组成部分，对于促进社会互动、维系和谐家庭、促使企业进一步发展、推动社会经济繁荣等方面都具有深远的影响。

信任是公民参与的原因，而不是它的结果。信任能够解决公民参与中的各种问题，是一种道德价值。信任是社会资本最重要的部分，公民参与是它的一个重要结果，但公民参与并不属于社会资本。信任是一种价值，它并不是简单地由经验塑造的，它所产生的后果远比公民参与的后果深刻。其实，我们很少有人把大量的时间花费在公民群体或者社会交往方面。具有信任感的人更乐于从事慈善捐赠和志愿工作，具有信任感的社会更有可能对资源进行从富人向穷人的再分配，政府也会有更高的效率。在公民生活中，诚信坚守在价值尺度、时间尺度上是稳定的。

（二）公民生活中的失信触发

中国社会由传统社会向现代社会的演变不仅在社会结构上产生影响，还在道德层面经历了根本性的改变。这一过程也孕育出了现代社会所面临的道德危机。传统与现代的分野不仅在社会经济发展中显而易见，也体现在价值观念上。现代公民道德更加强调理性，这为失信行为的出现提供了文化动机。相比之下，传统社会注重家国情感，强调"家国一体"，通常认同个体的利益应当为集体和国家的利益让路。现代性所强调的理性和个人主体性推动了人们逃离传统观念，追求自由、平等和个体权利。这些观念在中国社会迅速传播，导致了"私"的观念的空前释放，同时也为个体权利的认可创造了条件。这无疑是现代社会发展的重要特征，具有积极意义。

然而，传统社会和计划经济时代对于个体权利的忽视以及西方社会文化价值观的冲击，导致中国社会逐渐滑入道德相对主义，甚至道德虚无主义的泥淖。在这种社会环境中，个体常常将自我置于社会之上，倾向于以理性选择为基础，追求个人利益最大化。他们开始反对统一的道德标准，否认社会中存在适应不同个体的普遍性道德规范，甚至不再受道德规则的束缚。过度强调个体自由和权利，将个人功利作为行为和决策的主要标准，也为失信行为的滋生提供了土壤。此外，现代公民道德中也存在着一些问题，其中包括正义建构的过程。这一过程中，道德标准可能因权力、利益和社会压力的影响而受到扭曲，失去了应有的公正性和合理性，这种道德混乱和不确定性也为失信行为的产生埋下了隐患。改革开放四十年多来，我国的社会生产方式和生活方式都发生了巨大的变革。在中国特色社会主义进入新时代的大背景下，我国的社会意识形态也呈现出前所未有的多元、多样和多变的复杂情况，其中就包括诚信建设在内的道德建设。

因此，现代性所催生的理性和个体主体性固然有积极的一面，但也需要思考如何在维护自由和权利的同时，维护和强化社会中的共同道德价值观，以减少失信行为的扩大和蔓延。党的十八大所取得的一个重大思想成果是提出了培养和践行社会主义核心价值观的"三个倡导"。虽然社会主义核心价值观的培育和弘扬工作至今仍然处于探索过程中，但是它对我国社会的积极影响已经越来越明显地凸显出来。在党中央提出"三个倡导"之后，我国社会各界迅速掀起了培育和践行社会主义核心价值观的热潮。这不仅用事实证明了社会主义核心价值观的巨大价值，而且反映了当今中国社会积极向上向善的良好风气。社会主义核心价值观倡导自由、平等、公正、法治，由于社会的不断发展，政府在迈向法治型社会和服务型政府的道路上仍有许多工作要做。特别是在社会主义市场经济体制的确立和完善过程中，政府与市场之间的界限并不清晰，政府与市场之间复杂的相互作用为权力腐败提供了温床。"寻租现象"频繁出现，导致社会的公平正义受到侵害。政府的失信行为不仅误导民众，还为民众违背公民道德提供了合理化的理由和借口，由此可能会引发信任危机。建设诚信社会，离不开各级政府。政府在诚信建设领域发挥着示范带头作用，其诚信表现会产生传导效应或连锁反应，影响着公民、市场主体、社会组织等的诚信表现及相关权益。政府践诺守信，能增强政府公信力，优化政府形象，带动社会各方增强诚信意识，也能更好地维护各方的合法权益。如果政府朝令夕改、言而无信、新官不理旧账，不仅会削弱各方建设诚信社会的信心，还会损害关联方的权益。

综上所述，诚信不仅扎根于中华民族的传统伦理准则中，还是现代公民道德的重要支柱，对于实践其他社会公德、职业道德以及家庭美德的践行都具有重要意义。然而，值得注意的是，现代公民道德中对于个体主义的强调和理性思维的推崇，有时候也会在一定程度上诱发失信行为的发生。尤其是在市场化进程中，公平正义的建立尚未达到人们的期望，这对社会信任体系的构建产生了负面影响。在社会生活的一些领域和一些人群中存在的这些不容忽视的诚信道德问题，由于这些问题发生在社会转型的历史背景之下，就自然具有了社会转型期的鲜明特征。正是基于这样的现实语境，道德治理应当顺应时代潮流的发展，把握时代发展的特点。从国家层面来讲，推进国家治理体系和治理能力现代化是一个庞大的系统工程，道德治理作为国家治理体系的内在构成性要素，能够从道德的层面推进国家治理体系和治理能力现代化建设，是国家治理的重要理论维度和现实诉求。

三、社会形态对失信行为的影响

（一）人治社会与失信行为

在人治社会中，权力由少数人或个体垄断，通过政治、经济、文化、宗教和法律等各种手段来支配绝大多数的社会成员。这种社会模式最大的问题在于其容易滋生专制和独裁，因为整个社会缺乏对权力的有效制衡和有力约束。在人治社会中，如果那些掌握权力的人注重法治和诚信，那么社会就会形成一种重视遵守诺言的文化。然而，如果统治者忽视法治，不尊重法律的权威，而是将其个人权威置于法律之上，那么将会导致政治信任的瓦解和人际信任的减弱。

在人治社会中，频繁出现失信行为的根本原因，在于人们既有的道德观念和制度认知受到严重破坏，从而迫使人们形成新的认知模式。在这种封闭的人治社会中，失信行为的认知模式主要可以从以下三个方面进行解释：首先，是在法律和制度层面。人治社会强调统治者的个人权威，通常忽视或否定法律和制度的重要性，甚至法律的制定和司法机构的运作都表现得若有其事。这导致人们在内心建立的价值秩序缺乏法律和制度的支持，使得法律对失信行为的制约力相对较弱。其次，道德文化在社会角色行为塑造中起到至关重要的作用。文化提供了塑造社会角色行为的价值观念和规范，人们通常会根据文化观念来调整他们的行为策略和规则。最后，社会背景因素也不可忽视。在封闭社会状态下，人们的价值秩序主要由他们所在社会的文化观念构建，相对较少受到其他社会的法律和制度规范的影响。其他社会可能更注重法治和社会信任，但这些因素对于封闭社会的居民影响有限。在这种封闭社会中，人们更容易形成符合其自身社会背景的认知模式，而这也可能导致失信行为的频繁出现。

总体而言，封闭的社会体制容易引发政治信任的流失与人际信任的减弱，导致人们在交往中缺乏规范，从而催生失信行为。在这种社会模式下，法律制度的忽视以及道德文化的侵蚀，使得个体内心的价值秩序缺乏相应的法律和道德支柱，为失信观念的产生和失信行为的发生提供了价值准则和社会基础。同时，封闭的社会状态会巩固个体已有的认知模式，使其难以受到其他社会心态和文化的影响。

（二）法治社会与失信行为

开放的法治社会强调依法治国，法律法规对个体行为起到重要的制约作用，但失信行为并未完全消失，信任危机在一些方面仍然持续存在。这主要体现在以下几个方面：首先，市场经济的兴起与发展，突出了个体主体利益的重要性，强调了个人追求利益的合法性和正当性。这激发了人们的积极性和创造性，有力促进了社会经济的发展。然而，与此同时，一些人的价值观发生了变化，由传统的"重义轻利"逐渐过渡到"重利轻义"的立场。这导致了社会中的金钱至上现象，人际关系变得更加功利化。道德规范的影响逐渐减弱，一些人甚至扭曲了价值观，拜金主义和享乐主义开始占主导地位，而诚信的影响力逐渐减弱，传统的"重情重义"逐渐变得罕见。其次，功利主义和极端个人主义的思想观念逐渐流行。这意味着一些人更加注重自身利益，而不顾及他人或社会整体的利益，这种思想导向对社会道德产生了负面影响。再次，社会人际关系的陌生化也增加了社会运行的成本。尽管人们之间的交往方式和渠道增多，但情感交流减少，人际关系变得薄弱，情感联系减弱，情感纽带脆弱化。情感交流的减少导致了个体之间信任度的下降，道德冷漠现象变得更加突出。最后，在开放的互联网时代，形成了一种"网络道德真空"。网络上出现了大量网络诈骗、侵权、谣言和诽谤等行为。自媒体对"坏新闻"的报道倾向导致失信行为很容易在网络上传播，引发广泛的批评、不满，甚至模仿，失信行为随之再度蔓延。这些方面的因素都构成了失信行为的触发情境，使得社会中的信任关系面临挑战，道德规范受到冲击，需要积极的道德治理来减少失信行为的发生。

在开放的法治社会中，失信行为不断涌现，其成因涵盖了社会环境、价值规范、制度建设等多个层面，这些因素共同影响并塑造了人们对失信行为的看法。在这个开放的社会环境中，社会流动性不断增强，人们之间的交往跨足了不同地域和文化，特别是在数字化时代，信息传递的速度愈发迅猛，多元化的价值观层出不穷。不同文化和价值观念相互交融，互为影响，同时也在一定程度上约束了个体的行为。然而，如果缺乏统一的价值共识来维系这一多元文化，可能会导致认知的混乱、价值观的冲突以及人们在行为和处事上的困惑。随着中国改革开放四十多年的进程，随着社会经济的不断发展，利益分配模式和企业组织形式不断多样化。人们的思想活动也愈加多元化和个性化。现代社会最显著的特点之一就是价值取向的多元化。传统文化的影响力逐渐减弱，用于解释个人行为的价值观念也出现了分歧。例如，关于失信行为，一些人认为应该信守诺言，不随意违背对他人的承诺；而另一些人则从自身利益的角度出发，认为在法律允许的范围内对他人失信是可以接受的。社会文化塑造了多元的价值观，因此有必要建立统一和有效的价值共识，从而避免人们对道德认知产生混淆，形成不正确的失信观念。

此外，制度的偏离也是一个重要因素。在陌生人社会中，人们之间的互动更多地依赖制度来保障，制度的制定和实施对社会信任起着关键作用，直接影响着人们对失信行为的看法和行为反馈。如果制度存在缺陷或不完善，可能会导致失信观念的扭曲。因此，在构建有效的失信治理体系时，需要综合考虑社会文化、法治环境和价值观念的多元性，以便更好地理解和应对失信行为的挑战。然而，在制度的实施过程中，如果出现实施不到位，或者过度实施的情况，都会对制度的有效性产生不利影响。这包括一系列现象，如制度的抵制、敷衍、截留、替代和寻租等。这些实施过程中的问题会扭曲制度的初衷，减弱其效力，最终导致社会秩序混乱。这也可能引发制度失信，使人们对制度的目的和人际互动原则产生误解，从而鼓励失信行为的发生。

总而言之，虽然法治社会的制度约束对失信行为具有一定的约束作用，但由于功利主义和金钱至上等观念的盛行，导致了失信行为频繁发生，重利轻义的现象时有出现。此外，人际关系的陌生化和道德价值观的淡漠也不断蔓延，同时网络空间中缺乏道德规范，进一步助长了信任危机的滋生。这些现象的根本原因在于开放的社会环境、多元化的价值观念以及统一价值共识的缺乏，使制度的实施偏离了正轨。

第二节　失信行为与道德的相互作用

道德和失信行为之间存在着相互影响的双向机制。在道德建设过程中，道德规范对个体的失信行为产生重要制约。特别是在诚信成为人际互动的核心价值时，道德准则在规范失信行为方面发挥着关键作用。此外，道德奖励和制裁也对失信行为产生影响，不仅通过法律和政治手段来规范道德行为，更通过心理因素对人们的行为产生影响。另一方面，失信行为的出现可能侵蚀了公众一直坚守的道德观念。失信行为与公众在道德教育中所接受的诚信原则相抵触，引发道德冲突，模糊了道德认知。在失信行为中，由于内在道德准则的不明确和外部制约的薄弱，个体的道德意识受损。社会中失信行为的出现，特别是当失信行为未受到或未及时受到道德或法律惩罚时，可能削弱了公众的道德情感，从而动摇道德行为。这种相互作用机制表明，道德建设和失信行为之间存在复杂而深刻的联系。道德规范和失信行为不仅相互制约，还在一定程度上模糊了人们的道德判断和行为。因此，社会需要通过积极的道德教育和强有力的道德制度来维护公众的道德信仰，以减少失信行为的发生。

道德作为一种独特的社会观念和存在于人类社会的精神现象，它是根据人类社会的发展需求而出现的。道德的出现、塑造都受到特定社会背景的影响，道德的发展源于人类社会自身需求的进展。根据马斯洛的理论，人类最基本的需求是生存需求。当人们满足了最基本的生存需求后，社交互动变得日益重要，社会交往在人们的生活中逐渐产生。为了应对生活中的挑战、有效组织生产和获得更多物质资源，人们主动地进行社会互动。在这个互动过程中，为了维护社会的和谐秩序，人们需要自觉地遵守一套共同的行为规范和规则，这就催生了道德的需求。个体的社会关系的建立和发展，成为道德产生的客观前提和基础。

如果说个人的社会关系形成和发展构成了道德建立的客观前提和内在基础，那么可以认为，社会认可和社会认同架起在社会伦理实践中的心理桥梁。随着人类需求的不断演进，道德需求也随之提高。在基本的生存需求得到满足后，人们开始追求安全和社交需求。为了满足这些社交需求，人们必须遵守一定的行为规则，包括公认的社会道德准则，无论是明文规定还是不成文的行为规范，未遵守这些规则将难以有效地与他人互动。此外，随着需求层次的逐渐提高，为了满足自尊的需求，个体在社会化过程中必然需要获得他人的认可、赢得尊重，确保自己的道德和社会行为与社会评价标准相符，这成为人们的自然选择。随着生存、安全、社交和尊重需求的逐渐满足，对个体的道德素养、道德行为和道德维持方面提出了更高的要求。

个体道德的形成是社会化过程中多重因素综合作用的结果。这一过程受到家庭、学校教育、社会实践和社会互动等多种因素影响。社会化过程是促使个体道德价值观念逐渐确立的关键途径。首先是家庭和学校教育，个体的道德发展在家庭和学校教育中经历关键时期。家庭是传承社会文化的关键媒介。父母的言传身教、教育方式对孩子的道德价值观念产生深远影响，这种影响可以是有意识的，例如父母的道德教育，也可以是潜移默化的, 例如父母的行为和态度。同样, 学校教育也是塑造道德的重要环境, 教师的言传身教, 以及教育过程中的奖惩机制, 对培养学生的道德观念至关重要。

其次, 是社交与朋辈互动。个体在成长过程中通过与周围同学和朋友的互动, 接受朋辈群体的影响, 这种社交互动在形成个体的道德观念方面扮演着重要角色。个体可能会模仿朋辈的行为和价值观念, 从而逐渐确立自己的道德取向。

再次是社会实践与互动, 社会实践与互动也是道德形成的关键部分。个体通过参与社会实践, 观察社会中的道德标准, 逐渐塑造了自己的道德意识。社会互动可以提供现实生活中的道德案例, 使个体更好地理解和内化道德准则。个体道德的形成是一个多元因素相互作用的复杂过程。家庭和学校教育、社会实践以及社会互动都起着不可或缺的作用, 这些因素相互交织, 塑造了个体的道德人格, 使其能够在社会中遵循和维护道德准则。

社会实践是道德形成的主要途径, 因为观念的生成和应用都根植于实践活动。个体的道德观念差异主要源于他们所参与的社会实践的差异。积极参与和亲身体验是人们进行社会实践的主要方式, 也是道德观念塑造的重要途径。在这一过程中, 个体对道德有更深刻的认知和理性思考。在社会实践中, 个体担负的社会角色需要思考道德问题、遵循道德准则和承担道德责任, 这些是塑造个体道德观念的重要组成部分, 随着社会实践的不断深入, 个体的道德观念和认知逐渐得到验证和加强, 从而引导他们未来的行为。

社会互动在个体道德塑造中扮演着至关重要的角色。个体的道德观念并不是天生的生物属性, 也不仅仅来源于感性经验, 而是主动建构的结果, 通过与社会互动来同化这一经验。可见, 个体的道德成长并不仅仅是内在或外部教育的简单演变, 而是社会环境和其他个体互动的交织成果。具备高尚道德品质的个体会受到社会的称誉和奖励, 这有助于提升他们的声誉和信誉。相反, 不道德行为则会引来社会的谴责和处罚, 损害个体在他人心目中的形象和信誉。不同道德行为带来截然不同的社会反馈, 个体会根据这些反馈来调整自己的信仰和行为。有效的道德奖惩机制有助于鞭策个体形成道德观念, 而社会互动则进一步强化个体对道德的认知和实践。因

此，个体的道德认知源于社交生活，同时也在社会互动中得以不断深化和
巩固。

一、道德对失信行为的制约

在中文语境中，"道"最初是指道路，后来引申为自然规律和行为准则
等含义。它具有规范性特征，可以对个体行为产生约束作用。类似地，在
西方文化中，道德同样具有规范性含义。例如，康德强调了道德的绝对命
令，强调了道德规范的不容侵犯性。因此，道德被认为是约束个体行为的
基本准则，也是人类文明社会不断进化的基础。在社会化过程中，人们潜
移默化地接受了道德准则，这些准则对个体行为产生了强大的引导和规范
作用，同时也产生了强大的制约效果。

道德约束个体行为的两个重要方面是自律和他律。他律即指道德在个
体行为中以外在、灵活的形式起到约束作用，它是一种非权威性的约束。
自律则强调了道德主体通过自我立法和自我约束来实现道德的最高原则。
在人类历史的长河中，道德规范逐渐内化成为人们的潜意识，成为超越个
体的力量。失信行为是人们在社会互动过程中，由于无法满足个人需求或
受到社会环境等因素的影响，为谋求个人利益而违反承诺的行为。道德对
失信的约束体现在多个方面，包括道德准则施压、道德教育引导以及道德
奖惩纠偏。

（一）道德准则施压

道德规范对失信行为的制约在于其对诚信的阐释与坚持。中国传统诚
信思想的起源可以追溯到春秋时期以前，其核心理念表现为在政治和个人
行为中强调诚实、谦逊、不欺诈、不反复。随后，春秋战国时期的众多先
哲如孔子和孟子提出了强调诚信的思想，如"人而无信，不知其可也""诚
者，天之道也；思诚者，人之道也"等。这一思想在秦汉时期得到规范，
不仅继承了孟子的"五伦"中的诚信思想，还将"信"作为"五常"之
一，强调了诚信作为个人、家庭、国家存在的基础。宋明时期，诚信思想
上升到更高的层次，认为诚信是仁、义、礼、智的核心基础，强调了"诚"
作为道德的主体，将其提升到了道德理念的高度，将"信"作为人之道的
最高追求境界，上升到了天道的地位。在明清时期，这一诚信思想的实践

体现在中国的商人身上，如徽商和晋商，他们以诚实守信为自身修养和经商立业的核心价值观。部分取得重要成就的商人成为诚信的杰出代表，为经济和社会的发展树立了楷模。中国传统道德思想中的诚信观念对经济、社会和文化的发展产生了深远的影响。它约束着个人和社会群体对失信行为的认知，强调了诚信在各个领域中的重要性，并推动了道德规范的形成和遵循，对维护社会和谐、增强信任和促进持久发展起到了关键作用。

在新时代的中国，社会主义核心价值观成为每位公民应遵循的道德准则，其中包括了爱国、敬业、友善、诚信等基本道德原则。诚信在其中扮演着至关重要的角色，成为每位公民必须牢记并恪守的基本道德规范，成为评价个体道德行为的核心价值标准，它强调了勤劳诚实的工作态度、信守个人承诺、真诚友善地对待他人的重要性。这一价值观要求个体在日常生活中兑现承诺，不采取欺骗手段，积极遵守合同，不采取不诚实的行为。诚信的道德原则贯穿了整个中华民族的发展历程，传统的道德观念强调了诚信的重要性，而社会主义核心价值观对诚信的强调则进一步推动了这一道德准则的内化与深化，使其成为每个人品格的不可或缺部分。国家和社会对于个体诚信观念的引导和培养，促使诚信成为人们日常交往和互动的重要准则。这对于规范人们的行为，约束失信行为的产生，发挥了积极的作用。在我国，国家层面和社会层面都在弘扬诚信精神。国家强调了诚信在维护社会秩序中的作用，促进了良好的商业和社交互动。这对于规范市场行为和预防失信现象的发生，发挥了保障与支柱性的关键作用。同时，社会也积极推崇诚信，鼓励个体在各个领域树立起诚实守信的良好声誉。这种弘扬诚信的风气，加强了每位公民对于诚信意识的培养，从而在一定程度上可以约束失信行为的出现。总之，我国的社会主义核心价值观体系，特别是其中的诚信原则，对于规范和约束失信行为的产生能够起到积极的作用，在国家、社会和个体层面共同推动下，促使诚信成为每位公民生活的重要组成部分，有助于维护社会秩序和提高道德素养。

（二）道德教育引导

社会化是人们认知和学习社会准则和价值观的过程，这一过程塑造了人们独特的自我认知。在个体的社会化过程中，道德教育扮演着关键角色，有助于塑造和推动价值观的形成。道德是抽象的，也是具体的，既是理论，也是生活。道德不仅是隐藏于人们心灵里的心理意识，它作为理想的行为准则，是人们群体生活的基础，也是社会实践活动、文明发展内在的基本规范和准则。自古至今的历史实践有力证明，道德是文明发展的不竭动力，对经济社会发展的作用也是巨大的、决定性的。因此，道德教育引导也发挥着根本性和基础性的作用。

哲学家们普遍认为，道德作为由社会经济关系所决定的特殊意识形态，是以善恶为评价标准，以人内心信念维系的并不断调整个人与自然、个人与他人、个人与社会关系的原则规范、心理意识和行为的总和。道德是社会舆论、传统习俗和个体内心信念的综合体现，它包括了对行为的道德评价、心理意识、道德原则和规范。道德教育是一种通过有道德知识和经验的个体依照特定的道德准则对其他人进行系统的、有组织的、有影响的活动，发生在各种社会关系中。道德教育的途径丰富多样，不仅包括学校教育，还涵盖了家庭教育和社会舆论的多种形式。首要的任务是通过道德教育使个体认知到哪些行为符合道德规范，哪些不符合。只有在个体接受一定程度的道德教育后，能够将道德评价内化为自身的评价标准，才会在面临不道德行为时感到羞耻和难受。在长期的道德教育学习过程中，个体逐渐形成对诚信的重视观念以及对失信行为的谴责观念。这种观念在一定程度上约束了失信行为的产生。从古代到现代，诚信的价值一直被强调，而失信行为一直都遭到唾弃，这进一步加强了个体的道德教育。

（三）道德奖惩纠偏

道德奖惩是规范人们道德的重要机制，通过其有力的社会影响，塑造着个体的行为和价值观。它不仅通过制度和政治手段对个体的道德行为进行引导，还通过塑造个体心理来影响他们的行为，这种道德奖惩机制扮演着调节性的关键角色。道德是人的人格重要维度所在，是人和其他动物的根本区别所在。道德作为人们自觉遵守的行为规范，是从人的内心深处发出的力量，对人类文明发展进步的作用是巨大的。无论从其产生还是发展来看，道德都生动地蕴含在人们的群体生活共同体中。道德不仅是一种意识形态，也是一套无形的法律体系，不仅体现着人的品格和心灵，体现着人们的核心价值观，而且还支配着人的行为。自古至今，实际支配人们行为活动的就是两种规范和力量，一种是道德的，另一种是法律或法治的。

两种力量都是强制力量，但强制的主体是不同的。道德规范是人内在的自我强制力量，法律规范是外在的社会强制力量。道德与法律又有着紧密的联系，道德是法律的基础，法律是成熟的道德，法律规范中就包含着道德规范的精华。因此，道德奖惩机制具有非常关键的作用。

在道德奖惩的机制中，符合特定道德价值、原则和规范的行为被定义为值得表扬的行为，违反这些道德原则和规范的行为则被视为不当行为。人们对积极行为持肯定态度，对不当行为予以否定。道德语言本身也包含了对行为的评价和情感反应，例如"善良"和"诚信"在情感层面上具有积极正面的评价。道德的正面和负面评价激发了人们的道德自觉，使他们有荣誉感或羞耻感。这种情感反应激发了人们的积极行为，并有力地阻止他们从事不道德的行为。值得注意的是，积极榜样的行为示范和不当行为的警示在个体的价值观和行为选择上发挥着重要作用。毫无疑问，道德奖惩首先引发了个体的道德情感反应，随后通过情感影响了他们的行为。道德对失信行为的负面评价及由此产生的影响，能够在防范他人从事失信行为方面发挥重要的警示作用。

道德奖惩也通过利益机制来增强人们的道德修养，让人们在利益获取和财富享受的过程中感受到道德的重要性和有用性。根据理性选择理论，当人们在选择自己的行为时，通常会进行深思熟虑，以实现成本的最小化和利益的最大化。道德因素已经成为人们行为选择的重要考量因素，原因在于不道德行为会导致的风险成本远高于一般事件所导致的。因此，除了考虑生产成本、销售成本等生产方面的因素外，不道德行为所带来的负面影响也成为人们需要认真考虑的重要因素。企业、专家、政府如果失去信誉，则会对企业的运营、行业的发展和社会的稳定造成损害，可能引发公众的道德指责。失信行为所产生的羞耻感和伴随而来的风险成本上升，有助于抑制失信行为的发生。

二、失信行为对道德的败坏

在社会互动中，失信行为与诚信行为形成鲜明对比，违背了他人对信任的期望，削弱了诚信行为，将对社会道德产生不利影响。

（一）削弱道德认知

道德认知是对社会道德规范和道德关系的一种主观理解，包括对道德印象、道德概念以及道德思维等的认知。这种认知不是自发产生的，而是经由道德教育等途径形成的。在道德教育中，个体明确并清晰地获得道德观念，这些观念对其行为将起着明显的指导作用。与此同时，个体所处的环境也会对道德认知产生重要影响。按照社会学习理论，社会环境中的各种刺激对个体的行为有着显著影响。个体生活在不同的社会环境中，这些环境由不同的社会群体和行为构成，而环境中发生的事件、媒体报道以及舆论传播等都会影响个体的道德认知，失信行为也不例外。随着社会的发展，失信行为的出现与个体在道德教育中所接受的诚信道德原则相抵触，这容易导致道德冲突的产生，使个体的道德认知变得模糊不清。这进一步导致了对道德判断和道德行为选择的混乱，最终引发了失信行为的蔓延。

（二）麻痹道德情感

道德情感代表了在履行道德责任时的情绪和决心，体现了对道德信念的热情，是排除一切障碍来遵守道德行为规范的情感力量。这种内在的力量将道德认知、道德信念转化为具体的行为举措。当人们决定坚守道德原则并付诸实践时，他们的内心会产生强烈的情感，自我要求也会变得更为严格。

失信行为的内在道德标准的模糊与外在约束机制的薄弱，导致个体的道德意志受到削弱。因为道德奖惩机制的限制力量有限，如果失信行为没有得到及时的制裁，人们的观点和立场可能会陷入模糊、犹豫的状态。有时，他们甚至会质疑自己的观点和立场，不确定是否存在问题，这种情况可能导致个体的伦理观念、道德准则和价值判断在面对多种失信行为时变得不够坚定。网络社会中失信行为的出现更加麻痹了个体的道德情感。网络社会的虚拟性和匿名性使道德规范机制难以发挥应有的作用。在以数字符号构建的网络社会中，监督和约束机制相对不完善。那些隐藏在"二进制面具"后的个体可以在网络上制造谣言、欺诈，而其风险成本相对较低，代价不高。道德奖惩机制在网络社会中也显得力不从心。在这个背景下，外在约束机制的薄弱导致个体更难坚守道德情感，道德情感因此越发麻木。

（三）抑制道德行为

道德教育和社会环境都对个体的道德行为产生影响。道德教育旨在培养人们恪守诚实守信原则，但社会环境中出现的失信行为，特别是那些未受到道德或法律制裁的行为，往往会抑制个体的道德情感。道德情感通常是由具体的道德情境或事件所触发。就拿扶不扶问题来说，它不仅牵涉责任的认定，还引发了社会范围内的广泛讨论。在这种讨论中，人们会以自己身处当时情境时的选择和可能产生的后果来思考。当人们目睹帮助他人的人受到不公正对待，他们会感受到一种无奈和悲伤的情感，这会导致人们在表现善意时开始考虑权衡得失，甚至可能最终选择旁观。随着各种失信行为的增多，社会上的道德情感受到了冲击。坚持道德行为的意愿被逐渐抑制，而道德行为的代价则在增加，这动摇了个体的道德行为。社会环境中的失信行为可能会引发群体内部的道德沮丧，因为人们开始对于是否坚守道德准则以及采取道德行动感到疑虑。这种情况可能导致道德行为的减少，因为个体担心承担道德行为可能带来的负面后果。总的来说，道德教育和社会环境对于塑造个体的道德行为至关重要。道德教育的目标是：在培养正面道德情感的同时，社会环境需要提供支持和鼓励，以确保个体能够坚守道德准则，即使在面临挑战和压力的情况下也如此。道德行为的坚守需要道德情感的支持，而社会环境中的道德规范也应当为此提供有力支持，以确保个体在不同情境下都能保持高尚的道德行为。

总体而言，道德的发展是社会进程的必要产物，同时也是每个个体成长的自然结果。道德和失信行为之间存在相互影响的双向关系。道德在一定程度上制约了失信行为，具体表现为道德对个体的失信认知产生调节作用，同时也规范了对失信行为的处罚和纠正措施。同时，失信行为也具有反作用，可能对道德产生消极影响，这种影响主要体现在削弱道德认知、麻痹道德情感和抑制道德行为三个方面。

第三节　失信行为道德治理的效果

一、社会稳定与信任弥合

随着社会的不断发展，失信行为对社会稳定和人际信任构成了严峻挑战。因此，采用道德的路径方案来治理失信行为，则成为一种备受关注的策略。通过失信行为道德治理，不仅可以有效地维护社会秩序，也能够促进人际信任的建立、重构和发展。

（一）提升社会稳定

道德治理包括社会制度伦理价值建设和国民道德素质建设两个方面，根本目的是维护统治阶级的共同利益。道德治理表现为对人们行为柔性的、间接的影响，重在培育公民的自觉、自律精神，而不是强制性的规范活动。道德治理还是一种强化道德价值的实现方式，它使具有认知、激励、评价等功能的道德维度获得了维持社会秩序、实现社会稳定的政治功能和社会功能。道德水平是社会文明程度的重要标志，高尚道德是社会凝聚力的源泉，是提高人的精神境界、促进人的自我完善、推动人的全面发展的内在动力。发展市场经济，维护社会稳定，促进社会发展，都离不开道德建设。在现代社会，道德治理同样也离不开法律的保障，道德治理和法律治理有机结合才能实现符合统治阶级根本利益的社会秩序。

失信行为道德治理是维护社会稳定的重要手段，道德准则的建立和遵循可在个体层面上形成一种有效的自我约束机制，使人们自觉遵守规则和规范，减少失信行为的发生。历史唯物主义认为，社会存在决定社会意识。人们的行为是受其意识支配的，而存在决定意识，所以，从根本意义上说，人们的行为是由人所生活的具体条件所制约着的。历史唯物主义也深刻揭示出社会意识的能动作用。那么，在具体情境当中，人们可以从几种方案之中选择自己的行为方式。也就是说，人的意志虽然总的来说是被决定的，但又有主观能动性的相对的自由，失信行为道德治理就是对这种具体的现实的自由的保障。此外，通过强调诚信的重要性，可以引导人们树立正确的价值观念，形成社会共识，进而减少不诚信行为的出现。更重要的是，失信行为道德治理可以在整个社会范围内构建起一种共同的道德秩序，使人们共同遵守规则，从而保障社会的正常有序运转。

（二）提优人际信任

道德治理是一个社会性的庞大系统工程，诚信作为其中基础组成部分，是调节人际关系、规范经济生活秩序的一种重要的行为规范，对提优人际信任具有重要作用。人类之所以能以群体的形式长期存在，是因为彼此之间相互信任。如果缺乏足够的相互信任，那么人与人之间就失去了相互联系的基本纽带，社会生活也就无法正常运行下去了，更谈不上和谐社会的建设了。人们在社会生活当中的冲突，本质上是利益差异的体现，而从情感上来看，则直接表现为信任感的不足。随着社会的变迁，人与人的交往形式也发生了多重变化。一方面，从经济活动到日常往来，主体之间的彼此诚信构成其重要前提；另一方面，现实中诚信缺失、互信阙如等现象又时有所见。就个体而言，信任构成了其行为系统的重要环节。在行为目标的确定、行为方式的选择等方面，信任的影响都渗入于其中。按其现实形态，个体的行为总是发生并展开于社会共同体之中，其行为过程也以不同的形式受到后者的制约。这里既有认知意义上的信任，也有评价意义上的信任，前者主要指向事，后者则关联着人。

从社会的层面看，人与人之间基于理性认知和一定价值原则的相互信任，是社会秩序存在的条件。康德曾对说谎无法普遍化问题做了分析，其中也涉及诚信及广义的信任问题。一旦说谎成为普遍的言说方式，则任何人所说的话都无法被他人所信，如此，则说谎本身也失去了意义。社会秩序的建立、社会生活的常规运行，难以离开人与人之间的社会信任。从正面看，在相互信任的条件下，不同的个体往往更能够彼此交流、沟通，并克服可能的分歧、形成相互协作的关系，进而建立和谐、有序的社会共同体。失信行为道德治理对于人际信任的建设具有积极作用，它培养了人们的诚信意识和信守承诺的精神，使得人们更加倾向于信任他人。在交往和合作过程中，双方能够更加放心地依赖对方，从而促进了合作关系的建立和发展。通过失信行为道德治理，可以树立起一种"守信为荣、失信为耻"

的社会风气，形成一种共同的信任文化。人们在这种文化氛围中，会更加注重自己的信用价值，也更加重视他人的信用表现，从而增强了彼此之间的信任感。

（三）提振道德氛围

道德是社会秩序和个体行为的重要约束力量，它承担着调节人际关系、传递社会价值观念、传承文化传统等重要使命。失信行为的存在会破坏社会道德秩序，损害社会公平和正义，因此道德规范具有显著意义。道德规范是社会的基本价值观念和行为规范，通过强化失信行为的道德谴责，社会能够树立正确的价值观，引导人们秉持道德准则。当个体和组织认识到失信行为对道德的冲击，他们更有动力遵守道德准则，自觉规避不诚信行为，从而提高社会整体的道德素养，这有助于营造和谐的社会氛围，促进社会的文明进步。此外，道德风险意识是社会成员对可能导致道德困境的行为和决策的警觉。当社会对失信行为的后果进行道德评价，揭示其可能引发的道德风险时，个体和组织会更加警惕，减少或规避不诚信行为。这有助于降低道德风险的发生概率，减少道德危机对社会的冲击。社会的道德风险意识的提升将使社会更具活力和抵抗力，有助于危机处理和危机应对。同时，失信行为道德治理能够弘扬社会价值观，激发道德自觉。道德规范是社会价值观念的重要体现，通过对失信行为的道德批判，社会将进一步强调公平、正义、诚信等核心价值，引导人们在行为中秉持这些价值观，进一步激发个体的道德自觉，使其更注重道德准则。同时，失信行为道德治理也有助于树立正面的榜样和道德楷模，鼓舞人们学习和践行道德准则。

综上所述，通过失信行为道德治理，不仅可以有效地维护社会秩序，更重要的是能够促进人际信任的建立和发展，提振社会道德氛围，为社会稳定和谐发展奠定坚实基础。

二、经济增益与资源节约

（一）增强商业信誉

道德行为的规范和强调在商业场景中对经济增益具有显著影响。当市场中的各方都以道德规范和信任为基础时，商业活动能够更高效进行，信誉更容易建立，从而将吸引更多的投资者和消费者，带来更多的经济机会。道德经营实践有助于建立企业的声誉，提高客户的信任度。道德经营实践意味着企业遵循道德规范，以诚信、公正、责任为原则进行商业活动。这种实践可以增强企业的信誉，使消费者和合作伙伴对企业的行为和价值观产生信任和认可。通过道德经营实践，企业向客户展示其对道德行为的承诺和坚持，这种承诺和坚持使得客户相信企业会以诚信、公正的态度对待客户，从而增强客户对企业的信任度。一家公司若以诚信和道德为核心价值，将能够赢得客户的信任，这通常会导致更高的销售和业务扩张，消费者更愿意与那些被认为是道德经营的企业进行交易，因为他们相信这些企业更有可能提供高质量的产品和服务。

吸引投资是经济增益的另一个重要方面。投资者通常倾向于将资金投入那些注重道德和社会责任的公司，因为这些公司通常更有可能取得成功，同时也能对社会产生积极的影响。注重道德和社会责任的公司通常具有更强的风险管理能力和更高的透明度，这意味着投资者可以更容易地了解公司的业务实践和道德标准，从而更好地评估公司的潜在风险和机会。此外，这些公司通常更有可能遵守法律和监管规定，减少违法风险和声誉损失。因此，具有良好道德声誉的企业更有可能吸引到资本注入，有助于扩大业务规模，增加就业机会，从而促进经济增长。重视道德和社会责任的公司通常更有可能实现可持续发展，这些公司通常更关注环境保护、社区发展等社会问题，通过采取可持续的商业模式和战略，实现经济、社会和环境的协调发展，而这种可持续发展可以帮助公司长期保持竞争力，并为投资者带来稳定的回报。

（二）增高司法效率

失信行为道德治理可以促进个人和社会的自律和自我约束，降低法律和监管成本。在道德经营的背景下，公司和个人更有自律动力，自觉遵守法律法规。当人们普遍具备高尚的道德品质时，他们更有可能自觉遵守法律法规，从而减少违法和违规行为的发生。这不仅可以减少法律纠纷的数量，还可以降低纠纷解决的难度和复杂性，因为涉及的当事人通常更容易达成共识和妥协。毋庸置疑，这有助于减轻政府和监管机构的工作负担，降低执法成本。此外，降低法律成本也有助于提高法律体系的效率。随着道德的提升，法律程序变得更加简化，因为更少的争议和纠纷需要解决。当人们自觉遵守道德规范和法律规定时，政府和社会组织能够避免投入大量的资源和时间来进行监管和管理。具体而言，可以节省政府和社会组织的资源和时间，使其能够更专注于其他重要事务。减轻法院的负担，提高司法效率，有助于更公正地处理法律事务。失信行为道德治理还可以提高公众对法律和监管制度的信任和认可，当人们认为法律和监管制度是公正和合理的时候，他们更有可能自觉遵守并支持这些制度，使其更有效地发挥作用，从而降低成本。

（三）增益持续发展

在坚持遵循道德原则和理念的企业和社会中，人们更倾向于考虑资源的可持续性。这意味着资源的使用更加高效和节约，有助于减少浪费。首先，道德经营往往关注社会责任，包括资源管理。企业和个人更有可能采取可持续的商业和生活方式，例如减少能源和水的浪费，提高资源利用效率。道德经营的企业通常实施绿色供应链管理，以确保供应商和合作伙伴也采取环保和可持续的做法，从而可以通过评估供应商的环保表现、促进环保设计和生产及采用可持续的包装和运输方式等途径实现，这些实践有助于减少资源成本，提高经济效益。其次，可持续性和环保意识也有助于减少环境损害和减少环保成本，道德导向的企业和个人更注重环境保护，采取措施减少污染和资源过度消耗。这将降低环保成本，减少对环境的负面影响，有助于可持续的经济增长态势。道德经营实践不仅关注短期的经济利益，还注重长期的可持续发展，往往采取社会责任投资，通过投资可持续发展项目和公司，推动社会的可持续发展。这种对可持续发展的关注使得企业更加关注社会责任、环境保护等议题。道德经营的企业采取一系列措施，确保资源的可持续性，从而保护环境，促进社会责任的有力有效落实，这些措施不仅有助于企业的可持续性成功，也有助于建立更公正、繁荣和可持续发展的社会。

三、道德提升与社会发展

（一）推高道德水平

失信行为道德治理一个显而易见的积极效果，就是推高全社会的道德水平。在社会生产生活中，道德被广泛认为是行为的基本准则，反映了社会对良好行为的期望和要求。当社会治理主体采取措施来治理失信行为时，就传递了一种重要信息，即失信行为是不道德的，是不被社会接受的。这种信息不仅对个体具有警示作用，还能够提高整个社会的道德意识。道德水平的提升可以在多个层面上体现，包括个体、组织和社会。

第一，对个体来说，失信行为道德治理通过强调诚实、诚信和道德操守，推动个体自觉地提升道德标准。伦理规律是由于人在伦理世界中的实体性和实体意识而派生的伦理行为的规律。在原生伦理世界中，家庭与民族是两种基本伦理实体形态，与此相应，伦理世界便有两大基本伦理规律，即黑格尔的"神的规律"与"人的规律"。前者指个体作为家庭成员而行动的规律，后者指个体作为民族公民而行动的规律。从哲学意义上讲，个体会更加关注他们的道德行为，认识到不诚信的行为将受到社会的谴责，从而更愿意坚持道德准则。这种自觉的道德提升将在各方面产生积极影响，包括家庭、教育、职业等。对于年轻一代，特别是在教育领域，道德治理可以帮助塑造更加道德的一代又一代公民，为社会的可持续发展奠定坚实基础。

第二，组织和企业受益于失信行为道德治理。组织通常会有自己的道德准则和行为规范，以确保员工的道德行为符合其价值观。信任产生于实践活动，是人类面对未知情境时的心理状态，表达的是主体间的道德关系。随着社会交往的进一步加深，信任被普遍确立为经济、文化、政治的基础性原则。通过失信行为道德治理，组织能够促使员工更好地理解和遵守这些准则。不仅能够增强组织的声誉和信誉，还有助于建立积极的企业文化。诚实和道德的企业文化吸引着更多的人才和客户，从而增强企业的竞争力。此外，道德治理还可以帮助减少内部腐败和不道德行为，保持组织的稳定性。

第三，整个社会的道德水平因道德治理而提升。道德是社会文明和进步的基础，一个高度道德化的社会更容易实现公平和公正。地理大发现以来，文明交流由个体层次向群体层次跃升，全球化的发展与商业资本的普遍流行，客观造就了一个稳定度更低的"风险社会"。不同文化之间的交流激荡造成道德眩晕进而引发"道德虚无主义"，功利主义潮水冲击着原本牢固的传统伦理结构，信任危机问题由此出现。虽然现代信任危机普遍存在，但不同文化传统背景下的表征并不相同。通过强调失信行为的不道德性，能够有效引导更多的人遵循道德准则，增加对他人的信任和尊重，从而改善社会关系，减少不诚信行为对社会的负面影响。

（二）推动社会公平

失信行为通常会给社会带来不同程度的不公平，因为对他人的权益容易造成侵害，破坏了正常的社会秩序。马尔库塞曾将现代人的存在本质定义为"单面"，是一种与终极目的相脱离的状态，人性不再与神圣性发生联系，而仅仅沦为一种纯粹的"物"，因此，信任自觉的重建也就是人性的重建。现代性社会中的信任不是预先给定的，而是伦理精神主动构建的结果。世界与我们处于相互交融的互动之中，主体性价值不能被无限高扬，存在是生活、实践、互动以及与这个世界发生生动的联系。从这个意义上来讲，通过道德治理，启发人际交往过程中产生信任自觉，能够强化诚实和公平，确保每个人都有平等的机会和权益。

首先，道德治理可以促进形成公平的市场竞争。在商业和经济领域，不诚信行为通常导致市场不公平。企业或个人可能通过欺骗、虚假广告或其他不道德手段获取不当竞争优势，损害其他诚实企业的利益。道德治理的实质内涵和关键所在是"治"，贵在遏止和纠正恶行，充分发挥道德"抑恶"的社会作用，是针对当前我国社会道德领域存在的突出问题而提出的社会道德建设工程。通过道德治理，社会能够打击这种行为，维护市场公平和竞争的公平性，确保每个人都有机会参与和获得公平报酬。

其次，道德治理有助于保护社会中弱势群体的权益。促进人的全面发展是社会主义的本质要求，也是道德治理的价值原点。道德既以独特的方式直接规范着人类的社会秩序，又为人类提供精神理想和终极关切的信念力量。因而，从作为公共权力的国家政权立场来看，只有在其治理社会活动当中恰当地发挥道德的作用，才能够完成公共权力自身所担负的保护弱势群体、维护社会秩序、推动人类发展等历史使命。失信行为常常会伤害到弱势群体，因为他们通常更容易受到欺诈和不公平待遇。通过强调道德准则，社会能够更好地保护这些群体的权益，确保他们不受不诚信行为的侵害，这有助于建立一个更加公平和包容的社会。因此，尽管在不同的历史阶段，不同的政治形态和不同的民族传统背景之下，道德在公共权力社会治理当中的地位和发挥的作用是不同的，但是，道德对于社会治理的作用一直是存在着的，公共权力实施道德治理始终是必要的。

再次，道德治理有助于维护社会的公共资源和环境。不诚信行为可能导致资源的浪费和环境的破坏，给社会和环境带来不公平。治理从某种意义上来讲，就是个人和各种公共的或私人的机构管理其共同事务的诸多方式的总和，是使相互冲突的或不同的利益得以调和并且采取联合行动的持续过程。道德治理对于提高管理效率具有显著的作用，在一定程度上体现了对各种公民团体民主参与的尊重，与市场的力量相协同，自发地对资源进行有效配置。通过道德治理，推进社会更加强调对资源和环境的负责任使用，确保免受不当侵害。因此，道德治理是公共利益最大化的社会管理过程，能够为当前和未来的世界提供公平和健康的环境。

（三）推进高质量发展

社会高质量发展是一种全面、协调、可持续的发展模式，旨在提高人民生活水平，保护生态环境，推动科技创新，促进文化繁荣，提升国家综合竞争力。人类的解放，就是人类不断摆脱对人的依赖，对物的依赖，最终达到自由个性的过程。这个从必然王国向自由王国接近的过程，深层动力在于人类物质生活的演进发展。在这个必然的历史进程里面，作为政治上层建筑核心部分的国家政权，具有相对独立性，发挥着能动作用。同样作为上层建筑组成部分的道德意识，亦对经济社会发展发生能动作用。国家治理能力与治理现代化建设，就是以着力推进高质量发展为要旨。这种发展方式注重人的全面发展，包括物质生活水平的提高和文化、精神境界的提升。我国现代社会信任危机发轫于近代以来的现代化进程，在西学东渐背景下，过度强调理性作用而忽略传统伦理精神价值，导致了一定程度上的道德虚无主义。源自道德转型的信任危机，严重制约我国社会高质量发展，这就需要从中国近现代道德文化的嬗变和时代转型中寻找有效路径。

可以说，失信行为道德治理将有利于从多个方面达成社会高质量发展的要求。

　　道德治理有助于培养和传承社会核心价值观。道德治理侧重于塑造社会成员的价值观和行为规范，有助于传承和传播社会核心价值观。通过失信行为道德治理，强调对诚实、守信、公平和正义等价值观的重视，推进价值观内容体系在社会中得到传承和弘扬，有助于形成积极的社会文化，引导人们更好地履行社会责任，为高质量发展提供精神动力。失信行为道德治理能够增强社会凝聚力和向心力，在接续传承中建构良好的伦理文化生态。与传统社会生态所不同的是，现代社会中信任产生的情境已经远离熟悉的情感关系而直接进入陌生人领域，由伦理世界之中的个体诚信转变为道德世界之中的社会信任。现代性社会生活被理性主义与消费主义所占领，信任危机正是精神文化生活陷入困顿的危险信号。究其根源，近代以来我们对西方现代性价值不加选择地吸收是最重要的原因。通过道德规范失信行为，可以使社会成员之间形成更加紧密的社会共同体，从而为社会的高质量发展奠定坚实基础。失信行为道德治理有助于提高企业的竞争力。企业是社会的重要组成部分，它们在市场中展开竞争和合作。企业的道德经营和诚信经营不仅有助于树立品牌形象，还可以吸引更多的消费者和合作伙伴，从而提高企业的市场地位。相反，不道德的经营行为会损害企业声誉，导致市场份额和市场竞争力的下降。通过失信行为道德治理，可以鼓励企业遵循道德准则，实现诚信经营，从而提高竞争力，为社会高质量发展贡献力量。

第五章
新时代失信行为道德治理路径

　　党的十八大以来，以习近平同志为核心的党中央高度重视社会信用体系建设。在社会主义民主政治条件下，道德治理是公共权力彰显其本质、履行其职能、促进人的全面发展这一马克思主义终极社会理想的必要选择。正因如此，中国共产党坚持道德治理的执政理念，推进政务诚信、商务诚信、社会诚信、司法公信等重要领域逐渐与社会治理体制相融合，取得了较好的社会治理效果，但在此过程中仍存在着诸多亟待解决的问题。如何进行系统化的社会诚信建设，特别是互联网新场景下的诚信建设，以提高互联网内容的质量，建立全面的网络综合治理体系，创造一个清新、公正的网络空间，已成为新时代社会发展转变阶段中需要解决的重要问题。

　　为解决这些问题，需要进行深入的研究和分析，制订全面的计划和策略。关键在于加强对互联网的监管和管理，建立完善的法律和制度体系，以打击网络欺诈行为和虚假信息。同时，也需要加强互联网内容建设，鼓励和培育优秀的网络文化，提高公众的网络素养。通过这些措施，建立一个诚信、公正、开放、多元的网络空间，为社会的和谐稳定和持续高质量发展提供坚实的保障。

第一节　宏观夯实社会各界失信行为道德治理根基

　　加强网络空间诚信治理是弘扬诚信文化、推进诚信建设的关键环节。与现实社会空间一样，网络诚信治理和失信行为矫正也需要建立各种约束机制，如行政监管、法律监管、声誉约束和网络技术监督等。然而，网络诚信治理更为复杂化和系统化，需要不同主体、不同目标之间相互协调和统筹，以达成明确治理方向、强化治理手段建设、紧抓治理工作重点等目标。

为了实现这些目标，我们需要建立和完善网络诚信制度，提高网络诚信意识，强化网络道德教育。同时，也需要加强网络技术研发和应用，利用大数据、人工智能等技术手段来动态监测和分析识别网络失信行为，并采取相应的治理措施。此外，还需要在网络空间中建立诚信评价体系，表彰和奖励诚信行为，同时对失信行为进行曝光和惩罚，从而塑造积极的诚信氛围。总之，加强网络空间诚信治理是一项长期而艰巨的任务，需要全社会共同努力，不断探索和创新治理方式和方法。

一、政府激励弘扬守信行为

党和政府始终注重激励和弘扬守信行为，在历次党的重要会议和政府发展规划中均有体现。党的十八大指出，要深入开展道德领域突出问题的专项教育和治理，加强政务诚信、商务诚信、社会诚信和司法公信建设；党的十九届四中全会提出，完善诚信建设长效机制，健全覆盖全社会的征信体系，加强失信惩戒；党的十九届五中全会提出"推进诚信建设"；党的二十大强调，要"弘扬诚信文化，健全诚信建设长效机制"①；《中华人民共和国国民经济和社会发展第十四个五年规划和 2035 年远景目标纲要》明确，将社会信用体系建设作为国家重点任务。

然而，当前信用体系的建设和失信行为的治理仍然是一个长期而艰巨的任务，特别是在网络时代，网络场域中的失信行为新的特征使得治理的难度显著增加，因此，政府需要扮演更为关键的角色。在网络时代，信息传播的速度非常快，传播范围非常广，这使得失信行为的影响更加深远，破坏性更大。例如，在网络购物中，如果某个商家经常欺骗消费者，那么这个消息会迅速传播开来，给该商家的声誉和业务带来巨大的损失。对于网络场域中的失信行为，需要及时发现和有力应对，并采取有效的措施来

---

① 习近平. 习近平著作选读：第 1 卷 [M]. 北京：人民出版社，2023：37.

防止类似行为的再次发生。

政府在信用体系建设和失信行为治理中扮演着非常重要的角色。政府通过制定相关法规和政策来规范市场行为，加强市场监管，增加失信行为的成本，尽力遏制失信行为的发生。通过建立公共信用体系，收集和公开企业和个人的信用信息，为市场提供更加透明和可靠的信息，从而缓解市场中的信息不对称。科学界定信用信息纳入范围和程序，规范信用信息共享公开范围和程序。规范严重失信主体名单认定标准，按照有关规定严格限定为严重危害群众身体健康和生命安全、严重破坏市场公平竞争秩序和社会正常秩序等方面的责任主体，不得擅自增加或扩展。具体认定要严格履行程序。依法依规开展失信惩戒，确保过惩相适。对失信主体采取减损权益或增加义务的惩戒措施，必须基于失信事实、于法于规有据，做到轻重适度，不得随意增设或加重惩戒，不得强制要求金融机构、信用服务机构、行业协会商会、新闻媒体等惩戒失信主体。建立有利于自我纠错的信用修复机制。除法律法规等另有专门规定外，失信主体按要求纠正失信行为、消除不良影响的均可申请信用修复。加强信息安全和隐私保护。严格管理信用信息查询使用权限和程序，严肃查处泄露、篡改、毁损、窃取信用信息或利用信用信息谋私，严厉打击非法收集、买卖信用信息违法行为。

（一）制定信用评价标准，完善信用评价机制

制定详细的信用评价标准以及细化的信用评价指标，是政府和社会组织在实施激励守信行为措施的重要前提。为了完善信用评价标准，需要政府、市场和社会各方进行协同合作。诚实守信的重要性在政府、市场以及社会各个领域中都有重要体现，因此，对信用的评价也应该由政府、市场和社会各主体共同参与，一体推进。政府在制定信用评价标准方面发挥着关键作用。政府可以制定相关法规和政策，明确信用评价的标准和指标，规范市场行为，加强对失信行为的监管和惩罚。同时，政府还可以通过公开企业和个人的信用信息，提高市场透明度，为市场提供可靠的信息，从而降低市场中的信息不对称。市场在完善信用评价标准中也发挥着重要作用。企业可以制定内部信用评价标准，对员工和合作伙伴进行信用评价，并采取相应的激励和惩罚措施。此外，市场还可以通过信用评级机构等第三方机构，提供更加客观和专业的信用评价服务，为市场参与者提供更加可靠的信用信息。

　　社会各主体在完善信用评价标准中都扮演着重要角色。社会组织可以制定相应的信用评价标准和指标，对成员进行信用评价，并采取相应的激励和惩罚措施。此外，还可以通过公开透明的信息披露机制，提高市场透明度，为市场提供更加可靠的信息。制定详细的信用评价标准和细化的信用评价指标是激励守信行为的重要前提。完善信用评价标准需要政府、市场和社会主体进行协同合作，共同参与信用的评价和监管，从而促进市场诚信和规范，推动经济的健康和可持续发展。在政府的主导下，市场和社会各主体积极参与，制订出各个领域的信用评价指标和评价标准。同时，建立健全的个人信用档案，为有针对性地记录个人信用信息奠定了基础。这些措施可以促进信用体系的建设，提高市场和社会各方面的诚信度和透明度。通过政府、市场和社会主体的共同努力，建立起更加可靠、公正、透明的信用评价体系，为经济和社会的发展提供有力的支撑。

　　（二）建立健全激励制度，构建守信行为"红名单"激励机制

　　信用评价机制的建设是实施激励制度的前提和参考标准，而激励制度的构建则是信用评价机制的具体落实和发挥作用的体现。为了建立健全基于信用评价标准和评价机制的守信激励制度，有必要建立守信行为奖励"红名单"，并通过完善政府、市场和社会的协同激励措施，强化守信行为正向引导机制，鼓励企业、社会组织和公众坚决实践守信行为。

　　政府、市场和社会不同领域的激励措施应当通过一定的形式实现信息共享和奖励互认。政府可以通过提供财政补贴、税收减免等奖励措施，鼓励企业和社会组织实践守信行为。市场可以通过提供商业机会、信用评级等奖励措施，鼓励企业和社会组织实践守信行为。社会领域的相关主体可以通过提供社会声誉、公众认可等奖励措施，鼓励企业和社会组织实践守信行为。通过不同领域的激励措施的相互配合，逐步形成协同效应，进一步促进守信行为的发生和坚守。

　　此外，政府还应该加强对守信行为的宣传和推广，提高公众对守信行为的认识和认可度。政府可以通过开展宣传活动、发布守信行为典型案例等方式，引导公众和企业积极实践守信行为。市场可以通过提供守信行为的商业机会，鼓励企业和社会组织积极实践守信行为。社会可以通过公众监督、社会组织的推广等方式，促进守信行为的发生和推广。信用评价机制建设和激励制度建设应当是相互关联、相互促进的。通过建立健全基于信用评价标准和评价机制的守信激励制度，并实现不同领域激励措施的协同作用，可以进一步推动信用体系的建设和发展。

在政府机构进行人员考核时，市场和社会的守信行为奖励将被作为重要的参考指标。政府的守信行为奖励也将作为市场交易主体守信的重要表现和交易参考。同时，加强政府机构和行业协会的表彰制度建设，规范守信行为的激励措施，以更好地推动守信行为的发展和推广。通过政府、市场和社会的共同努力，可以建立起基于信用评价标准和评价机制的守信激励制度，鼓励企业、社会组织和公众坚决实践守信行为。这些措施的落实落地，有助于提高市场和社会各方面的诚信度和透明度，促进信用体系的建设和发展，为经济的健康和可持续发展提供有力的支撑。

（三）通过树立典型、宣传引导，营造人人守信的社会文化氛围

诚实守信是中国本土熟人文化中占据非常重要地位的传统美德，自先秦时期以来，诚信观念的悠久历史就已经萌发。然而，在现代社会快速变迁的过程中，传统的熟人信任关系受到了市场化冲击的挑战，人与人之间的信用纽带逐渐断裂，面临着崩解的困境。尽管市场经济的发展不完全依赖于传统的熟人关系，但市场交易仍然需要建立在新型的市场信任关系之上。这种新型的市场信任关系不仅需要建立在法律和制度的基础之上，更需要建立在文化和社会价值观的基础之上。因此，在建设现代市场经济的过程中，我们需要重视诚信和信任的建立，弘扬诚信美德，建立新型的市场信任关系，推动市场经济的健康和可持续发展。我国目前正处于持续深化改革的关键时期，市场经济发展的逐步深化需要相应的信用文化与机制作为支撑。然而，长期以来，文化的变迁往往滞后于物质条件的发展，这一现象在社会学领域被称为"文化堕距"。在信用领域，同样存在着"文化堕距"现象。

这一现象表现为信用文化的变迁无法跟上市场经济的快速发展，导致现有的信用文化无法完全满足市场经济的需求。随着市场经济的不断深化，信用文化必须随之进行调整和改变，以适应市场发展的需要。为有效解决这一问题，我们需要采取针对性更强的积极有效的措施，促进信用文化的

发展和变迁。相关举措通常包括加强信用教育，提高公众对信用的认识和重视程度，建立新型的信用关系和信用制度，以及推动信用文化的创新和发展。只有这样，才能使信用文化与市场经济发展相互匹配，推动市场经济的健康和可持续发展。

市场经济的变迁对传统熟人信任文化造成了冲击，然而，市场经济的深度发展并没有自然而然地形成新的信任文化。在市场经济背景下，与之相匹配的信任文化的发展很难在短时间内自发形成。因此，必须重构传统守信文化和大力营造新时期新型的守信文化。为了推动守信文化的发展，需要采取一系列措施。

首先，要树立守信的典型个体，让人们看到守信的行为能够得到认可和尊重。其次，要充分运用媒体和媒介，挖掘典型的守信故事和事例，加大对守信行为和事迹的宣传工作。通过这些典型事迹的宣传，可以起到正向导向的作用，并强化守信的文化氛围。此外，还可以开展各种守信文化活动，如守信演讲比赛、守信故事分享会等，让更多人参与其中，从而加深对守信文化的认识和理解。同时，还可以在学校教育中加强守信文化的教育，让孩子们从小就树立正确的价值观和道德观。总之，重建和营造新型的守信文化是一项长期而艰巨的任务，需要全社会的共同努力。通过树立守信的典型个体、加强宣传工作、开展文化活动等多种方式，我们可以逐步建立起守信文化的氛围，推动市场经济的健康和可持续发展。

（四）跨地区与跨行业协同、联动，强化守信行为激励效果

对守信行为的激励不仅需要政府、市场和社会主体的协同与联动，同时也需要不同地区、不同行业的协同与联动。为实现这一目标，需要加强对典型案例和守信个人的宣传与表彰，让他们的优秀行为事迹得到跨地区、跨行业的广泛认可和支持，具体而言，对于那些典型的守信企业、组织和个人，应该给予他们跨地区和跨行业的奖励和支持。这可以通过政府提供奖励措施，例如在企业行政审批中给予便利，提供便捷的公共服务等方式来实现。同时，也可以通过市场和社会力量的支持，提高他们的知名度和美誉度，进一步鼓励和激励更多的人和企业坚守诚信。通过加强对守信行为的宣传和教育，提高整个社会对诚信的重视和认识。

只有政府、市场、社会以及不同地区、不同行业都协同协作起来，共同支持和鼓励守信行为，我们才能真正建立起一个诚信、守信的社会环境，推动市场经济的健康和可持续发展。同时，还应给予守信个人跨地区、跨行业的奖励，例如在个人贷款、子女教育、就业、创业、社会保障等方面提供重点支持和优先便利。这样的奖励措施有助于形成一种"一处守信、处处受益；一处失信、处处受限"的社会氛围，有力地强化对守信行为的激励效果，并对失信行为形成极大的威慑。

不同地区和不同行业的协同与联动，不仅可以促进守信行为的传播和推广，同时也可以形成一种社会共识，营造浓厚氛围，使人们更加重视守信行为。这样的协同和联动还可以促进信用信息共享，打破地区和行业之间的信息壁垒，使得信用信息能够更加畅通地在社会中流通，为守信行为提供更加可靠的信用保障。在对守信行为进行激励的同时，也要加强对失信行为的惩戒。通过跨地区、跨行业的联动，可以实现对失信行为的全面监管和打击，让失信者无处遁形。同时，也可以通过公开失信企业和个人的信息，提高公众对失信行为的识别和警惕，进一步压缩失信行为的活动空间。通过政府、市场和社会的共同努力，以及不同地区、不同行业的协同和联动，努力建立起一个诚信、守信的优良社会环境。

（五）建立健全信用主体权益保护机制

对守信行为的激励和对失信行为的惩罚是激励制度中非常重要的两个方面。在建立和完善守信行为的奖励机制时，还需要加强对守信个体的后续监督机制，以确保他们的行为持续符合诚信和守信的标准。对于受到奖励的守信个体，不仅要在短时间内对他们进行监督，而且在长期的过程中也要持续关注和监管。其原因在于，即使他们在一时表现出了守信行为，也不能保证他们会持续保持这种行为。因此，我们需要建立起一种制度性的约束机制，确保他们的守信行为是在制度约束下的"免检"状态。

在对守信行为进行激励的同时，也要加强对失信行为的惩罚。这不仅是对失信个体的一种惩罚，同时也是对其他潜在的失信行为的一种威慑。通过公开失信企业和个人的信息，提高公众对失信行为的识别和警惕。对守信行为的激励和对失信行为的惩罚这两个方面，需要建立起健全的机制和制度。

与此同时，要注意加强对失信个体、社会组织和企业等的失信处罚执行期限制度，对那些以往因失信行为受过惩罚，得到矫正并实现行为扭转，积极履行守信行为，并表现较好的个体、社会组织和企业等，依照程序恢复其声誉，并依据规范恢复其在各领域理应享受到的权利、权益。激励失信个体、社会组织和企业积极转变观念，履行守信行为，做履行守信行为的典范。对于因守信行为受到表彰的个体、社会组织和企业，如果存在异议，应建立健全投诉、反馈处理机制，保护这些个体、社会组织和企业等的合法权利或权益不受侵害。同时，对于因失信行为受到处罚的个体、社会组织和企业，也应提供相应的申诉和反馈渠道，确保他们的合法权益得到保障。这种投诉、反馈处理机制的建立，可以增加公众对信用评价机制的信任度，同时也能够进一步提升信用评价机制的公正性和透明度。

此外，为了更好地推动信用评价机制的发展和优化，还需要加强相关法律法规的制定和完善，为信用评价机制提供更加明确的法律保障和依据。同时，也可以通过开展各种宣传和教育活动，提高公众对信用评价机制的认识和重视程度，进一步推动信用评价机制的实施和应用。对于因守信行为受到表彰以及因失信行为受到处罚的个体、社会组织和企业存在异议的情况，需要建立健全投诉、反馈处理机制，保护他们的合法权益不受侵害。同时，我们也需要加强相关法律法规的制定和完善，为信用评价机制提供精准明确的法律保障和依据。

二、媒体监督曝光失信行为

从《最高人民法院关于公布失信被执行人名单信息的若干规定》来看，失信行为主要包括以下几种情况：以伪造证据、暴力、威胁等方法妨碍、抗拒执行；通过虚假诉讼、仲裁，或者通过隐藏、转移财产等方式规避失信裁决执行；违反相关财务制度；违反高消费限制令；无正当理由，被执行人拒绝履行协议；以及其他有履行能力而拒不履行生效法律文书确定的义务等。具体来说，失信行为还包括以下几种情况：编造和故意传播虚假信息；伪造或冒用他人证件信息；伪造票据和相关证明；制造和出售假冒伪劣商品；以及局部履行约定义务等。这些行为不仅违反法律和道德准则，也对社会信用体系造成了严重损害。为了遏制失信行为的发生，最高人民法院制定了失信被执行人名单制度，对具有严重失信行为的个人和企业进行公开曝光，并对其进行联合惩戒，使其在社会上失去信用，从而增加其违法成本，减少其违法行为。同时，也为社会大众提供了一个可靠的信用查询平台，方便大家查找和了解失信被执行人的相关信息，避免与这些失信个体或企业发生信用交易的风险。

从对失信被执行主体和失信行为的界定来看，失信的本质是失信行为人采取他人无法辨别的手段和渠道，例如伪造相关物品、传播虚假信息、售卖假冒伪劣商品等。这些行为违背了诚信原则，损害了其他主体的权益，破坏了市场秩序和社会诚信。失信行为产生的原因除了与个体道德水平有关外，还与信息不对称密切相关。在市场交易和社会实践中，不同主体之间的信息分布是不对称的，这为失信行为提供了可乘之机。失信行为人可以利用信息不对称，隐瞒真实情况，误导他人，从而获取不正当利益。这种信息不对称现象往往源于市场机制不完善、信息传递渠道不畅通、信息质量难以保障等多种因素。

为了减少失信行为的发生，我们可以采取多种有效措施。比如，加强道德教育和诚信意识培养，提高个体的道德水平，使失信行为成为众矢之的。完善市场机制，加强监管，打击伪造、欺诈等失信行为，增加失信行为的成本。同时，建立完善的信息披露机制，提高信息的透明度和对称性，降低信息不对称带来的风险。此外，还可以通过信用评级、征信系统等手段，对失信行为进行记录和评估，对失信被执行主体进行限制和惩戒，增加失信行为的难度和代价。通过这些举措的综合运用，有利于逐步减少失信行为的发生，促进市场交易的公平和诚信，推动社会信用体系的建设和发展。

从失信行为主体的角度来说，他们率先掌握相关信息，并垄断相关信息、资料，向他人展示未经证实的产品、消息。而从被欺诈的对象来看，由于缺乏对相关产品、信息和行为真实性的辨别能力或缺乏相关知识、信息，导致被欺诈。因此，对失信行为的治理关键路径之一，就是弥补失信行为主体和被欺诈对象之间的信息不对称问题。由于媒体在信息收集、信息辨别、信息宣传和信息披露等方面具有较大优势，因此，应充分发挥媒体在失信行为监督方面的重要作用。

（一）打造融媒体传播矩阵，履行失信行为监督责任

习近平总书记指出，网络已经成为人们生产生活的新空间，"网民来自老百姓，老百姓上了网，民意也就上了网"。互联网已成为传播诚信的重要主渠道，同时也应该成为凝聚共识的新空间。为了发挥互联网在传播诚信和凝聚共识方面的作用，应该坚持移动优先策略，建设好移动传播媒介平台。利用新媒体的信息收集快、掌握信息全、辨别信息能力强、宣传效果好、信息传播速度快等特点，让主流媒体借助移动传播的手段，牢牢占据舆论引导的制高点。通过及时披露失信行为及失信者，社会大众可以更加了解和认识到诚信的重要性。

此外，社会大众在一定程度上对权威媒体更加认可，对权威媒体发布的消息更加信任。这是因为在互联网时代，信息传播的速度非常快，而权威媒体具有更高的可信度和公信力。通过利用权威媒体发布消息，有利于可以更好地传播诚信价值观，凝聚社会共识，推动诚信文化的形成和发展。因此，应该积极开发利用互联网和移动传播平台，加强诚信传播和凝聚共识的工作。同时，也要借助融媒体加强对失信行为和失信者的监督和惩戒力度，维护诚信价值观和社会公信力。必须强化媒体在失信行为监督中的作用，充分利用传统媒体如电视、广播等，以及新媒体如小红书、抖音、微信、微博等，依法依规适时揭露虚假信息、失信行为和失信施为者，使社会大众能够及时了解到相关失信个人、社会组织和企业失信行为的内容与影响，并帮助社会大众辨别信息真伪，维护公众的知情权，避免公众因信息不对称被失信行为侵害。

从公众关注度高、媒体活跃度强、具有高度社会责任感的媒体中逐步发展一批失信行为监督媒体，针对不同行业、不同领域甄选培育媒体履行失信行为监督的使命，使得媒体监督更具时效性和针对性。同时，加强不同媒体间的信息交流与共享，做到信息披露更加及时、内容更加齐全，形成全天候、多渠道的失信行为媒体监督机制。例如，央视"3·15"晚会就是针对失信行为和失信者进行有效监督的权威官方媒介之一。通过这一系列方式，可以更好地监督失信行为和失信者，引导社会集体守信，推动诚信建设和社会信用体系的发展。同时，还应该加强对失信行为的惩戒力度，优化惩戒方案，提高失信成本，让失信者付出应有的代价。通过融媒矩阵

监督措施的综合运用，我们可以建立一个更加诚信、更加守信的社会环境。

（二）加强对重点企业、社会组织和个人的持续监督

履行监督责任的媒体通常通过建立"黑名单"制度，对重点失信企业、社会组织和个人加强持续性的信用监督。对于影响较大的重点失信企业和社会组织，可以通过派驻媒体监督专员的方式，及时收集监督对象的信息，提醒交易单位、社会组织和个人识别失信行为者。通过舆论压力，对失信行为者形成线上与线下的双重制约，增加对失信行为者和失信行为的威慑力度。媒体可以通过发布相关报道、评论和调查报告等方式，加强对失信企业和个人的曝光力度。在信息披露方面，媒体可以有重点、有针对性地发布失信企业的名称、失信行为的具体内容、涉及的金额和影响范围等信息，提醒并指导公众防范。通过增加透明度，减少信息不对称，帮助公众更好地识别和防范失信行为。

建立健全的失信行为监督动态调整机制，对于那些守信行为表现良好、起到带头示范作用的企业、社会组织和个人，加强宣传和表彰，给予相应的奖励和激励。而对于那些失信行为主体，及时进行提醒、警告和纠正，帮助他们改正错误，重新回到守信主体的行列。对于已经改正的失信行为者，应及时从失信"黑名单"中删除，尽快恢复他们的名誉和信誉，鼓励更多的失信行为者转移到守信的行列中来。动态调整机制不仅有助于提高失信行为者的守信意识，同时也能够激励更多的企业和个人积极主动参与到守信行为中来。通过奖励和激励守信者，可以树立守信行为的榜样和典型，形成全社会共同守信的良好氛围。而对于失信行为者，及时提醒和纠正可以帮助他们避免进一步的失信行为，减少对他人和社会造成更大更严重的损失。通过动态调整机制的建立，有助于实现失信行为的及时发现和有效应对，推动社会信用体系的建设和发展，提高公众对信用体系的认识和重视程度，促进全社会形成共同守信的良好局面。

（三）强化对监督媒体的监督与奖励机制

对失信施为者和失信行为的媒体监督，必须建立在严格的监督和规范的奖励机制基础之上。对媒体的监督可以避免媒体组织或个人"寻租行为"的产生，确保媒体监督的公正性和有效性。同时，奖励机制可以激励媒体更好地履行监督职责，促使媒体提供更加及时、准确、全面的监督信息。

为了实现这一目标，需要建立健全以政府为主导，行业协会、社会组织等共同参与的媒体监督机制。应该加强对相关媒体的多元化、体系化的监督，确保其履行监督职责，避免偏袒失信企业、社会组织与个人，以维护媒体公信力。

行业协会和社会组织可以在媒体监督中发挥重要作用，其主要途径是制定行业标准和规范，对会员媒体进行监督和约束，促进媒体间的公平竞争和诚实守信。同时，社会组织可以通过本领域公开透明的方式，对失信企业和个人进行曝光和谴责，推动社会大众对失信行为的关注和抵制。曝光失信企业可以提醒公众注意这些企业的行为，当公众了解到某个企业的不诚信行为时，他们可以选择不再支持该企业，从而减少其市场份额。此外，公众的关注和谴责可以促使企业重新审视其行为，并做出积极的改变。在奖励方面，可以设立专门的奖励机制，表彰那些在媒体监督中表现优秀的媒体和个人，这些奖励可以是物质奖励，也可以是荣誉称号等精神奖励。通过奖励机制的激励，激发媒体更好地履行监督职责，提高媒体监督的积极性和主动性。

对失信施为者和失信行为的媒体监督，需要建立在严格的监督和规范的奖励机制基础之上。应该对积极履行监督职责、在守信行为正向引导和失信行为反向惩戒中发挥重要监督作用的媒体给予适当的物质和精神奖励。建立以政府为主导、以市场和社会组织为评价主体的评价机制，对媒体监督作用进行综合评价，包括媒体的专业性、公正性、及时性等方面的评价；建立健全监督媒体动态调整机制，确保监督媒体发挥监督作用，并对其进行监督和约束。通过这些措施，我们可以促进媒体更加积极地履行监督职责，提高媒体监督的质量和效果。同时，对监督作用发挥良好的媒体进行奖励，可以激励其他媒体学习和效仿，形成良好的媒体监督氛围。通过综合评价机制，可以更好地了解媒体监督的作用和效果，为进一步改进和完善媒体监督机制提供参考。

三、体系矫正弥补失信行为

国务院发布《社会信用体系建设规划纲要（2014—2020 年）》，强调"社会信用体系是社会主义市场经济体制和社会治理体制的重要组成部分。

它以法律、法规、标准和契约为依据，以健全覆盖社会成员的信用记录和信用基础设施网络为基础，以信用信息合规应用和信用服务体系为支撑，以树立诚信文化理念、弘扬诚信传统美德为内在要求，以守信激励和失信约束为奖惩机制，目的是提高全社会的诚信意识和信用水平"，提出了社会信用体系建设的指导精神、总体思路、基本原则和推进路径。其目标是使政务诚信、商务诚信、社会诚信和司法公信建设取得明显进展，市场和社会满意度大幅提高。社会信用体系建设，对于规范社会大众行为、矫正失信施为者和失信行为具有重要意义，利用信用体系矫正失信行为，应在具体细节处下功夫。

通过信用体系矫正失信行为，总体思路是建立国家主导、社会与市场引领的征信体系。通过线上和线下双管齐下，政府与市场、互联网协同，以及信息交换与共享，实现对失信行为的矫正，从制度保障守信秩序逐步实现基于个体自我反思和自我规制的自发守信秩序的转变。具体而言，可以从以下几个方面进行矫正。

（一）失信行为登记

失信行为登记是失信行为惩戒和矫正的重要基础，其主要目的是收集和记录失信施为者及其具体失信行为，为实施其他配套惩罚措施提供依据，并对失信施为者进行持续的监控和观察，评估和衡量其矫正效果，这是失信行为矫正的前提和基础。例如，通过建立失信行为"黑名单"，将失信企业、社会组织和个人信息公开，及时提醒失信施为者和社会大众，对失信施为者起到初步威慑作用。失信行为登记工作的开展，需要建立专门的数据库和信息管理系统，确保信息的准确性和完整性。同时，需要配备专业的登记人员和监管机构，对登记的信息进行审核和管理，确保信息的真实性和可靠性。在登记过程中，要注意保护失信施为者的个人隐私和合法权益，避免信息泄露和滥用。

除了建立失信行为"黑名单"，还可以通过其他方式进行宣传和教育，提高公众对失信行为的认识和重视程度。例如，可以通过公益广告、宣传册、媒体报道等方式，向社会大众普及失信行为的危害和防范措施，提高公众的诚信意识和守信水平。同时，可以加强对失信行为的监督和执法力度，对失信施为者进行严肃处理和惩罚，进一步威慑和遏制失信行为的发生。总之，失信行为登记是失信行为惩戒和矫正的重要环节，是实施其他配套措施的基础。

（二）失信行为警示

失信行为警示是通过提醒、劝告、督促、约谈、警告等手段，对失信施为者如个人、社会组织和企业等进行的警示，旨在告知失信施为者其失信行为，提醒他们了解失信行为可能带来的后果，并促使他们及时停止失信行为，以避免造成更大的损失和伤害。失信行为警示的一般作用是对失信施为者进行提醒，虽然其约束力不强，但它对于及时制止失信施为者的行为以及采取进一步的失信行为矫正措施至关重要。失信行为警示可以由专门的信用监督组织、媒体等实施，而且这些组织实施失信行为警示的力度和效果也会受到外部环境、社会文化等多种因素的影响。因此，在实施失信行为警示的过程中，需要充分考虑失信行为的性质、程度和后果，以及失信施为者的个人情况、社会背景等因素。同时，还需要制定科学、合理的失信行为矫正措施，以帮助失信施为者纠正其失信行为，并逐步建立良好的信用记录。通过这些措施，有利于更好地维护社会公平正义，促进诚信社会建设，实现社会的和谐稳定和可持续发展。

（三）有针对性的重点监控

对失信行为警示不起作用，或屡次实施惩戒不见好转的失信施为者，就需要实施有针对性的重点监控。通过采取区别对待的方式，对这些失信个体、社会组织和企业等加强动态监控，多渠道监督，全面掌握其失信和守信行为。对其失信行为的具体内容和造成的社会不良影响进行综合评估，根据评估结果进行相应的处理。对于失信行为较为严重的对象，需要由政府部门、信用组织和媒体等具体实施多种方式、多种渠道的重点监控。

重点监控的目的是更好地掌握失信施为者的行为动态，及时发现和纠正其失信行为，并对其进行持续的监督和指导。在实施重点监控的过程中，需要建立完善的监控机制，包括设立专门的监控机构、制定详细的监控方案和流程等。同时，需要加强对监控人员的培训和管理，确保监控行为的公正、客观、有效。对于重点监控对象的失信行为，需要依法依规进行处理。处理方式可以包括罚款、限制业务范围、吊销营业执照、公开曝光等。在处理过程中，需要保护失信施为者的合法权益，避免过度惩罚和侵权行为。同时，需要加强对处理结果的监督和评估，确保处理措施的有效性和公正性。总之，对失信行为警示不起作用或屡教不改的失信施为者实施重点监控是必要的。通过加强动态监控、多渠道监督和综合评估，我们可以更好地掌握失信施行者的行为动态，及时发现和纠正其失信行为。

（四）信息公开与声誉受损矫正

声誉受损矫正是指通过信息公开、警告批评、公开谴责、撤销荣誉等方式，对失信施为者的声望和信誉进行负面影响的矫正措施。这些措施旨在让失信施为者的失信行为得到更多人的关注，并通过新闻媒体和互联网等渠道传播，使其在社会中对失信施为者形成不利影响。通过信息公开和警告批评等方式，可以让更多人了解失信行为的不利影响，并对失信施为者形成舆论压力。通过公开谴责和撤销荣誉等方式，可以进一步对失信施为者形成惩罚和约束，促使其认真对待自己的失信行为，并积极采取措施进行纠正。

声誉受损矫正对于失信施为者的影响是多方面的。首先，它会直接影响到失信施为者的声望和信誉，使其在社会中的地位和形象受到负面影响。其次，声誉受损还会对失信施为者的其他方面产生不利影响，如市场交易、资格认定、评先评优等。在市场交易中，失信施为者可能会失去商业合作伙伴和客户的信任，导致业务量下降。在资格认定方面，失信施为者可能会被取消某些职业或资格的认证或注册。在评先评优方面，失信施为者可能会失去获得荣誉称号和奖励的机会。

为了有效实施声誉受损矫正措施，需要建立完善的信用体系和信息公开平台。通过这些平台，可以将失信行为的信息进行公开和传播，让更多人了解和关注失信行为的不利影响。同时，还需要加强对失信行为的监督和执法力度，对失信施为者进行严肃处理和惩罚，进一步遏制失信行为的发生。声誉受损矫正是失信行为矫正的重要环节之一，通过信息公开、警告批评、公开通报、撤销荣誉等方式，可以让失信施为者的失信行为得到更多人的关注和舆论压力，促使其认真对待自己的失信行为并积极采取措施进行纠正。同时，还需要建立完善的信用体系和信息公开平台，加强对失信行为的监督和执法力度。

在移动互联网时代，个体、社会组织和企业等失信行为的产生更加容易，成本更低，且更具匿名性。然而，正是这个时代背景下，对失信行为的监督也变得更为有利。一旦实行失信记录公开，经由互联网传播所导致的声誉受损影响更为深远，连带其他损失更加严重，这将对失信施为者形成强大的威慑。互联网的普及为我们提供了更多的信息和交流渠道，也为失信行为的产生和传播提供了更大的平台。在互联网上，人们可以更容易地获取和传播失信行为的信息，这使得失信行为的影响范围更广。

同时，互联网也为失信行为的监督提供了更多的途径和手段。通过互联网，我们可以更加方便地获取和传播失信行为的信息，对失信行为进行曝光和谴责。此外，互联网的开放性和透明性也为公众参与失信行为的监督提供了更多的机会和渠道。在互联网时代，失信记录的公开和传播对于失信施为者的影响更加严重。一旦一个人的失信记录被公开，其声誉将受到较大的影响，这将对他的社会形象和职业发展产生长期的影响。因此，在互联网时代，我们需要更加重视对失信行为的监督和惩戒。政府、社会组织和个人都应该发挥各自的作用，加强对失信行为的监督和曝光，建立完善的失信行为记录和公开机制。

（五）资格限定或权利剥夺

资格限定或权利剥夺是失信惩戒与矫正中的一种常见措施，它是指剥夺失信人享受相应权利、权益的机会，限制其进入特定场所、获得特定奖励、从事特定职业等资格，这是一种直接限制或剥夺失信施为者切身利益的矫正方式。与信息登记、警示或声誉受损等矫正措施相比，资格限定或权利剥夺的威慑性更强。这种措施通过人为设置失信施为者特定社会参与的权限障碍，强制其对自身的失信行为进行矫正。

资格限定或权利剥夺的具体实践方式多种多样。例如，对于失信个体，可以限制其参与某些社会活动或享受某些权益，如禁止参加公开活动、剥夺选举权或被选举权等。对于失信的社会组织或企业，可以限制其从事某些特定的业务活动，如禁止参与某些政府项目、丧失银行贷款的资格等。这种措施的威慑性主要来自对失信者切身利益的直接限制或剥夺。在大多数情况下，这些措施能够有效地强制失信者重新审视自身的行为，并积极采取措施进行纠正。同时，这类措施也能够对社会大众起到警示作用，通过公开宣布失信者的惩罚结果，告诫其他人不要轻易尝试做出类似的失信行为。

然而，资格限定或权利剥夺等强力措施也需要谨慎使用。一方面，这种措施可能会对失信者的基本权利造成一定的侵犯，需要在实施前进行合法性和合理性审查。另一方面，这种措施也可能会引发社会公众的争议，需要充分考虑社会公众的接受程度和可能产生的社会影响。因此，在实施资格限定或权利剥夺等矫正措施时，需要充分考虑各种因素，平衡各方利益。

对金融领域的失信行为，常见的一种资格限定与权利剥夺措施就是剥夺其银行贷款的资格。这种措施通常针对多次失信且拒绝改正，或失信行为造成经济、社会和其他个体重大损失的失信施为者。这种矫正方式由于较为严厉，因此需要经过严格的审查，以及多部门协调、联动，对失信施为者起到联合惩戒和矫正的效果。同时，需要注意建立健全被执行主体执行资格或权利剥夺的期限和恢复资格考核制度，以确保措施的公平性和有效性。

除了金融领域，其他领域也存在类似的资格限定与权利剥夺措施。例如，对于失信的个体或企业，可能会被禁止参与某些社会活动或享受某些权益。这些措施都需要经过严格的审查和多部门协调，以确保措施的合法性、合理性和有效性。总的来说，资格限定与权利剥夺是失信惩戒与矫正中的一种重要措施。通过人为设置失信施为者特定社会参与的权限障碍，强制其对自身的失信行为进行矫正。

（六）高消费限制

高消费限制是指限制失信施为者高消费及非生活或经营必需的有关消费。这种措施适用于那些有能力履行但拒绝履行相应行为的严重失信施为者，通过限制他们的高消费，来强制其纠正失信行为。具体案例包括限制王思聪高消费等事件，这些案例在网络上引起了较大反响。此外，民航局通过公布严重失信施为者名单，限制他们乘坐飞机。对于在高铁上闹事或藏匿违禁品者，拒绝其乘坐高铁等。这些都是限制失信施为者高消费的典型案例。高消费限制的目的是引导失信施为者改正失信行为，并通过限制其高消费行为来约束其行为。这种措施的实施可以促进社会诚信风气的形成，维护社会公平正义，推动诚信社会建设，实现社会的和谐稳定和可持续发展。

要建立健全失信施为者高消费限制制度，明确规定限制高消费的时间和条件。在限制期间，要对失信施为者的表现进行综合考察和评价，根据其表现决定是否恢复相应的高消费。要完善恢复失信施为者相应高消费的考察机制，确保失信施为者的失信行为受到惩罚和矫正，同时确保被执行主体恢复诚信后的权利和权益得到保障。在实施高消费限制措施时，要充分考虑失信施为者的具体情况，根据其行为的性质、程度和后果等因素进行综合评估。要保障被执行主体的合法权益，建立健全申诉机制，确保其能够通过合法渠道表达自己的意见和诉求。此外，还要加强对失信行为的监督和惩戒力度，完善相关信息公开和共享机制，提高失信行为的曝光度和惩戒效果。要加强对失信施为者的教育和引导，提高其诚信意识和守法意识，从源头上遏制失信行为的发生。总之，建立健全失信施为者高消费限制制度和完善恢复失信施为者相应高消费的考察机制是失信惩戒与矫正工作的重要环节。通过综合考察和评价失信施为者的表现，以及保障被执行主体的合法权益，可以实现失信行为的惩罚和矫正，同时促进社会诚信风气的形成和诚信社会建设的发展。

四、依法惩戒打击失信行为

失信与违法是两个不同的概念。失信偏重不诚实、言行不一、违反自己的承诺，而违法则偏重违反国家制定的规则。当前，对失信行为的治理和对失信施为者的处理主要以行政惩戒为主，诸如荣誉受损、资格限定和限制自由等惩戒措施，但并非法律惩戒。

其一，失信行为惩戒缺乏法律依据，这导致失信行为的治理职能以行政惩戒为主，缺乏法律的威慑力，惩治力度明显不足。这种局面一方面使得失信者难以受到应有的惩罚，另一方面也给执法部门带来不少困难和尴尬。例如，有些地方在处理企业欠债问题时，由于没有明确的法律规定作为依据，只能采取一些比较粗暴的方式来解决，如强制执行、罚款等，这些做法不仅不能从根本上解决问题，而且还会对企业造成严重的负面影响。因此，我们需要尽快完善相关法律法规，明确规定失信行为的惩戒措施及其适用条件等相关事项，为失信行为的治理提供有力的法律保障。

其二，缺乏具体的失信行为治理和失信施为者惩处执行主体。由于执行主体不明确，导致对失信施为者的处罚存在难以追究和互相推诿等问题，难以实现有针对性的失信行为治理。这种情况不仅影响了对失信行为的惩治效果，也损害了社会公众对诚信建设的信心。为解决这一问题，需要明确失信行为治理和失信施为者惩处的执行主体。具体来说，可以设立专门的失信行为治理机构或者明确相关部门的职责，使其能够有效地对失信行为进行监管和惩治。同时，要明确执行主体的责任和权利，确保其对失信行为的治理和惩处能够落到实处，避免出现互相推诿等问题。此外，还需要加强对失信行为治理和失信施为者惩处执行主体的监督和管理，确保其工作的公正、公开、公平。同时，要建立健全的奖惩机制，对工作出色的执行主体给予奖励，对不履行职责的执行主体进行惩处，以促进执行主体的工作积极性和责任心。总之，明确具体的失信行为治理和失信施为者惩处执行主体是解决失信行为问题的关键之一。通过明确执行主体的责任和权利，以及对执行主体的监督和管理，可以实现有针对性的失信行为治理，有效惩治失信行为，促进社会诚信建设的发展。

其三，失信行为治理缺乏具体的评价指标和衡量标准，导致对失信施为者的失信行为缺乏详细的衡量和认定依据，同时也给失信行为的惩处带来了极大的困难。没有明确的指标和标准，很难对失信行为进行量化和认定，也就无法对失信者的责任进行准确的评估。为了解决这一问题，我们需要建立一套具体的评价指标和衡量标准来指导失信行为治理工作。这些指标和标准应该能够详细地衡量和认定失信行为，为相关机构提供明确的依据，以便对失信者进行准确的惩处。同时，这些指标和标准还应该能够量化失信者的责任，以便更好地追究其责任。在建立评价指标和衡量标准的过程中，应该充分考虑失信行为的类型和程度，以及失信者的情况和行为背景。可以通过收集和分析相关数据、参考国内外相关标准和实践案例等方式，来制定适合本地区的评价指标和衡量标准。同时，还需要不断监测和评估这些指标和标准的实施效果，以便及时进行调整和改进。总之，建立具体的失信行为治理评价指标和衡量标准是解决失信行为问题的重要步骤之一。通过明确的指标和标准，可以为失信行为治理提供详细的依据，有利于对失信者进行准确的衡量和认定，并追究其责任，为失信行为的惩处提供明确的依据。

因此，要依法惩戒打击失信行为，首先必须建立健全完善的法律制度，明确执行主体，细化评价指标和衡量标准。在这方面，我国已经开展了相关的制度建设工作，比如《关于推进社会信用体系建设高质量发展　促进形成新发展格局的意见》和《关于建立完善守信联合激励和失信联合惩戒制度加快推进社会诚信建设的指导意见》等，都从制度层面对社会信用体系建设进行了相关规定，为失信行为治理奠定了坚实的基础。通过立法，将诚信规范制度化，用法律彰显契约精神，构筑起坚固的社会信用法律大厦。

（一）加强失信行为规制立法工作，做到失信行为惩治有法可依

第一，区分法律规范与道德标准。诚信立法，必须明确道德标准与法律规范的区别和联系。我国是一个受传统文化影响较为深远的国家。受长久以来传统道德文化的影响，人们对于道德标准和法律规范之间的区别与联系认识不清，从而在法律制定和执行过程中导致道德与法律纠缠不清，加大了立法和执法的困难。当然，长久以来形成的道德标准是社会大众的共识，对于建立法律制度具有指导作用，法律规范的制定不能脱离社会实际。因此，必须妥善处理好道德与法律的关系。

诚信是一个具有浓厚道德含义的概念，因此，诚信立法必然需要面对并处理道德与法律之间的关系问题。由于道德的内涵和标准随着社会的变化而不断发展，同时也在地区、行业、文化程度、宗教信仰等方面表现出多元化的特征，具有不确定性，这使得诚信立法的难度增加。为了解决这一问题，需要在立法过程中充分考虑道德和法律的相互影响，明确法律对诚信的界定和约束，同时保持一定的灵活性，以适应社会变迁和多元化特征。此外，还需要通过教育和宣传等手段，引导公众理解和接受诚信价值观，促进诚信意识和行为的养成。诚信立法需要处理好道德与法律之间的关系，明确诚信的内涵和标准，并针对社会变迁和多元化特征制定相应的对策。

因此，诚信立法需要在参考社会主流道德规范和道德标准的基础上，引入共识性的道德作为立法内容的依据。同时，需要将模糊的道德内涵转化为概念清晰、逻辑明确的法律语言。这样，诚信立法就可以在保证法律

的科学性和准确性的同时，充分体现道德的价值和标准。另外，诚信立法还需要根据不同地区、行业、文化程度、宗教信仰等多元化特征，制定出具有针对性和可操作性的法律规范。这样才能避免出现模糊不清和标准混乱问题，实现诚信立法的有效实施，促进社会诚信建设的发展。

第二，试点先行，总结地方的诚信立法经验，加快制定顶层法律。法律的制定及政策的设计，离不开典型地区试点实践和地方尝试。当前，在不同地区对诚信立法的认识和理解尚未形成有效共识。政府和市场、社会等不同领域，社会不同产业与行业等的看法也存在不一致的地方。因此，必须在总结地方经验的基础上，通过广泛的试点形成共识，进而推动全国范围内的统一共识和立法。目前，在我国湖南、湖北、上海等地，已经逐渐开始推动诚信立法工作。在诚信立法的过程中，通过试点，总结经验教训，不断弥补法律漏洞，为中央顶层立法设计提供了决策参考。除了在地方试点，通过总结经验形成共识外，不同领域的试点和经验总结及其共识形成，对于顶层立法也较为重要。当前，我国不同领域发展程度不一，面临的诚信问题也不同，导致不同领域对诚信的重视程度还存在差异。

目前，国内诚信体系最常用的范围仍然主要集中在公众普遍关注的政府诚信以及与公众利益切实相关的商务诚信方面。对于这些重点领域的诚信立法，我们可以先行试点，总结试点经验和教训，发现可能存在的漏洞，形成立法共识，从而为其他社会领域和司法领域的诚信建设提供宝贵的经验借鉴。具体来说，可以在一些具有代表性的地方进行试点，针对不同地方的特点和实际情况，探索符合当地特色的诚信立法模式。通过这些试点，深入了解诚信立法在实际操作中遇到的问题，发现可能存在的漏洞，并及时加以修正和完善。在试点过程中，还可以选择一些重点领域进行先行探索，例如政府采购、公共资源交易、金融信贷等方面。这些领域与公众利益密切相关，对于诚信立法的要求更为迫切。

通过在这些领域的试点和探索，可以积累更加丰富的实践经验，为将来在其他社会领域和司法领域的诚信建设提供强有力的支持。地方试点和重点领域先行探索应该作为中央诚信立法的重要前提和必要步骤。通过这些实践经验的积累和总结，可以不断完善诚信立法体系，推动全社会诚信意识的提升。

第三，诚信立法必须妥善保护好个人信息和个人隐私。个人信息收集、档案建立，以及失信行为惩戒中的信息公开、信用记录披露等，是失信行为治理的重要内容。然而，信息收集、信息处理和信息披露，都可能涉及泄露个人信息和侵犯个人隐私。因而，诚信立法建设必须充分考虑个人信息和个人隐私的保护，最大化平衡隐私保护与个人信息共享之间的矛盾和冲突，防止公权力对个人隐私和个人事务过分干预，造成社会活力不足并影响社会和谐稳定。

在开展诚信立法时，需要对个人、社会组织和企业等主体的信息进行分类。对于不同类型的信息，需要适用不同的公开、利用和保护规则。同时，还需要设置必要的信息访问资格和安全保密措施，以确保信息采集、整理、共享、使用的安全。这些措施的目的是维护信用主体的知情权和异议权，确保他们在信息使用过程中能够获得充分的信息，并能够对其个人信息的使用进行监督和提出异议。具体来说，对于个人信用信息，需要适用更加严格的保护规则，确保个人隐私不受侵犯。对于社会组织和企业等主体的信用信息，需要在信息共享和利用方面设置一定的规则和标准，以确保信息的安全性和可靠性。同时，对于不同类型的信息，还需要设置相应的访问资格和安全保密措施，以保障信用主体的知情权和异议权。

在诚信立法过程中，需要建立相应的权利救济机制，以确保信用主体在个人信息使用过程中能够获得及时、有效的帮助和救济。例如，可以建立专门的投诉渠道和申诉机制，对个人信息使用过程中出现的问题进行及时处理和解决。诚信立法的开展需要加强对信息的分类管理和保护，设置必要的信息访问资格和安全保密措施，切实维护信用主体的知情权和异议权。同时，还需要建立相应的监督机制，以确保个人信息使用的安全和合法性。

（二）明确失信行为惩治执行主体，做到失信行为惩治有法必依

有法可依，还必须做到有法必依。费孝通在《乡土中国》中指出，就社会治理而言，人治、法治、礼治的区别不在于"人""法""礼"这3个字上，而在于维持秩序时所用力量及所依据规范的性质。礼治得以实现，在于道德规范可以有效地应对社会生活问题。在急速变迁的现代社会，道德规范的效力是无法保证的。传统的诚实信用作为一个道德规范，并不能自动地转化为法律契约。法律并不是仅仅写在纸上就能成为真正的、有效的法律制度和原则。实际上，在将法律应用于实际情况时，必须经过执法者对法律条文进行解释的环节。这种解释不仅仅是对于文字的表面理解，还包括对法律条文背后的意图、目的和意义的深入理解。因此，执法者必须具备专业知识和技能，以便能够正确地解释和应用法律。

此外，法律的应用还受到社会实际情况的制约。虽然法律条文是固定的，但是实际情况是千变万化的。因此，执法者需要根据实际情况对法律条文进行适当的解释和调整。这种解释和调整必须遵循法律的初衷和基本原则，同时考虑到实际情况的特殊性和复杂性。只有这样，才能保证法律的公正、合理和有效。

有法必依要确定具体的法律执行主体，明确执法部门的责任和义务。失信行为表现在不同的部门、行业和领域，如果没有明确的执法主体，就会导致失信行为惩治可能出现执法主体混乱、执法效力较低等问题。因此，必须明确从中央到地方各级政府的诚信法律执法部门和主体，制定和细化执法主体责任，明确执法方式、执法程序等。与此同时，应明确设立不同行业、领域的诚信执法主体，细化执法领域和执法责任。

（三）完善失信行为评价指标和执法标准，做到科学执法

失信行为包括多种类型，对失信行为的法律规制，必须在严格的程序、标准下分类执行。当前，经济信用风险管理和社会诚信管理体系构成了我国信用体系的两个重要子系统，这两大信用系统涉及商务、司法、政务和社会四大领域。企业、社会、个人和政府等是主要的信用主体，社会诚信体系的核心是发现失信行为和惩戒失信行为。《关于进一步完善失信约束制度 构建诚信建设长效机制的指导意见》明确规定，失信行为的治理要建立在规范、严格的法律制度基础之上，并要求面向全社会公开。

在界定的认定失信行为方面，必须严格遵守相关规定，将那些严重损害人民群众权益、阻碍社会正常秩序和市场公平竞争的责任主体纳入失信行为人名单。为了确保惩戒的公正性和有效性，需要按照科学、量化的标准进行评估，严格界定善意失信和恶意失信的内涵。同时，我们还需要从失信行为人、失信行为所造成的危害程度、失信行为对社会的影响等方面对失信行为进行分级和量化，细化评价标准，为执法处罚和量刑提供具体参考。通过这样的方式，可以实现科学执法，确保对失信行为的惩戒符合法律法规，并且不会对无辜者造成不必要的伤害。

此外，还需要加强对失信行为的研究和分析，了解失信行为的发生原因和规律，从而制定更加有效的预防和治理措施。实践中，可以通过收集和分析相关数据、开展实证研究等方式，深入了解失信行为的特征和影响，为制定更加科学合理的法律法规提供有力支持。总之，在认定和处理失信行为时，需要严格遵守相关规定，按照科学、量化的标准进行评估和惩戒，实现诚信领域科学执法。

第二节　中观构建网络空间失信行为道德治理机制

网络信息技术改变了人们的交往形态，一定程度上强化了道德问题产生的可能。社会交往形态作为社会结构的重要组成部分，对社会道德的变迁有着深刻的影响。纵观人类社会的发展历史，社会交往形态的每一次大的变革，尤其是交往方式、交往范围、交往手段和交往行为模式的突破与更新，都对社会的道德体系和人们的道德观念和道德实践产生巨大的冲击。网络信息技术就是通过对人们交往形态的改变，使道德治理工作增加了变数。在网络虚拟社会中，社会交往的范围无限拓展，世界上不同地区、不同文化、不同价值观的人可以随时随地交流和对话，这就使人与人之间的交往由"熟人社会"向"陌生人社会"逐渐发生转换。在这个转换场景中，产生于和适应于传统"熟人社会"中的道德体系和道德规范因为交往对象的陌生化、虚拟化和复杂化而在一定程度上发生改变。人们会因为交流平台的虚拟性和隐蔽性而缺失对交往对象的身份认同和社会认同，或者主张侥幸和放纵心理，从而淡化自身的道德义务和责任，增大了网络道德失范现象产生的可能性。

现实社会的交往对象具有特殊性，社会交往中不同对象之间再次相遇和互动的可能性大，使得交往主体必须谨慎约束自己的交往行为，失信的经济、社会成本也较高。电子信息方式下的语言世界是一个科学语言挤压甚至颠覆道德语言的世界。如果说电子语言中情感的缺位导致伦理世界场域和伦理世界空间的缺失，电子网络则从另一个维度改变了伦理世界的存在性状。互联网空前地拓展了人们的交流和交往空间，从根本上改变了传统信息方式下人的生活空间概念，也改变了人与自己所处世界的关系。网络社会交往由于其匿名特征，使得互动主体的道德责任感降低，加之交往对象的普遍性、非固定性和单次随机性，导致网民对交往主体的信任程度极大降低。网络交往中，个体对约束自身行为的自觉性明显下降，网络失信行为普遍发生。习近平总书记强调，网络空间是亿万民众共同的精神家园。网络空间天朗气清、生态良好，符合人民利益。网络空间乌烟瘴气、生态恶化，不符合人民利益。[①] 这就要求我们必须加强对网络失信行为的治理，建立健康、良性的互联网生态环境。

一、契约机制提升网络主体道德自觉

契约是建立在平等原则基础上，互相约定权利义务关系，并对违反约定行为实施制裁的关系形式，往往建立在主体间相互信任的基础上。一般来说，熟悉是信任的基础和重要来源。基于熟悉、信任建立起的契约关系，具有主体自觉性。但互联网的虚拟性、陌生性和匿名性等特点，使得基于熟悉机制建立起的信任和由此形成的契约关系难以达成。因此，必须从制度上对网络主体进行约束，通过制度规范，培育网络主体新型信任关系和契约精神。

（一）健全互联网实名制，完善网络准入制度

网络匿名机制特性逐步发展成一个开放且去中心化的虚拟世界。社会互动不再被束缚于特定的面对面情境，而是从"在场"的现实中转向了虚拟的缺席状态。这种时空分离的网络交流实现了社会的"脱离"，形成了一

---

① 习近平. 习近平著作选读：第 1 卷 [M]. 北京：人民出版社，2023：472.

个更为广阔的社会交往空间。与此同时，社会关系也遭到了重新定义。为了解决由于主体和行动的"脱离"所导致的交往信用缺失问题，必须重建个体的互联网参与机制。具体而言，我们需要将互联网嵌入个体中，建立新型的互联网契约关系，并构建网络行为契约机制，以确保个体在网络中的行为规范和信用。

从本质上看，在互联网电子世界的这种无规定、无限制的自由主义感觉中，人们与他所处的那个现实世界的真实关系在意识中往往容易被遮蔽，因而伦理世界的实体意识、实体感，尤其是民族的甚至家庭的实体意识与实体感变得模糊不清和动摇不定。电子网络推波助澜下产生的所谓"全球化"对民族意识的消解，实际上在道德哲学意义上就是对伦理的实体意识的解构，也是对原生伦理世界的解构。新信息方式对伦理世界的改变已经深入伦理世界的构成元素，因此，完善的互联网实名制，是建立新型互联网契约关系、构建网络行为契约机制的前提。总的来说，健全互联网实名制需要从多方面着手。

其一，增强实名制意识，扩大实名制范围。实名制是指在互联网上使用真实姓名和身份信息进行注册、发表言论等行为的制度。通过实名制，人们可以更好地了解和跟踪网络上的言论和行为，从而更好地管理网络空间。同时，实名制也有助于增强人们对网络空间的信任和安全感。互联网用户需要增强实名制意识，自觉遵守相关规定，提供真实有效的身份信息，对自己的网络行为负责。进一步扩大实名制范围，逐步覆盖所有互联网用户，实现全面的、彻底的实名制。

其二，加强技术手段，规范实名认证技术。互联网企业应采取技术手段，加强对用户身份的认证和管理，例如通过采集用户的生物特征信息、人脸识别、指纹识别等技术进行身份确认，确保用户信息的真实性和可靠性。规范实名认证技术，必要情况下结合视频实人认证，保证认证主体的真实性，能够精准确定设备和账户的使用主体，并且可在事后实现精准追溯。

其三，建立处理机制，完善用户风险评估体系。互联网企业应建立处理机制，及时对存在风险的用户或行为进行处理，例如对涉嫌违法犯罪的行为进行调查和处理。完善用户风险评估体系，识别和防范潜在的风险和威胁，保障用户的安全与隐私。

其四，强化宣传教育。加大对实名制的宣传力度，提高用户的安全意识和法律意识，让用户了解实名制的重要性，自觉遵守相关规定。习近平总书记强调，没有网络安全就没有国家安全，没有信息化就没有现代化，网络安全和信息化事关党的长期执政，事关国家长治久安，事关经济社会发展和人民群众福祉。①

其五，建立互联网认证平台。国家提供统一的互联网认证平台，包括用户注册、认证、定期检测使用主体等功能，要求涉及账号相关的互联网平台统一接入，由国家统一进行互联网用户的管理、实名认证和使用主体的检测。

通过以上措施，可以逐步健全互联网实名制，提高网络空间的规范性和安全性。

2012 年底，全国人大常委会审议通过的《关于加强网络信息保护的决定》，强调了互联网实名制的重要性，并为验证互联网主体真实身份和确保网民身份识别安全提供了法律依据。从互联网准入门槛开始，设置基于网民资源加入的互联网准入实名认证制度，可以从源头上对上网主体的行为进行跟踪观察，并对其网络行为形成无形的威慑和压力，让网络主体的失信行为有根可追、有源可溯。2022 年 6 月 27 日，国家互联网信息办公室发布《互联网用户账号信息管理规定》，对 2015 年施行的《互联网用户账号名称管理规定》进行修订，自 2022 年 8 月 1 日起施行。相较于 2015 年的《互联网用户账号名称管理规定》，2022 年的《互联网用户账号信息管理规定》新增有关 IP 属地的相关规定，如"互联网信息服务提供者应当在互联网用户账号信息页面展示合理范围内的互联网用户账号的互联网协议（IP）地址归属地信息，便于公众为公共利益实施监督""互联网信息服务提供者应当在互联网用户公众账号信息页面，展示公众账号的运营主体、注册运营地址、内容生产类别、统一社会信用代码、有效联系方式、互联网协议（Ⅳ）地址归属地等信息"。2022 年 3 月，新浪微博率先启动"展示用户 IP

---

① 习近平. 习近平著作选读：第 2 卷 [M]. 北京：人民出版社，2023：147.

属地"功能，虽然是测试版的，并且是局部的，却成为开放"IP 属地展示"功能的先声。4 月 28 日，新浪微博社区管理官方微博正式发布 IP 属地功能升级公告。该公告表示，全量显示评论 IP 属地，个人主页展示账号 IP 属地。除微博外，4 月 29 日，微信公众平台、抖音、今日头条、小红书都上线"展示用户 IP 属地"功能。此外，知乎、百家号、豆瓣和快手等多家平台，也都宣布逐步开放"IP 属地展示"功能。

尽管逐步开放 IP 地址在网络空间掀起关于个人信息安全的讨论热潮，但就网络失信行为问题本身而言，实名制、实地制措施以及建立互联网认证平台、规范实名认证技术、建立用户风险评估体系等手段，无疑是防范失信问题的重要手段。这些措施可以增强网络空间的信任度和规范性，提高用户的意识和自我保护能力，进一步减少网络失信行为的发生。同时，互联网企业和政府部门也应当加强对网络失信行为的打击和惩罚力度，让网络诚信成为每个公民的自觉行为。

（二）健全虚拟社区契约，实现虚拟社区上网规范

互联网虚拟社区数量规模庞大，分支系统繁杂，通过统一的契约约束全部网络空间行为主体的行为难度较大。不过，由于虚拟社区基于特定的话题、文化倾向和兴趣等形成，内部网络主体具有一定的同质性。在长期的虚拟社区互动中，主体间关系也具备一定的同质性，具备在虚拟社区层面构建网络主体契约关系的基础。在互联网准入实名制的基础上，各个虚拟社区可以根据自己特定的社区目标、社区内容、社区活动原则等制定特殊的虚拟社区规范，并明确虚拟社区契约关系的基本形态和社区参与主体的权利义务关系。

虚拟社区的契约规范机制需要建立健全虚拟社区注册进入和个人信息登记制度，以确保每个参与主体都具备基本规范的约束。同时，对虚拟社区中的主体契约关系进行跟踪监控，实行严格的网络社会属地化管理措施，加强对履行虚拟社区契约规范的监督。建立对上网主体失信行为的特定虚拟社区追责制度，将网络契约规范的责任分散到各个虚拟社区主体之上，使互联网契约规范的实施更具针对性。通过这些措施，可以构建起由一个个虚拟社区组成的网络化契约规范机制。每个虚拟社区都可以根据自己的特点和需求制定相应的规范和制度，以确保社区内的秩序和安全。同时，

通过加强对履行虚拟社区契约规范的监督，可以有效减少网络失信行为的发生，促进网络诚信和社会稳定的发展。

（三）健全网络组织契约，形成有序的组织行为

网络空间的组织化除了虚拟社区这一基本单元外，还由一个个分散的网络组织构成。这些互联网组织基于特定的文化风格、行业特征等形成。不同网络组织内部的网络成员具有一定的同质性和一定程度的组织化，比如一些公益慈善组织、游戏团体等。网络组织的组织化程度和群体成员基于长期互动形成的"类熟悉关系"，为建立互联网契约奠定了基础。

在建立特定互联网组织契约的基础上，也可以经由互联网组织间的共同约定，建立更加广泛的互联网契约，从而对更多的互联网主体进行契约规范。由伯纳斯·李倡导发布的《互联网契约》，是典型的建立互联网组织契约关系的案例。《互联网契约》得到了微软、Meta 和谷歌等科技巨头及互联网权益组织电子阵线基金会等的加入与支持。《互联网契约》旨在保护互联网免受幕后操纵、虚假新闻和其他不良之徒侵害。伯纳斯·李认为，正是由于虚假信息和不良行为充斥互联网，网络成为一个"数字反乌托邦"。

因此，必须对政府、经济组织和个人的网络行为进行约束与规范，并提出基本的契约原则。比如，针对政府，要求政府尊重网络主体的在线隐私和数据访问与管理权利；针对经济组织，要求自觉规范员工队伍建设，并积极抵制"人性恶"的技术对公民上网行为的侵犯，同时要注意为社会弱势群体提供更加优质的网络服务；针对个人，要求个人积极参与互联网建设，在争取个人网络空间话语权的同时，尊重网络其他主体的尊严和权利，成为互联网的建设者和维护者。总的来说，要健全网络组织契约，需要从以下四个方面入手。

其一，建立网络组织规则，加强管理监督。网络组织应该建立明确的规则，包括成员的行为规范、权利和义务等，以确保组织成员在网络空间中的行为规范和合法性。网络组织应该加强管理监督，对组织成员的行为进行及时处理和纠正，防止不良行为的出现。

其二，建立诚信机制，加强宣传教育。网络组织可以建立诚信机制，对组织成员的信用进行评价和管理，对失信行为进行惩罚和限制，提高组织成员的诚信意识和自我约束能力。网络组织应该加强宣传教育，提高组

织成员的网络素养和法律意识，让组织成员了解网络空间的行为规范和法律法规。

其三，建立反馈机制，加强技术手段。网络组织可以建立反馈机制，让组织成员对组织管理进行评价和反馈，及时发现问题和不足，促进组织管理的改进和完善。网络组织可以采取技术手段，例如利用大数据、人工智能等技术，对组织成员的行为进行分析和监控，及时发现和处理不良行为。

其四，建立互信关系，加强自律机制。网络组织应该努力建立互信关系，增强组织成员之间的信任和合作，促进组织成员在网络空间中的互动和协作。网络组织应该建立自律机制，鼓励组织成员自觉遵守组织规则和法律法规，提高组织成员的自我约束能力和责任意识。

通过以上措施，可以逐步健全网络组织契约，提高网络空间的规范性和安全性，促进网络组织健康有序发展。

二、道德监督机制强化网络行为权责

网络行为监督应该明确监督主体；包括政府机构、互联网企业、用户自我监督等多个层面的主体。监督主体应该承担相应的监督责任，建立多主体联动机制，形成合力，共同推动网络行为监督工作的开展。具体而言，政府机构应该制定相关法律法规，明确网络行为的标准和规范，加强对网络违法行为的打击和惩罚力度，保障网络空间的安全和稳定。互联网企业应该加强对用户行为的监督，建立完善的用户行为监测和管理机制，及时发现和处理违规行为，保护用户的合法权益。用户自我监督则是指提高自身的网络素养和法律意识，自觉遵守网络行为规范，坚决不从事违法犯罪的行为。

同时，应该建立多层次、全天候的网络行为监督网，形成全面覆盖、实时监控的监督体系。这包括利用人工智能、大数据等技术手段，对网络行为进行实时监测和分析，及时发现和处理违规行为。同时，应该建立完善的举报机制，鼓励广大用户积极参与网络行为监督，形成全社会共同参与的良好氛围。通过明确监督主体、细化监督责任、建立多主体联动机制、织牢全天候网络行为监督网等措施，可以有效地加强对网络行为的监督和管理，提高网络空间的规范性和安全性，促进网络社会的健康有序发展。

（一）明确网络行为监督责任主体

从互联网用户的类型和所属关系来看，网络用户主要包括个体网民和诸如虚拟社区或虚拟组织等群体。对于个体网民，一旦其失信行为对他人和社会造成负面影响，可以直接追究该个体网民的责任。然而，对于像虚拟社区或虚拟组织的失信行为，如果其影响范围较大，就需要对虚拟社区或虚拟组织本身进行追责。

对个体网络行为的监管，可以通过非正式的监督方式，由广大网民、互联网媒体、虚拟社区或虚拟组织等进行监督。而对虚拟社区或虚拟组织等有组织的网络行为的监督，则必须通过正式的方式，由政府、权威诚信机构、网络媒体等来承担。因而，根据互联网主体类型、互联网主体隶属关系和失信行为造成的影响等，可以将互联网监督责任主体分为正式监督主体和非正式监督主体两种，具体包括政府、权威诚信机构、互联网媒体、虚拟社区或虚拟组织、个体网民等。

明确网络行为监督责任主体需要从多方面入手。首先需要明确监督网络行为的主体，监督主体需要承担相应的监督责任，对网络行为进行管理和监督。监督主体需要制定相应的责任制度，明确网络行为监督的具体责任和义务。这包括对网络行为的监测、报告、处理、教育等方面的责任制度。多个监督主体之间需要建立联动机制，形成合力，共同推动网络行为监督工作的开展。联动机制可以包括信息共享、协同行动、联合执法等方式。监督主体需要利用先进的技术手段，对网络行为进行监测和分析。例如，利用人工智能、大数据等技术手段，可以及时发现和应对违规行为。监督主体需要建立完善的举报机制，鼓励广大用户积极参与网络行为监督，形成全社会共同参与的良好氛围。举报机制可以包括奖励机制、保密措施等。通过以上措施，可以明确网络行为监督的责任主体，并加强对网络行为的监督和管理，提高网络空间的规范性和安全性。

（二）构建分类进行、主次分明的网络行为监督机制

根据互联网行为监督主体正式与非正式类型划分，政府、权威诚信机构、互联网媒体、虚拟社区或虚拟组织和网民等多责任主体定位，以及网络主体类型的不同，需要构建分类进行、主次分明的网络行为监督机制。

对于个体网民的网络行为而言，由于数量众多、分布广泛，缺乏组织和契约关系等，通过正式的网络监督机制，可能浪费大量的公共资源，且缺乏针对性。而非正式的网络监督主体，如虚拟社区或虚拟组织、广大网民等，则可以在网络行为监督中起到针对性强、监督范围广等作用。因此，可以建立以虚拟社区或虚拟组织为主、以广大网民为辅的网络行为监督机制。比如小红书、抖音、微信、微博等，基于特定平台，对该平台内网络主体的网络行为进行监督；通过实名认证、发帖审核、大众监督、删帖封号等，实现对平台内网络行为的监督。广大网民也可以通过个体举报的方式，对网络行为进行监督；对特定平台内的网络行为，通过向平台举报、向媒体爆料等多样化途径，实现对个体网络行为的有效监督。

对于有组织的网络主体，如互联网虚拟社区或虚拟组织等的网络行为，由于具有类型化、有备案、有档案可查等特点，可以建立正式监督为主、非正式监督为辅的网络行为监督机制。通过政府、权威诚信机构、互联网媒体等，对虚拟社区或虚拟组织的网络行为进行正式监督。

构建分类进行、主次分明的网络行为监督机制，需要多方面的共同努力。首先需要明确网络行为监督的目标，包括监督的对象、监督的内容、监督的方式等，这有助于针对不同的监督目标，采取不同的监督手段和措施，确保监督的针对性和有效性。根据网络行为的类型和监管对象的特点，将其分为不同的类别，如个人用户、机构组织、公共舆论等。针对不同类别的监管对象，采取不同的监管措施和力度，实现分类监管。在分类监管的基础上，确定监管的重点。对于涉及大范围、大规模的网络行为，或者是涉及国家安全、社会稳定等重要领域的行为，应该作为监管的重点，采取更加严格、具体的监管措施。对于存在失信行为、违规操作的用户或组织，应该加强监管力度，采取相应的惩罚措施，如限制账号使用、封禁 IP 地址等。同时，应该加强与相关部门的协调配合，形成合力，共同打击网络违法行为。鼓励用户和组织自觉遵守网络行为规范，建立自律机制。通过制定行业标准、推广诚信文化等方式，提高用户和组织的自我约束能力和责任意识，形成良好的网络生态环境。建立完善的举报机制，鼓励广大用户积极参与网络行为监督，提供有效线索和证据。同时，对于举报者应该给予相应的奖励和保护，激发社会监督的积极性。加强技术手段应用，利用先进的技术手段，如人工智能、大数据分析等，对网络行为进行监测和分析，及时发现和处理违规行为。同时，应该加强技术研发和创新，提高网络行为监管的技术水平和能力。

三、责任追究机制防范网络违规违法

网络违法行为是以互联网为平台，以散播谣言、传播虚假信息、诈骗、违约等为特征的新型违法行为。为此，应该建立与互联网时代相适应的网络违法追究机制。例如，增设互联网法院，通过线上审理的形式，对互联网违法行为进行追究，就是适应新时代互联网发展要求的新型网络违法追究机制的应用。2018 年 7 月 6 日，中央全面深化改革委员会第三次会议审议通过《关于增设北京互联网法院、广州互联网法院的方案》，在北京和广州率先增设互联网法院，全面发挥司法在推动互联网经济创新、保障网络安全和构建互联网治理体系中的积极作用。互联网法院以全程在线审理为原则，实现案件受理、送达、调解、证据交换、庭前准备、庭审和宣判等诉讼环节全程网络化，具有透明度高，以及案件跨地区处理便捷化、标准化、智能化等优势。从北京互联网法院和广州互联网法院的试点经验来看，还应进一步规范、推广以互联网法院为主导的网络违法行为追究机制。

（一）互联网法院在网络失范行为执法中的作用

一直以来，网络行为失范主要靠道德约束，对个体的规范性力度不足，效果较差。其中既有网络失范行为处罚缺乏明确法律依据的原因，也有网络失范和网络道德缺失行为的执法机构缺位的问题。在现实社会中，个体行为失范和违法犯罪主要靠公安、检察和法院负责查处和审理，并依法追究个人责任。网络失范和越轨犯罪问题，同样应该有相应的审理机构负责处理相应的失范与越轨行为。

互联网法院的出现，能够有效弥补网络失范与越轨犯罪行为执法主体的不足。互联网法院与传统法院相对应，指的是个体越轨犯罪行为的受理、送达、调解、证据交换、庭前准备、庭审、宣判等多个环节在网络中进行，以在线处理为基本原则。互联网法院具有现实中一般法院的基本功能和部门设置机制，包括政治处、执行局、研究室、立案庭、综合审判庭、综合办公室等在内的多个部门。互联网法院可以根据当事人在互联网法院诉讼平台提交的材料，发起立案审查，并根据立案审查的结果，对涉及当事人采取诉前调解并进入司法程序。

以互联网法院为惩治网络失信失德行为的主体，具有多方面积极意义。

其一，互联网法院通过在线收集信息、线上庭审、线上宣判等方式，能够有效地突破法院处理案件的地理限制。通过电子数据的在线接入，互联网法院可以更加方便地收集网络失信失德行为信息。同时，电子数据的整理、电子签名的使用、网络海量信息的大数据处理和存储等技术手段，极大地提高了互联网法院收集和处理海量信息的能力。这些技术手段的应用，使得互联网法院能够更加高效地处理涉及网络失信失德行为的案件。通过线上庭审和电子签名的使用，互联网法院可以确保审判过程的安全性和公正性，同时提高审判效率。网络海量信息的大数据处理和存储技术，可以帮助互联网法院快速筛选和分析大量的信息，为案件的审理提供更加充分的数据支持。

此外，互联网法院的电子数据整理能力也能够大幅度得到提高。通过对大量电子数据的整理和归类，互联网法院可以更加清晰地了解案件的背景和相关情况，为准确判断网络失信失德行为提供有力支持。互联网法院通过技术手段的应用和能力的提升，能够更加高效地处理涉及网络失信失德行为的案件。这些技术手段的应用，使得互联网法院能够更加全面地收集和处理相关信息，提高审判效率和质量，为维护网络诚信和促进互联网及相关产业的健康发展发挥重要作用。

其二，在线审理是互联网法院处理相关案件最重要的方式之一。通过在线审理，案件的审判过程更加透明和公开，方便当事人及时了解案件的处理进度，从而更好地安排正常生活并配合案件的处理。同时，在线审理也便于网络大众了解网络司法程序和网络失信行为的危害及其惩治措施。在惩治相关失信行为主体的同时，在线审理对网络大众还能起到一定的威慑和教育作用，增强大众对网络诚信原则的认知和体会。

互联网法院的在线审理机制可以进一步促进网络诚信建设。通过公开审判和宣传案例，互联网法院可以向社会展示网络失信行为的严重后果和惩罚措施，引导公众自觉遵守网络诚信原则，减少网络失信行为的发生。同时，在线审理还可以加强互联网法院与公众的互动和沟通，促进社会各方面对网络诚信建设的共同参与和监督，营造更加健康、诚信的互联网环境。在线审理是互联网法院处理相关案件的重要方式，方便当事人和网络大众了解相关案件。通过在线审理，互联网法院不仅可以惩治网络失信行为主体，还可以对网络大众起到威慑和教育作用，进一步推动网络诚信建设和社会稳定发展。

其三，互联网法院的出现，使得通过法律处理网络失信行为案件更加具有服务性和便民性。人工智能、区块链、大数据和云计算等现代网络技术的运用，大大减少了网络执法人员收集信息的时间，能够极大帮助互联网法院提高案件审理质量和工作效率。与此同时，互联网法院审理案件也极大节省了当事人线下接受审理的时间与金钱成本。互联网法院可以24小时接受网络失信行为案件诉讼申请。通过视频电话形式，当事人在家即可完成庭审的全部流程。按照广州和北京等地互联网法院的实践情况，互联网法院线上庭审平均用时比传统法院庭审节约五分之三，平均审理期限比传统法院节省接近一半。

其四，互联网法院在处理网络失信行为方面具有更高的效率和能力，能够更及时地发现网络诚信治理的漏洞。通过对网络失信行为的及时惩治，可以在一定程度上改变行业规则，对互联网和相关产业主体产生威慑和倒逼效应，促使它们遵守网络诚信原则，坚守网络诚信底线。这样的措施有助于营造更加健康、诚信的互联网环境，提升网络诚信水平，减少失信行为的发生，确保互联网空间的秩序和安全。互联网法院的设立和运作可以加强对网络失信行为的监管和惩治力度。通过高效的审判机制和专业化的团队，互联网法院可以迅速处理涉及网络失信行为的案件，及时发现和制止各种网络失信行为。此外，互联网法院还可以通过公开审判、案例宣传等方式，增强公众对网络诚信的认知和意识，引导社会形成共同维护网络诚信的良好氛围。

在互联网法院的推动下，各相关产业主体也会更加重视网络诚信建设。无论是电商平台、社交媒体还是在线支付等互联网平台，都需要遵守网络诚信原则，提供诚信服务。通过互联网法院的及时惩治和威慑效应，这些主体将更加自觉地加强内部管理和监督，提高服务质量，确保遵守网络诚信原则。互联网法院在治理网络失信行为、推动网络诚信建设方面发挥着重要作用。通过及时发现、惩治网络失信行为，互联网法院不仅能够提升网络诚信水平，还可以促进互联网及相关产业的健康发展，为公众提供更加安全、可靠的互联网环境。

（二）构建以互联网法院为中心的"1＋N"多元共治模式

互联网法院在发现网络失信行为和惩治失信行为主体方面具有高效率、高质量等优势，颠覆了传统线下法院审理案件的单一模式。不过，互联网法院惩治失信行为及其主体仍然具有事后治理的特点，即出现网络失信行为后，针对失信行为具体情况进行调解或司法处理。不仅如此，由于互联网主体数量众多，涉及行业、部门人员冗杂，互联网法院模式在收集资料方面也存在一定滞后性和限制性。因此，要摆脱互联网失信行为运动式治理的缺陷和治理滞后性，就有必要针对互联网失信失德行为进行多元治理。

多元共治理论是在治理现代化背景下提出的新型社会治理模式，主要来源于多中心理论。20 世纪中期，迈克尔首次提出"多中心"的概念。迈克尔是在市场经济发展的"自发秩序"基础上提出"多中心"概念的，他认为，在市场经济的"自发秩序"中，由于个体受经济利益驱使，对市场经济的治理必须采取"多中心"模式。此后，奥斯特罗姆在吸收迈克尔"多中心"概念的基础上，提出了多中心治理理论。奥斯特罗姆的多中心治理理论指出："政府的治理能力是有限的，单纯依靠政府对公共事务的治理可能存在政府失灵问题，因此，必须引入其他主体参与市场治理。"

互联网社会是高度匿名性的虚拟社会生态。网络使用的匿名性与网民数量众多，给政府单一主体的互联网失信行为治理带来了极大困难。2023 年 8 月 28 日，中国互联网络信息中心发布了第 52 次《中国互联网络发展状况统计报告》。报告显示，截至 2023 年 6 月，我国网民规模达 10.79 亿人，较 2022 年 12 月增长 1 109 万人，互联网普及率达 76.4%。同时，互联网使用主体开始向低龄化和高龄化等主体快速覆盖。另外，互联网主体的使用范围也大大扩展。互联网用户规模数量极大，单靠政府单一主体监控、收集信息和治理、惩治网络失信行为主体难度较大，需要全社会多行业、多部门共同配合，构建多元共治的互联网诚信治理模式。

互联网失信行为治理需要构建以互联网法院为中心和数据处理终端的多元共治模式，即构建"1＋N"共治联盟。这里的"1"即互联网法院，

"N"则需要建立包括不同行业和不同部门在内的产业、职业互联网络失信行为监控与信息收集平台。不同行业、产业的互联网平台作为相应产业和部门人员的互联网失信行为信息收集站点，互联网法院作为网络失信行为信息收集、处理、甄选、定性的网络终端。互联网法院这个"1"与各行业、各产业、不同部门的互联网平台站点"N"构建数据信息共享机制，方便互联网失信行为处理终端——互联网法院——及时对网络失信行为主体进行惩治。通过构建"1＋N"网络失信行为多元共治模式，将互联网失信行为治理的"圆"越画越大，最大限度堵住互联网失信行为治理漏洞，同时加大互联网失信行为治理力度，起到惩防并重、治理有效的作用。

四、网络空间治理机制确保道德氛围

随着社会信用体系建设进入新阶段，我们应当注重多元主体联合，发动不同行业、不同组织及广大人民群众共同参与社会信用体系建设。网络空间治理是指针对网络空间中出现的问题，通过合法、合理的手段、方法、工具和机制来进行的整体治理，不仅涉及技术方面，还涉及政策法规、经济发展、公众参与等多个方面。2018年，习近平总书记在全国网络安全和信息化工作会议上的讲话中指出："国际网络空间治理应该坚持多边参与、多方参与，发挥政府、国际组织、互联网企业、技术社群、民间机构、公民个人等各种主体作用。"网络空间治理的内涵包括加强国家对网络空间的管控，特别是在网络安全方面，国家必须保证网络空间的安全，加强对网络中危险行为的监管和处理。同时，要加强建设网络安全的法律、法规和标准，明确网络安全行为的标准，起到规范网络行为的作用，也可以对违法行为进行处罚。

网络空间治理还需要加强国际合作，因为网络空间是跨越国界的，各国要减少冲突和误解，加强共同管控。国际合作可以有效地促进各国在网络安全领域的合作和协调，分享经验和技术，共同应对网络安全挑战。网络空间治理的目标还包括净化网络空间的语言生态环境，促进网络空间文明和谐发展，优化服务网民的能力，确保宏观语言规划和政策符合不同利益主体的需求。在进行网络空间治理时，应坚持"立足事实，以人为本"的原则，从事实出发，调查和搜集生活中不同服务平台、不同类别网民的语言使用状况，最大限度地将网络空间内的语言使用者纳入语言规划的主体阵营，有助于实现网民、语言治理与网络空间发展的良性互动。网络空间治理的内涵包括多个方面，如加强国家管控、加强国际合作、净化网络空间的语言生态环境等，以实现网络空间的和平、安全和稳定发展。

（一）利益攸关方治理与主体责任厘清

网络空间治理是社会治理的重要内容之一。网络空间治理包括上网行为治理、数据治理和互联网技术治理等多个维度，涉及政府、私营部门、个体行动者、社会组织等诸多主体。不同主体在网络空间治理中的作用领域、作用优势和特点不同。按照美国学者埃里克森的划分，社会治理主体包括 5 类：普通行动者、合约行动者、社会力量、非政府组织和政府，不同主体在社会治理中所起作用不同。其中，普通行动者主要通过自觉和自我制裁参与社会治理，合约行动者根据约定的契约参与社会治理。社会力量、非政府组织和政府部门则在各自领域根据自身需要制定具体的行为规则，从而参与社会治理，并对违反规则者实施制裁。

借鉴埃里克森的社会治理多主体理论，网络空间治理也需要多主体参与，具体包括普通网民、受特定契约约束的网民、社会力量、非政府组织和政府部门。其中，普通网民基于个人道德，自觉遵守上网规范和诚信规则，对自己的上网行为进行约束，形成第一层级的自我控制。受特定契约约束的网民遵守特定的网络契约，如特定的虚拟社区规范，通过执行契约和个人自觉，参与网络空间治理，形成执行者契约约束的第二层级控制。社会力量通过社会基本规范和相互监督机制，形成非正式的社会控制。非政府组织通过特定的组织规范，以组织约束和组织制裁为基础，形成组织控制。政府部门则通过立法和部门执法，实现对网络主体的法律规制。社会力量、非政府组织与政府部门共同构成第三层级控制。通过普通网民、受特定契约约束的网民和社会力量、非政府组织与政府部门构成的三级控制治理，形成网络空间利益攸关方多元治理机制。

（二）数据治理与主体责任

互联网数据治理是实现网络空间治理和失信行为惩治的重要基础。数据治理包括元数据管理、可视化运营维护与监控、API 数据接入、实时数据融合及错误数据处理等多个环节。元数据管理需要重点解决数据的采集、录入问题，涉及大数据的挖掘和云计算。可视化运营维护与监控主要解决互联网上下游数据变化和异常问题，比如个人失信行为记录追溯和数据抹除管理等。实时数据融合则主要解决多种异构数据源的接入问题，需要重点解决多种数据源一键接入问题，从而为不同领域、行业、部门和虚拟社区数据的融合管理提供便利。

API 数据接入主要解决外部数据的接入问题，重点要实现外部数据一键接入，从而帮助网络空间治理主体调取和查询，方便制裁网络空间不法行为。错误数据处理需要设置个性化错误列队，实现对错误数据的实时监控和处理，为网络空间治理提供更加准确、科学的数据依据。互联网数据治理需要相应的技术支撑，借助于私营市场主体和技术社群能够提供足够的支撑，政府则在数据治理中主要发挥监督作用。国家互联网信息办公室等 4 部门联合发布的《互联网信息服务算法推荐管理规定》要求合理运用算法推荐技术，为用户提供更准确、更规范、更有深度的服务，防范一些不良企业滥用算法，将其用来算计消费者，导致大数据杀熟、诱导沉迷消费等问题出现。

（三）规范治理与主体责任

规范治理主要以规范的制定、传播和执行为主。政府、私营部门、民间团体和技术社群等都是网络空间规范的制定者，同时也是特定具体规范的执行者。不过，不同主体制定的规范内容、性质和适用对象明显不同。国家层面制定的规范，主要包括软规范协议、国际法条约和强制性法律条款。这些规范具有相对较高的约束力，旨在确保网络空间的秩序和安全。其中，软规范协议主要是针对特定虚拟社区和特定网络准入领域的行为准则，对于网络行为的约束力相对较低。另一方面，社会组织、私营部门和技术社群等主要负责制定软规范协议。这些规范主要针对特定的网络行为和社区准则，对于网络行为的约束力明显比法律规范要低。

然而，这些规范在某些情况下可以发挥补充作用，对法律无法覆盖或难以执行的一些网络行为进行规范和约束。总体而言，网络空间的规范治理需要政府、社会组织、技术社群等多方力量的协同合作。通过制定具有不同程度约束力的网络行为规范，构建多层级的网络规范制定和执行机制，以及对网络空间实施多层级的治理方式，可以保障网络行为的诚信、公正、合法，并做到失信必治。

　　网络空间的规范治理需要政府、社会组织、技术社群等多方力量的协同合作。为了制定具有不同程度约束力的网络行为规范，需要构建一个多层级的网络规范制定和执行机制。这个机制应该包括虚拟社群、网络组织、政府部门等多个参与者，以实现对网络空间的自愿性约束、疏解性仲裁、调节性规制和强制性惩罚等多层级治理。只有通过这样的方式，才能有效地治理网络空间。

第三节　微观培育社会个体失信行为道德治理信念

　　党的十八大以来，我国大力推进网络空间法治化建设，有效规范网络行为，维护网络秩序，净化网络环境。在管网、办网、用网方面，我国出台了《互联网信息服务管理办法》《网络安全法》《电子商务法》《互联网用户账号信息管理规定》等，为网络治理奠定了法律基础。此外，我们仍需注意到，在网络虚拟社区中，由于道德压力的减轻和释放，会形成不确定性较强的无意识行为，这是诱发网络道德危机的原因之一。网络空间的匿名性、无边界、极端化等特点，使得个体在网络上的行为往往缺乏责任意识。为加强网络道德建设，除了完善相关的法律法规，提升法律的震慑作用，以及加强道德调控之外，还应该注重培养网络主体的道德自律意识与精神。这种道德自律意识与精神的培养，可以帮助网络主体更好地理解并遵守网络行为规范，从而形成良好的网络道德风尚。因此，在加强网络道德建设的过程中，应该注重培养网络主体的道德自律意识与精神，有效促进网络社会生态的健康发展。

一、教育促进网络行为规范

　　网络行为规范是规范网民网络行为、维护互联网安全和互联网正常秩序的重要准则。网络失信行为的产生，一方面源于网民个体素质参差不齐，另一方面也与网络行为规范教育不足有关。注重对个体网络行为规范的教育，是维护互联网秩序的重要基础。

（一） 网络行为规范教育要久久为功

首先，网络行为规范教育应从小学阶段开始抓起，做到抓早抓小。当前的学生很多都是网民，我国 18 岁以下年龄段的网民约占全部网民总数的24％，小学阶段和中学阶段是学生接触并深入了解网络世界的重要时间节点。少年儿童的网络使用行为日益普遍。如今，互联网产品与服务样态非常丰富，深入社会生活的各个方面，成为人们获取信息、学习知识、娱乐交流的重要渠道。少年儿童通过互联网学习新知识、交流交友、娱乐休闲，他们的网络使用行为日益普遍。因此，从小学阶段开始抓起，帮助他们在网络行为中建立正确的规范和价值观，对于他们的成长和发展具有重要意义。少年儿童在网络中容易受到不良信息的影响。网络上存在着各种不良信息和内容，如暴力、色情、欺诈等，这些信息容易对少年儿童的身心健康造成危害。小学阶段的孩子们还处于身心发展的关键期，他们对于信息的识别和判断能力相对较弱，因此需要在网络行为教育中加强引导和保护。

网络行为规范教育有助于培养孩子们的网络安全意识和技能。网络安全是现代社会中每个人都必须面对的问题。从小开始对孩子们进行网络安全教育，教授他们如何正确使用网络、如何防范网络攻击和诈骗、如何保护个人隐私等基本技能，能够帮助他们提高安全意识和应对能力，有效避免网络风险和危险。网络行为规范教育是学校教育的重要组成部分。学校是孩子们接受教育的主要场所，也是他们接触网络的重要场所之一。习近平总书记指出，立德为先，修身为本，这是人才成长的基本逻辑。立德修身，既要立意高远，又要立足平实。德育既是学生入学的第一课，也是学生离校前的最后一课，必须贯穿学生学习始终，贯穿学校工作各方面各环节，使学校真正成为化育为人的天地，而不仅仅是教授技能、发放文凭的场所。① 因此，将网络行为规范教育纳入学校教育体系中，从小学阶段开始抓起，是学校教育的必然要求，也是培养孩子们全面素质的重要内容。

综上所述，网络行为规范教育应从小学阶段开始抓起，帮助孩子们建立正确的网络行为规范和价值观，提高他们的网络安全意识和应对能力，

① 习近平.习近平著作选读：第 2 卷 ［M］. 北京：人民出版社，2023：198.

为他们的成长和发展提供有力的保障。因此，我们须在中小学课程教育中主动加入网络行为规范教育的内容。比如，在中小学信息与技术教育课程中加入网络礼仪和网络规范教育的内容，让学生了解网络规范的具体内容、特点和原则，深刻认识网络行为规范是社会行为规范的重要内容，是社会行为规范在网络社会的延伸与拓展。

其次，网络行为规范教育中，大学生群体是重点对象。习近平总书记指出，青年的价值取向决定了未来整个社会的价值取向，而青年又处在价值观形成和确立的时期，抓好这一时期的价值观养成十分重要。这就像穿衣服扣扣子一样，如果第一粒扣子扣错了，剩余的扣子都会扣错。青年要从现在做起、从自己做起，使社会主义核心价值观成为自己的基本遵循，并身体力行大力将其推广到全社会去。①

在校大学生是互联网参与的重要主体之一，互联网的参与程度频率较高，是网络行为规范教育的重点对象，其原因在于：第一，大学生是网络使用的主要人群。大学生作为年轻人的一部分，对网络有着更为深入的了解和依赖。他们在学习、生活、社交等方面都离不开网络，因此对他们的网络行为进行规范和教育尤为重要。第二，大学生具有较高的社会影响力。大学生是社会的未来和希望，他们的行为和观念将对未来社会产生深远影响。通过加强对大学生的网络行为规范教育，可以树立正确的网络价值观，形成良好的网络行为规范，对其他年龄段的人群也将起到积极的引导作用。第三，大学生处于价值观形成的关键期。大学生在大学阶段正处于人生价值观的形成期，他们对社会的认知、对道德的判断、对人生的理解都还处于较为模糊的状态。在这个关键时期，加强对他们的网络行为规范教育，可以帮助他们建立正确的价值观和道德观，对他们的成长和发展具有重要意义。

因此，对大学生进行网络行为规范教育是十分必要的。大学应该通过课程设置、活动组织等多种形式，加强对大学生的网络行为规范教育，提高他们的网络素养和安全意识，引导他们正确、健康地使用网络。同时，家庭、社会也应该积极配合，共同营造一个健康、安全、有序的网络环境，为大学生的健康成长提供有力保障。

---

① 习近平. 习近平著作选读：第 1 卷 ［M］. 北京：人民出版社，2023：243.

　　大学生的网络行为不仅关系到自身的健康成长，也关系到社会的和谐与稳定。高校学生网络行为规范的教育，必须融入具体的网络教育课程中。比如，在高校思想政治理论课程中融入网络规范教育与诚信教育，在具体的网络失信行为案例惩戒讲解和积极诚信案例的呈现中，强化大学生遵守网络行为规范的自觉性和自律性。大学应该开设网络教育相关的专题课程，加强对大学生网络行为规范的教育和引导，帮助他们了解网络世界的规则和潜在风险，提高他们的网络素养和安全意识。通过强化网络安全管理，建立完善的网络安全管理制度，加强对校园网络的使用管理和监督，防范和打击网络不良行为，维护校园网络的健康和安全。高校是知识传承创新的殿堂和涵养精神文化的家园，应该积极营造健康的网络环境，通过各种渠道传播正能量、倡导健康生活方式，引导大学生树立正确的价值观和生活观，促进他们的健康成长。家庭是孩子成长的重要场所，家长也应该关注孩子的网络行为，加强与孩子的沟通和教育，引导他们正确使用网络，避免陷入不良网络行为。大学生应该自觉遵守网络行为规范，不传播虚假信息、不参与网络欺凌等不良行为，增强自我约束能力和自我保护意识。

　　为加强大学生网络行为规范教育，需要多方面的努力和合作。学校应该提供相关的课程和教育，引导大学生正确使用网络，培养他们的网络素养和安全意识。家庭也应该积极参与，与孩子沟通并教育他们正确使用网络。此外，社会应该加强对网络行为的监管，打击网络不良行为，营造一个健康有序的网络环境。同时，大学生自身也要自觉遵守网络行为规范，提高自我约束能力和自我保护意识。只有不断推进学校、家庭、社会和大学生自身形成有效合力，我们才能营造一个健康、安全、有序的网络生态，帮助大学生塑造诚实守信等正确的价值观。

（二）坚持道德教育与法治教育相结合

　　道德教育与法治教育是网络行为规范教育的具体内容，其中，道德教育是辅助，法治教育是根本。而在道德层面，全球性的网络社会道德规范尚未形成，网民的道德水平也参差不齐，因此，必须进一步加强网络道德与法治教育。

　　首先，加强网络社会法律规范教育。在企事业单位的岗前培训中，应该增加网络法律规范教育的内容，以增强员工对网络法律法规的认识和理解。内容包括网络行为规范、个人信息的保护、网络安全和数据保护等方面的知识和技能。通过有针对性的培训，员工可以了解哪些网络行为是违法的，哪些网络行为是合法的，以及违反法律法规将会面临的法律后果。通过加强网络领域的法律规范教育，广大公民可以更好地了解网络法律法规，深刻认识到违反网络法律法规的后果，从而更好地维护网络安全和数据安全。同时，也有助于推动网络法治建设和社会法治意识的提升。

其次，强化对网民道德行为的约束。法律规范对个体的约束具有滞后性、被动性和强制性，这是因为法律制度的制定和实施通常需要一定的时间和资源，而且往往是在问题出现之后才得以解决。因此，法律对个体的约束往往是一种事后约束，即只有在违反法律规范之后才会产生约束力。与法律制度的约束力相比较，道德规范对人的约束力相对较弱。道德规范主要是一种社会价值观和道德准则，它们不是通过强制力来约束人的行为，而是通过人们的自我约束和自我控制来实现的。因此，道德约束主要是个体的主动自我约束，是一种内生机制，能够起到"事前约束"的作用。

具体来说，道德约束能够促使个体在做出决策之前进行自我审查和自我控制，以避免违反道德规范。这种自我约束机制能够让个体在行动之前就考虑到行为的道德后果，从而避免做出不道德的行为。与法律制度的事后约束不同，道德约束能够预防不道德行为的发生，从而更好地维护社会秩序和公共利益。然而，道德约束也存在一些局限性。例如，不同的人有不同的道德标准和价值观，因此道德约束力可能存在差异。此外，有些人可能会选择违反道德规范，从而产生不良的后果。在这种情况下，法律制度可以作为补充手段来弥补道德约束的不足，通过强制力来约束人们的行为。法律规范和道德规范对人的约束具有不同的特点和作用。在实际生活中，应该注重发挥道德规范的积极作用，同时也需要借助法律制度的强制力来维护社会秩序和公共利益。

最后，在全社会加强互联网道德宣讲和教育。在全社会加强互联网道德宣讲和教育，可以通过宣传典型案例来实现正向引导和反面警示。典型案例可以包括优秀网络行为、网络公益活动、网络安全等方面的案例，也可以包括违反互联网道德规范的行为案例。通过宣传这些案例，可以引导广大网民树立良好的互联网道德，内化互联网道德规范，提升自我约束网络行为的能力和意识。

具体来说，可以通过以下途径宣传典型案例：第一，通过媒体宣传。利用新闻媒体、社交平台等渠道，宣传优秀网络行为和网络公益活动等典型案例，引导公众关注和认可互联网道德规范。第二，制作宣传片。制作互联网道德宣传片，通过视频、动画等形式，向公众展示良好的互联网行为和违反互联网道德规范的后果，提高公众的网络安全意识和自我约束能力。第三，举办线上线下活动。通过举办线上线下活动，如互联网道德演讲比赛、网络安全知识竞赛等，引导公众参与互联网道德建设，增强公众的互联网道德意识和自我约束能力。第四，发挥名人效应。邀请知名人士、网络红人参与互联网道德宣传活动，通过他们的榜样作用，引导公众树立正确的互联网道德观念和行为习惯。通过这些措施来营造良好的互联网道德氛围，引导广大网民树立正确的互联网道德观念，内化互联网道德规范，提高自我约束网络行为的能力和意识。

（三）坚持线上教育与线下教育相结合

网络行为规范教育是针对网民互联网行为的教育。主要途径是充分利用互联网平台，通过各种形式的入门教育和网络互动，逐步实现法治教育与道德教育的网络化。在社会学家看来，环境与人的行为有着相互作用，即场域和习惯相互影响。一方面，习惯受场域的形塑；另一方面，特定习惯下的实践行为赋予场域以价值。在互联网场景中，我们可以通过具体的网络行为引导正反两方面典型案例的呈现，使网络行为规范教育更具直观性和真实性。这样可以让被教育主体在网络社会的具体实践中接受真正的网络"在场教育"。这种教育方式可以让被教育者更加深入地理解网络行为规范的重要性，并且与现实社会行为规范紧密相连。网络行为规范不仅是网络社会的行为准则，更是社会现实行为规范的拓展和延伸。因此，在加强网络教育的同时，也不应该完全抛弃传统教育方式。传统教育方式在许多方面仍然有着独特的优势，例如面对面的交流和更加亲密的师生关系等。因此，应该将网络教育和传统教育方式相结合，发挥两者的优势，以达到更好的教育效果。

线下网络行为规范的教育是网络行为规范教育的重要环节。通过线下教育，可以让被教育者主动对比现实社会行为规范和网络行为规范，深入理解网络行为规范的内涵和重要性。此外，将线下教育与线上教育相结合，可以构筑一个虚拟与现实、显性与隐性、无形与有形相互融合、相辅相成、立体化的网络行为规范教育体系，从而更有效地强化对网络行为的教育作用。尤其在高校课程教育中，线下教育对于提高学生的网络素养和道德观念具有重要意义。

二、法治推动网络情感可控

社会控制包括正式控制和非正式控制两种类型。正式控制是基于制度的基础上的控制，具有强制性的特点，涉及专门的机构系统、标准的技术、可预测的制裁、嵌入社会公共机构以及明显的程序等。法律措施是实现正式社会控制的必要手段，通过规划和废止两种方式来引导社会变迁。规划是有目的地构建新的社会秩序和社会互动，而废止则是指废除或终止现有的社会形式和社会关系。当前，网络虚拟社会逐渐发展成熟，参与度较高，网民参与人数规模较大，但互联网虚拟社会治理水平仍然相对较低，尤其是互联网虚拟社会治理缺乏必要的法律依据，使得正式的互联网虚拟社会治理难以实施，非正式的虚拟社会治理效果不佳，构建完善的互联网虚拟社会法治体系势在必行，而立法更是净化互联网虚拟社会环境的必由之路。法治建设是规范网民行为和维护互联网空间良性秩序的重要保障，因而，必须科学制定网络行为法律规范，并做到有法必依、违法必究，推动互联网虚拟社会法治进程重点从立法、执法、司法和普法等方面同步推进。

（一）建立健全互联网虚拟社会立法

现有互联网虚拟社会立法，主要有分散式立法、修改适用立法和统一立法 3 种模式。分散式立法主要针对具体互联网问题进行某一领域的单独立法，比如，美国自 1978 年以来，各部门先后出台了 100 多项针对不同网络问题的网络法案。修改适用立法模式，是以行业自律组织为主体，通过政府、行业、国家安全部门与民众相结合，采取最低限度的网络监督手段为模式的立法。统一立法模式是指在单部法律中全面讨论互联网问题，通过对互联网虚拟社会全方面问题的规范和解释，制定关于互联网安全和治理的统一法律。这种立法模式旨在为互联网的各个方面提供一个全面的法律框架，以确保互联网的稳定、安全和有序发展。在实践中，相关法律规定需要不断修订和完善，以适应互联网技术的快速发展和变化。

加强和完善互联网安全和保护方面，应明确规定保障互联网安全和保护个人隐私的措施，包括网络安全、数据保护、防止网络攻击等方面的要求。网络行为规范方面应明确互联网用户的规范行为，包括不得发布虚假信息、不得侵犯他人隐私、不得实施网络欺诈等方面的内容。网络服务和平台监管方面，应对网络服务和平台的监管做出规定，包括对社交媒体、搜索引擎、电商平台等平台的监管要求。网络知识产权保护方面，应对网络知识产权保护做出规定，包括版权、专利、商标等方面的保护。电子证据和纠纷解决方面，应规定电子证据的收集、保存和使用，以及网络纠纷的解决机制。通过统一立法模式，可以实现对互联网的全面规范和监管，确保互联网的健康、有序和稳定发展。同时，还可以为司法机关提供明确的法律依据，以便更好地打击网络犯罪和维护公共利益。

从当前我国网络社会的发展特征来看，互联网已经深度融入人们生活的各个领域，包括但不限于教育、医疗、金融、娱乐、社交等领域。互联网的普及和发展不仅涉及的人数众多，而且参与程度深入，涉及的内容广泛。因此，在制定针对互联网的统一法律规范的同时，也需要考虑到不同行业、部门和领域的特点，制定相应的行业、部门法律，以适用于不同的网络法律问题。例如，在金融领域，需要针对网络金融活动制定相应的法规，明确电子支付、虚拟货币等新兴金融形式的法律地位和监管要求。在教育领域，需要针对在线教育、网络课程等制定相应的法规，保障学生和教师的权益，规范在线教育市场。在医疗领域，需要针对远程医疗、电子病历等制定相应的法规，确保患者隐私和医疗数据的安全。

制定相应的行业、部门法律不仅有助于解决具体领域的网络法律问题，还可以为统一法律的制定提供实践经验和参考。通过不同层次、不同领域的法律规范，共同构建一个健全、完善的网络法律体系，为互联网的健康、有序和稳定发展提供有力的法律保障。所以，必须以政府为主导，以行业、部门为主体，广泛征求民众意见，以统一的法律为原则和指导，以部门、行业法律为主体，建立健全立体化的互联网虚拟社会法律体系，为互联网虚拟社会执法奠定法律基础、提供法律保障。

（二）从严实施互联网虚拟社会执法

互联网虚拟社会立法以政府为主导，以行业、部门为主体，具有民众广泛参与的特征。网络虚拟社会执法应当以政府为主导，政府应当在各级部门广泛建立互联网执法部门，并赋予其独立的互联网虚拟社会执法权。此外，政府还应该加强对互联网法律的实施和监督，确保互联网法律得到有效执行。同时，政府还应该加强对网络运营者、网络服务提供者、网络媒体等的监管，规范网络行为，打击网络犯罪，维护网络空间的安全和稳定。另外，政府还应该加强对网络执法人员的培训和管理，提高网络执法能力和水平，确保网络执法的合法性和公正性。通过以上措施的落实落地，有利于建立起完善的网络虚拟社会执法体系，维护网络空间的秩序和安全，促进互联网产业的健康、有序和可持续发展。同时，要建立各行业和各部门充分协调、广泛联系的部门网络执法机构。在政府网络执法部门领导下，协调执法行动，建立政府、部门、行业协同合作、信息共享的互联网虚拟社会执法机制。

总的来说，网络虚拟社会执法的路径主要包括以下几个方面：其一，运用互联网新技术。运用互联网、大数据、人工智能等新兴信息技术，对执法过程进行数字化、信息化和智能化改造，提高执法效率、优化执法流程、提高执法质量和公正性。例如，利用智能执法系统，实现执法信息的快速采集、传输、查询、分析和存储，提高执法准确性和效率。其二，建立网络执法队伍。建立专业的网络执法队伍，明确执法职责和权力，加强对网络执法人员的培训和管理，提高网络执法能力和水平。其三，完善网络执法制度。建立健全网络执法相关法律法规和制度，明确网络执法的范围、程序、标准和责任，规范网络执法行为，确保网络执法的合法性和公正性。其四，加强网络监管。加强对网络运营者、网络服务提供者、网络媒体等的监管，规范网络行为，打击网络犯罪，维护网络空间的安全和稳定。其五，引导公众参与。加强网络法治宣传和教育，引导公众自觉遵守互联网法律法规，增强公众对网络执法的认知和配合，形成全社会共同维护网络秩序的良好氛围。

（三）推动完善互联网虚拟社会司法

互联网虚拟社会司法，是对互联网违法犯罪问题依法进行审判处理的重要手段，是依法对互联网违法犯罪问题进行审判和处理的重要途径。它通过建立互联网法院或在线司法平台，运用电子证据采集、互联网取证、数字技术认证等新型诉讼方式，对涉及互联网的各类纠纷和案件进行审理和裁决。这种司法方式不仅可以提高审判效率，降低司法成本，还可以为当事人提供更加便捷、高效的司法服务。同时，互联网虚拟社会司法还能够及时回应社会需求，加强对互联网领域法律的实施和监督，有效打击网络犯罪，维护网络空间的安全和稳定。此外，还能够推动法治建设的进程，促进社会公平正义的实现，为建设和谐、稳定的社会提供有力的司法保障。因此，互联网虚拟社会司法在依法治理互联网领域和维护社会稳定方面具有重要意义。

为了充分保障互联网法律的实施和规范网络行为，必须建立健全的互联网虚拟社会司法体系。这一体系应该包括线上和线下双平台，线上、线下相结合的互联网虚拟社会司法模式。在线上平台上，可以建立互联网法院或在线司法平台，通过电子诉讼等方式审理和裁决涉及互联网的各类纠纷和案件。这种方式可以大大提高司法效率，降低司法成本，为当事人提供更加便捷、高效的司法服务。同时，线上平台还可以加强对互联网法律的实施和监督，及时回应社会需求，有效打击网络犯罪，维护网络空间的安全和稳定。在线下平台上，可以建立互联网执法机构，配备专业的互联网执法人员，对互联网违法犯罪行为进行调查和处理。这种方式可以加强对网络运营者、网络服务提供者、网络媒体等的监管，规范网络行为，打击网络犯罪，维护网络空间的安全和稳定。同时，线下平台还可以加强对网络执法人员的培训和管理，提高网络执法能力和水平，确保网络执法的合法性和公正性。

在有条件的地区和城市，可以试点推广网络司法平台，通过线上平台快速处理跨地区的互联网法律纠纷和互联网违法犯罪问题，提高跨地区互联网诚信犯罪案件的处理效率。这样，当事人可以在线提交诉讼材料，进行远程庭审和电子签名等流程，大大缩短了诉讼周期，减轻了当事人的负担。同时，线下互联网司法机构主要负责办理本地区的网络犯罪案件，提高本地区互联网犯罪案件的处理效率。这些机构可以建立互联网法庭或互联网司法中心，配备专业的互联网司法人员，对涉及互联网的案件进行审理和裁决。这样可以及时处理本地区的网络犯罪案件，保障当地社会的安全和稳定。通过试点推广网络司法平台和加强线下互联网司法机构的建设，可以进一步提高互联网虚拟社会司法的效率和公信力，加强对互联网领域法律的实施和监督，有效打击网络犯罪，维护网络空间的安全和稳定。

（四）全面开展互联网虚拟社会普法

对互联网虚拟社会的法律治理需要综合运用外部的正式社会控制和内部的网络自律的自我控制。在互联网虚拟社会立法的基础上，需要广泛宣传互联网法律，让广大网民了解互联网法律的原则、内容和禁止事项，形成自觉守法的良好氛围。在新时代，互联网虚拟社会普法要充分利用互联网的特点，结合线下与线上的普法形式，注重运用新媒体进行网络普法宣传和教育。这可以通过建设互联网法治宣传平台、开设网络普法课程、发布网络普法信息、制作网络普法视频等方式实现。同时，线下互联网司法机构可以开展面对面的普法教育，通过案例讲解、法律咨询等方式，引导网民了解互联网法律和遵守网络规范。通过这些措施，可以增强广大网民的法律意识和网络行为自律能力，提高互联网虚拟社会治理的效果。

通过街道、社区、单位等部门，可以进行互联网虚拟社会法律的宣传活动，举办互联网法律文化节、文化日等活动，营造互联网普法的氛围，让公众充分认识互联网法律的内容。这些活动可以采取多种形式，比如法律讲座、展板展示、互动游戏等，使公众在轻松愉悦的氛围中了解互联网法律。此外，还可以利用各种媒体进行宣传，包括电视、广播、报纸、网络等，向公众传递互联网法律知识和相关信息。

通过新媒体进行线上普法，是指利用新媒体平台如微博、微信等，进行互联网虚拟社会法律的宣传和教育。这种普法方式充分利用了新媒体的特性，使得法律的普及更加符合互联网社会的需求。具体来说，可以建立互联网虚拟社会法律宣传公众号，定期发布并解读互联网法律、热点互联网法治案例，以文字、图片、视频等多种形式进行普法宣传。同时，还可以通过新媒体平台进行互动教育，如开展在线问答、网络课堂等，让公众更深入地了解和掌握互联网法律知识。这种线上普法方式不仅可以提高普法的覆盖面和效果，还能顺应互联网社会的发展趋势，为互联网虚拟社会的法治建设提供有力的支持。

网络新媒体普法，具有渗透性高、互动性好、覆盖面广、时效性强、内容丰富、形式多样等特点。互联网信息可以通过各种形式进行传播，包括文字、图片、视频、音频等，使得信息的表达更加多样化和丰富。同时，互联网信息的传播范围广泛，可以迅速传递到全球各地，不受地域限制。此外，互联网信息的传播也不受时间限制，可以随时发布和获取信息，使得信息的获取更加方便和快捷。这些特点使得互联网信息在传播方面具有很大的灵活性和广泛性，能够满足不同人群对于信息的需求。

充分利用网络互动平台的优势，提供多种形式的互动，如在线问答、投票调查、互动游戏等，使得网络新媒体普法在宣传者和网民的双向互动中提高普法效果。通过这些互动方式，可以让网民更加积极地参与普法活动，增强对互联网法律的了解和认识。同时，宣传者也可以及时获取网民的反馈和需求，调整普法策略，使得普法宣传更加符合实际需求，增强宣传效果。这种互动式的普法方式不仅可以增强网民的参与感和获得感，还可以促进互联网虚拟社会的法治建设和健康发展。

互联网平台的网民参与数量庞大，这也是网络新媒体普法的一个重要优势。通过微信、微博、小红书、抖音等主要的社交媒体平台，可以最大限度地扩大普法宣传的覆盖面，让更多的人了解互联网法律。具体来说，可以在这些平台上发布各种普法信息、解答法律问题、解析热点案例等内容，利用这些平台的高传播率和广泛影响力，扩大普法宣传的覆盖范围。此外，通过这些平台的互动功能，可以与网民进行实时交流和互动，及时回应他们关切的问题，增强普法宣传的针对性和实效性。互动式的普法方式不仅可以增加网民的参与感和获得感，还可以促进互联网虚拟社会的法治建设和健康发展。通过网络新媒体普法，可以更好地满足公众对于互联网法律的需求，提高公众的互联网法律意识和素养。

网络新媒体普法可以充分利用文字、图片、微视频、微电影、动画等多种形式，以网民喜闻乐见的方式进行法律知识的宣传和讲解。这些形式多样的内容能够更好地吸引广大网民的注意力，让普法宣传更加生动活泼，使得普法内容更易于接受。通过运用生动的文字、形象的图片以及直观的视频动画，我们可以将枯燥的法律知识变得更加生动有趣。微视频和微电影的运用，可以让普法内容更加集中、精练，同时也更具有传播力和影响力。而动画形式则可以让普法内容更加生动形象，吸引年轻网民的关注，增强他们对法律知识的兴趣和认知。通过多样化的形式，网络新媒体普法可以让普法内容更加贴近网民的生活和需求，增强他们的法律意识和素养，推动互联网虚拟社会的法治建设。同时，为广大网民提供更加生动、有趣、实用的法律知识和信息，满足他们对法律知识的需求，提高他们对法律的认知和理解。

网络新媒体普法宣传具有即时、快捷的特点，能够迅速地将法律知识传递给广大网民，更加具有时效性。通过网络新媒体，我们可以对社会热点和网民普遍关注的议题快速聚焦，迅速发布和更新普法信息，及时回应公众的法律需求。这种方式相比于传统的普法宣传手段，更加节省时间，同时也能够更好地满足公众对于法律知识的需求。通过网络新媒体，我们可以随时随地发布和传播普法信息，不受时间和空间的限制。网民只需要通过手机、电脑等设备，就可以随时获取最新的法律知识和相关信息。这样，普法宣传的覆盖面和影响力可以得到更进一步的扩大，更多的人可以快速地了解到法律知识和相关政策。同时，网络新媒体的互动性特点也可以让普法宣传更加生动有趣。通过在线问答、互动游戏等形式，让网民更加积极地参与普法活动。

三、全面提升网络责任意识

网络道德责任意识是广大网民在网络社会实践中形成的积极心理情感特征，是网民参与网络活动时需要坚守的道德责任感。这种意识是在他律与自律、客观与主观、外在与内在相互转化和相互制约的过程中逐渐养成的。具体而言，网络道德责任意识是指网民在践行网络道德规范时体验到的与承担责任有关的情绪、情感，比如责任感、义务感、良知感等。这种意识的培养需要网民不断增强自我约束能力，提高网络道德素养，从而在网络社会中形成良好的道德风尚。

（一）坚持以社会主义核心价值观为引领

随着市场经济的不断发展和网络虚拟社会的持续演进，人们的思想观念和价值取向逐渐呈现出多元化的趋势。这一现象引发了社会对主流价值体系培育发展的迫切需求，以引导广大网民形成正确的文化观念，重塑网络道德意识。主流价值体系的建立，可以帮助人们更好地应对社会变革带来的挑战，促进社会和谐稳定的发展，同时也能够提供一种共同的文化认同感，增强社会凝聚力和归属感。因此，应该积极探索建立主流价值体系的途径和方法，以适应多元化的社会发展趋势，促进社会的健康和可持续发展。以"富强、民主、文明、和谐，自由、平等、公正、法治，爱国、敬业、诚信、友善"为基本内容的社会主义核心价值观，是培养新时代有责任感和担当的时代新人的重要思想指引。社会主义核心价值观不仅为建设社会主义精神文明和丰富精神文化提供了重要的指导，而且其中的诚信、文明和法治等核心价值观在互联网诚信道德建设中得到了具体的体现。这些价值观的传播和实践，对于营造一个诚信、公正、开放、有序的网络环境，推动互联网产业的健康有序发展，具有非常重要的意义。同时，也为构建和谐社会，实现国家繁荣富强、人民幸福安康提供了重要的思想保障。

《新时代公民道德建设实施纲要》指出："网上行为主体的文明自律是网络空间道德建设的基础。要建立和完善网络行为规范，明确网络是非观念，培育符合互联网发展规律、体现社会主义精神文明建设要求的网络伦理、网络道德。"为引导广大网民在网络空间中遵守道德规范，建立完善的网络道德约束和惩罚体系是必要的。这个体系应该以社会主义核心价值观为引领，确保行为主体在网络空间中有所畏惧、有所约束。通过外在的规制，可以促进行为主体从他律逐渐发展到自律，培养网络慎独精神。这种精神是指在网络空间中，行为主体能够自觉遵守道德准则，对自己的行为负责并承担相应的道德责任。通过培养网络慎独精神，进一步推动网络道德教育的发展，提高网民的道德素养和网络文明程度。

（二）重视网络公众人物的道德引领作用

互联网虚拟社会是现实社会的延伸与拓展，网络公众人物的道德引领作用对于网络社会和现实社会都至关重要。发挥公众人物对社会大众的引领作用，是文化建设的重要内容之一。网络虚拟社会中，一些网络"大V"、明星、意见领袖、著名博主等，深受广大网民追捧，尤其得到年轻网民的青睐，在粉丝和公众中具有广泛的影响力。网络公众人物一般有大量的粉丝和关注群体，他们在互联网中的一言一行，对网络参与者的言行具有重要的导向作用，言行举止对粉丝和公众具有重要的示范效应。因而，必须加强网络公众人物在网络责任意识培养中的引领作用。网络公众人物应该以身作则，树立良好的道德风尚，对社会风气产生积极的影响，承担更多的社会责任，在网络场景中更加注重自己的言论，积极传播网络正能量，引导广大网民培养积极、主动、有担当的网络道德意识，并主动做出表率，对违反网络道德的行为和个体进行纠正，构建健康的互联网文化氛围。

网络公众人物要坚持提高自身的道德品质，以良好的行为示范引导"粉丝"和公众。他们应该注重自身的品德修养，树立正确的价值观，坚持以诚信、公正、责任为基础的道德准则。同时，他们应该关注社会热点问题，倡导正能量，引导公众形成积极向上的生活态度，通过自身的影响力，积极参与社会公益活动，推动社会公益事业的发展。通过网络平台，宣传法律法规，引导公众自觉遵守法律，促进社会的和谐稳定。网络公众人物应该树立正确的媒体宣传导向。在信息传播中，应该注重所传播信息的真实性和客观性，避免传播虚假信息、不实言论或误导性信息。注重传播社会主义核心价值观，弘扬中华优秀传统文化，引导公众树立正确的世界观、人生观和价值观。网络公众人物应该自觉接受社会监督，对自身言行进行自我约束和规范，通过自己所依托的平台，鼓励公众进行监督和举报，共同维护网络空间的秩序和安全。总之，网络公众人物的道德引领作用对于网络社会和现实社会都具有重要的意义，有利于大力弘扬正能量，树立新时代道德风尚，引导公众形成积极向上、诚实守信的生活态度，推动社会的和谐稳定发展。

（三）加强对网络传播媒介的管理

网络传播媒介是互联网信息汇集、传播的重要节点，是广大网民获得网络信息的重要来源之一。传统报社、微信、微博、小红书、抖音等媒体相互促进，迎来了全媒体融合发展热潮，各类新闻媒体争相对各类事件进行报道，人民百姓不再拘束于手中小小的一张报纸和电视新闻报道，打开手机，各类新闻推送接踵而至。新闻渠道越多，稍有管理不力就会造成严重的后果。在市场经济背景下，少数网络传播媒介为追逐商业利益，不顾网络道德，通过传播虚假、低俗信息给广大网民带来负面影响。网络道德责任意识的培育是一个长期过程，是网民在长时间网络实践中潜移默化养成的习惯、品质和价值观念，所以必须加强对网络传播媒介的管理。

为加强对网络传播媒介的管理，应当建立健全网络传播媒介的法律法规。国家和地方政府通过制定相关法律法规，明确网络传播媒介的管理职责和权利，规定网络传播的内容和行为规范，对违反法律法规的行为进行惩处，确保网络传播秩序和安全。应当加强网络传播媒介的资质管理和准入管理。推动媒体融合发展、建设全媒体成为我们面临的一项紧迫课题。

要运用信息革命成果，推动媒体融合向纵深发展，做大做强主流舆论。政府可以建立网络传播媒介的资质管理制度，规定网络传播媒介必须具备相应的资质条件，并对网络传播行为进行监管和惩处，确保网络传播媒介的高质量和可靠性。从网络传播媒体经营管理主体来看，必须以管理创新为支撑，全面覆盖领导决策、资金支持、组织推动、人才使用、技术维护等关键环节，形成媒体融合发展的保障机制。

同时，应当强化网络传播媒介的内容审核和管理。网络传播媒介应当建立完善的内容审核和管理制度，对传播的内容进行审查和筛选，避免不良信息和不实信息的传播，确保网络传播内容的真实性和合法性。官方全媒体也应当以内容建设为根本，坚持正确导向，加快流程再造，创新传播方式，增强舆论引导能力，逐步形成适应互联网传播的内容生产体系。不管媒体传播形态如何，都要遵循高度的政治标准和高质量的工作要求。在加强网络传播媒介的监督和用户反馈机制方面，政府和社会可以建立网络传播媒介的监督机制，对网络传播媒介的行为和内容进行监管和评估，同时建立用户反馈机制，及时收集和处理用户的投诉和反馈，促进网络传播媒介的健康发展。要用好产业化、企业化、市场化的有效措施，注重融合发展成果的市场推广和价值转化。建立健全信息产品生产、内容资产管理、产品营销推广、知识产权保护等方面的体制机制，切实强化对网络传播媒介的监督和用户反馈机制。与此同时，还应当加强网络传播媒介的教育和培训。政府和社会可以加强对网络传播媒介的教育和培训，提高网络传播媒介从业人员的专业素养和道德水平，引导他们树立正确的价值观念和道德观念，促进网络传播媒介的健康发展和规范化管理。社会信任运行机制是保证社会信任体系运作的制度基础，直接作用信任主体。网络是虚拟的空间，但网民是现实的人，因此，网络社会也是现实社会的一部分，网络空间也是培育和践行社会主义核心价值观的重要思想阵地。通过构建良好的网络人际信任关系，深入开展网络信任教育，持续完善主流网络话语体系，才能以强大的网络道德建设合力更好地引导广大网民遵德守法、文明互动、理性表达。

参考文献

一、著作

[1] 中共中央文献研究室. 毛泽东文集：第 7 卷 [M]. 北京：人民出版社，1999.

[2] 中共中央马克思恩格斯列宁斯大林著作编译局. 列宁全集：第 25 卷 [M]. 北京：人民出版社，2017.

[3] 习近平. 习近平谈治国理政：第 2 卷 [M]. 北京：外文出版社，2017.

[4] 习近平. 习近平著作选读：第 1 卷 [M]. 北京：人民出版社，2023.

[5] 习近平. 习近平著作选读：第 2 卷 [M]. 北京：人民出版社，2023.

[6] 塔勒布. 反脆弱 [M]. 北京：中信出版集团，2020.

[7] 习近平. 之江新语 [M]. 杭州：浙江人民出版社，2007.

二、论文

[1] 杨国荣. 信任及其伦理意义 [J]. 中国社会科学，2018（3）：45 – 51.

[2] 徐尚昆. 社会转型、文化制度二重性与信任重建 [J]. 中国人民大学学报，2018，32（2）：152 – 161.

[3] 孙昕，徐志刚，陶然，等. 政治信任、社会资本和村民选举参与：基于全国代表性样本调查的实证分析 [J]. 社会学研究，2007（4）：165 – 187，245.

[4] 盛智明. 社会流动与政治信任：基于 CGSS2006 数据的实证研究 [J]. 社会，2013，33（4）：35 – 59.

[5] 胡荣，庄思薇. 媒介使用对中国城乡居民政府信任的影响 [J]. 东南

学术，2017（1）：94 –111，247.

［6］罗家德，帅满，杨鲲昊．"央强地弱"政府信任格局的社会学分析：基于汶川震后三期追踪数据［J］．中国社会科学，2017（2）：84 –101，207.

［7］杨江华，王辰宵．青年网民的媒体使用偏好与政治信任［J］．青年研究，2021（4）：1 –10，94.

［8］季程远，孟天广．反腐败与政治信任：结构偏好与规模偏好的影响差异［J］．上海交通大学学报（哲学社会科学版），2020，28（2）：99 –112.

［9］沈毅龙．论失信的行政联合惩戒及其法律控制［J］．法学家，2019（4）：120 –131，195.

［10］俞可平．政务失信的根源及破解之道［J］．人民论坛·学术前沿，2012（13）：88 –90.